Ma famille d'abord !
Une famille formidable en 7 étapes

Dr Phil McGraw

Ma famille d'abord !
Une famille formidable en 7 étapes

MARABOUT

© 2004, Phillip McGraw, Ph. D.
Titre original : *Family First : Your Step-by-Step Plan for Creative a Phenomenal Family*
Traduit de l'anglais par Florence Paban, avec la collaboration de Sophie Boucher.
© 2009, Marabout (Hachette Livre) pour la traduction française.

Toute reproduction d'un extrait quelconque de ce livre, par quelque procédé que ce soit, et notamment par photocopie ou microfilm, est interdite sans autorisation écrite de l'éditeur.

À Robin, Jay et Jordan, ma famille, ma force.

Et à ma mère, qui a aimé et tout sacrifié pour sa famille avec joie et abnégation. Et à la mémoire de mon père, dont la spiritualité était communicative.

Et à tous les parents du monde qui s'efforcent de bien faire, de magnifier leur histoire et de donner à leurs enfants toutes les chances de marier authenticité, réussite et bonheur.

Remerciements

Protéger et s'occuper de sa famille est un devoir, mais ce doit aussi être un plaisir, tout comme l'écriture de ce livre fut à la fois une entreprise très accaparante et une grande source de joie. Et comme beaucoup de projets, *Ma famille d'abord!* est le fruit d'un travail collectif, mais tout le crédit en revient à une seule personne. J'ai eu le privilège de travailler avec une « famille » incroyable de collaborateurs infatigables et dévoués qui m'ont aidé à relever ce défi.

Je commencerai par remercier Robin, ma femme, mon amie et mon coparent pour sa patience, ses conseils et ses encouragements pendant ces deux bonnes années passées à conceptualiser et à écrire ce livre. Ensemble, nous avons formé un véritable partenariat pour l'éducation de nos deux fils, nourri de l'espoir et de l'optimisme de les voir un jour devenir de beaux jeunes hommes. Robin, tu as souvent dit que Dieu t'avait mise sur cette terre pour être une femme et une mère. Notre famille, dont tu es le noyau, est la preuve que tu as accompli ta vocation. Au cours des vingt-huit dernières années, nous avons aimé, pleuré, ri, désespéré et célébré. Pendant tout ce temps, ton engagement en tant que femme et mère n'a jamais faibli. Je te remercie de m'avoir fait don de notre famille et de toi.

Je remercie mes fils Jay et Jordan de me soutenir et de se prêter d'aussi bonne grâce au jeu des caméras et de la notoriété. Quand je vous regarde devenir les jeunes hommes uniques et authentiques que vous êtes destinés à être, je me dis que tous ces sacrifices en valent la peine. Vous faites ma fierté chaque jour de ma vie.

Je remercie ma mère et mon père qui ont fait de leur mieux avec les moyens dont ils disposaient à l'époque, et qui n'ont jamais baissé les bras pour moi ou notre famille tout au long de leurs cinquante ans de mariage. Je remercie également mes sœurs Deana, Donna et Brenda, qui ont traversé avec moi des hauts et des bas et qui continuent à faire partie de ma vie aujourd'hui. Notre vie de famille m'a aidé à me préparer à diriger la mienne.

Je remercie Oprah Winfrey de m'avoir fourni l'occasion d'aider toutes ces familles. Oprah, ta vie et ta générosité sont pour nous tous une source d'inspiration et un exemple. Merci d'être pour moi et ma famille une amie si chère.

Un grand merci au docteur G. Frank Lawlis, psychologue en chef de l'American Mensa. Frank, non seulement tu es une véritable encyclopédie vivante de psychologie, mais, depuis près de trente ans, tu es un ami proche et précieux. Tu es aujourd'hui pour moi la plus haute autorité dans le domaine de la psychologie, tu m'as fait partager ton savoir, ton analyse et tes idées et je sais que je peux continuer à compter sur toi pour tes conseils et une bonne discussion de temps à autre ! Tu fais partie de ma grande famille !

Un grand merci également à l'excellente éditrice et journaliste Maggie Robinson, dont les talents d'organisatrice ont été décisifs. Je l'ai déjà dit et je le répète, je suis fier de te compter parmi mes amis.

Merci à Wes Smith. Ton attitude résolument positive, ton grand sens de l'humour et ta formidable énergie furent essentiels à l'aboutissement de ce projet. Ton investissement et ta sagacité y sont pour beaucoup.

Merci aussi à John Chirban, professeur à la Harvard Medical School, psychologue à la Cambridge Health Alliance et professeur en psychologie et directeur du département de développement humain du Hellenic College. L'étendue de tes connaissances en psychologie et en théologie a été une contribution considérable à ce livre.

Merci à Terry Wood, Carla Pennington, Gwynne Thomas, Kandi Amalon et Angie Kraus ; vous formez une équipe formidable ! Sans votre dévouement et votre contribution à l'émission quotidienne *Dr Phil*, mon travail ne toucherait jamais un aussi grand nombre de familles. Merci de me conserver votre confiance et de continuer à être ma « part féminine ».

Merci aussi à Carlyn Reidy, présidente de Simon & Schuster, et à Dominick Anfuso, mon éditeur, de toujours me suivre et de faire preuve d'une telle souplesse. Votre investissement sincère et votre engagement actif à faire profiter de ce livre un maximum de foyers sont inestimables.

Merci également à Scott Madsen d'être toujours à mes côtés et de travailler sans relâche à faire partager notre message, ainsi qu'à créer et à préserver un semblant d'ordre dans ma vie. Ton engagement et ton soutien n'ont jamais failli au cours des trente-cinq dernières années. Je ne t'en serai jamais assez reconnaissant.

Merci à Bill Dawson de faire toujours partie de mon équipe et de prendre tellement soin de moi et de ma famille. Bill, ton amitié et tes conseils au cours des quinze dernières années ont été extrêmement précieux. Merci d'avoir été présent lors de toutes ces réunions tardives et d'avoir sacrifié tant de samedis et de dimanches.

Cette page ne suffirait pas à remercier comme il se doit mon équipe de chez Dupree Miller & Associates. Quand Jan Miller entreprend un projet, le monde n'a qu'à bien se tenir ! Jan, tu es l'agent rêvé de tout auteur et tu nous insuffles chaque

Ma famille d'abord !

jour une énergie formidable. Merci d'avoir une telle confiance en nous. Comme je l'ai souvent dit, Shannon Miser-Marven est l'« arme secrète » absolue du monde de l'édition. Shannon, tu es la professionnelle la plus talentueuse et la plus investie que j'aie jamais rencontrée, tous domaines confondus. Je n'aurais pas pu faire ce livre sans ta participation active de chaque instant. Vous deux, Jan et Shannon, êtes sans conteste les meilleurs et vous formez un duo d'exception. Merci également à Alia Brinkman de l'équipe Dupree Miller pour son travail acharné.

Sommaire

Remerciements 9

Première partie
Comment devenir une famille formidable

Chapitre 1 :
Une affaire de famille 23

Chapitre 2 :
Stratégies pour familles divorcées et recomposées 41

Chapitre 3 :
Les cinq ingrédients d'une famille formidable 61

Chapitre 4 :
Votre héritage familial 109

Chapitre 5 :
Votre style éducatif 133

Chapitre 6 :
Coup de pouce 171

Seconde partie
Les 7 outils d'une éducation réfléchie

Chapitre 7 :
Outil n° 1 : l'éducation par l'objectif 203

Ma famille d'abord !

Chapitre 8 : Outil n° 2 : l'éducation par la clarté	225
Chapitre 9 : Outil n° 3 : l'éducation par la négociation	257
Chapitre 10 : Outil n° 4 : l'éducation par la monnaie d'échange	281
Chapitre 11 : Outil n° 5 : l'éducation par le changement	321
Chapitre 12 : Outil n° 6 : l'éducation dans l'harmonie	347
Chapitre 13 : Outil n° 7 : l'éducation par l'exemple	363
Épilogue	385
Annexe	393

Chers parents,

permettez-moi de vous parler de la famille : de la vôtre et de la mienne. J'écris ce livre en tant qu'enfant devenu adulte et ayant eu des parents attentionnés mais parfois mal armés, en tant que père et mari, et enfin en tant que professionnel de la santé mentale. Mais c'est en tant que parent, comme vous, que je m'adresse à vous maintenant.

Je sais et je sens que vous et moi partageons les mêmes priorités. Comme vous, j'aime ma famille plus que tout au monde et je veux que nous soyons tous en sécurité, en bonne santé, heureux et prospères dans tout ce que nous entreprenons, que ce soit au sein de la famille ou dans la vie. C'est un défi quotidien, même si la plupart du temps, tout semble aller « assez bien » chez moi – sachant qu'avec deux garçons dont un adolescent à la maison, la situation pourrait bien avoir basculé depuis que j'ai commencé à écrire cette lettre ! J'espère que vous vivez vous aussi dans une certaine harmonie. Il est toutefois de notre devoir de prendre conscience de tout ce qui peut avoir un impact sur notre famille. Nous devons être particulièrement sensibles à tout ce qui peut menacer notre existence paisible et joyeuse, que ces menaces viennent du monde extérieur ou de notre propre foyer et de notre propre histoire.

Ma famille d'abord !

Le cocon familial est ouvert à tous : enseignants, entraîneurs, famille élargie, copains d'école et autres. Certains sont bien intentionnés, d'autres non. Certains peuvent avoir des priorités et des valeurs différentes des nôtres et peuvent considérablement influer sur les idées et les comportements de nos enfants, ainsi que sur les adultes qu'ils deviennent. Un bombardement médiatique massif et habile peut miner les valeurs des familles les plus fortes si l'on ne prend pas soin d'en contrôler et d'en contrebalancer les messages. La télévision, la musique et le cinéma fabriquent des héros et des icônes sans se soucier le moins du monde du sens de leur message. Il est de notre devoir de chefs de famille de nous assurer que nous faisons barrage à cette folie plutôt que d'y contribuer. Nous devons aussi nous assurer que nous ne menaçons pas nous-mêmes notre propre famille de l'intérieur par notre manque d'adaptation, nos fausses priorités et notre absence de gouvernance ou par l'utilisation des mauvaises méthodes éducatives dont nous sommes les fruits. Les parents ne sont certainement pas les seuls à influer sur la vie de leurs enfants. Mais ils doivent absolument s'assurer qu'ils exercent sur elle l'influence la plus positive et la plus persuasive.

Les cyniques vous diront que dans notre société où tout va vite, la « famille » devient obsolète, que c'est juste un concept démodé et enterré dans un monde d'individus « éclairés ». Je suis ici pour vous dire que ce n'est pas vrai, loin s'en faut. La famille est encore plus importante aujourd'hui que dans les générations passées, et son érosion est inacceptable. C'est un combat que nous pouvons, que nous devons et que nous allons gagner si nous faisons notre travail. En tant que parent, vous avez le pouvoir de mettre votre enfant sur la voie du succès. Que vous vous sentiez ou non en mesure de le faire aujourd'hui, si vous avez le courage de relever le défi, votre enfant pourra en profiter et en profitera au-delà de tout espoir.

Je suis porteur d'un message d'espoir et d'optimisme. Je pense que les familles, la vôtre et la mienne, peuvent bien se porter, survivre et même s'épanouir ! Je pense qui plus est que vous, en particulier, pouvez assumer le noble rôle de guider votre famille à travers le dédale de la modernité, et de renforcer les valeurs et les croyances qui définissent ce que vous souhaitez pour vos enfants et votre famille. Tout ce dont vous avez besoin, c'est d'énergie et d'un très bon plan d'action. Pour cela, il vous suffira de puiser dans l'amour que vous avez au fond de votre cœur le pouvoir et l'énergie de relever le défi et d'offrir à vos enfants et à votre famille un environnement dans lequel ils pourront prendre de la hauteur par rapport à un monde dont je me dis parfois qu'il est devenu fou. Cet amour que vous portez à vos enfants et à votre famille est le combustible indispensable à vos efforts. Quant au plan d'action, vous en trouverez ici un complet et détaillé, dont vous aurez besoin pour remporter cette lutte sans merci et vous assurer que vous avez et que vous conservez une famille FORMIDABLE !

Mon intention est de vous expliquer avec beaucoup de précision ce que vous devez cesser de faire et ce que vous devez commencer à faire pour guider votre famille avec une intention et un pouvoir si purs qu'ils balaieront les messages et les influences contraires. Je vais vous aider à définir la réussite de votre ou de vos enfants, puis à prendre des mesures pour que vous et les vôtres y arriviez. Vos enfants sont les joyaux de votre couronne et il est temps qu'ils étincellent ; et si vous faites votre travail, ils brilleront de mille feux.

Il nous appartient à nous, parents, de dire : « Je ne baisse pas les bras, je n'abandonne pas et je ne me laisserai pas intimider par toutes les forces qui tiraillent mes enfants et ma famille. Je n'accepte pas que les enfants déboussolés deviennent aujourd'hui la norme. Je n'accepte pas l'épidémie de sexe, de drogue et d'alcool au collège et au lycée. Je n'accepte pas qu'un enfant semble sourd quand je dis : « Ramasse tes jouets et arrête de taper sur la tête de ta sœur ! » Je ne continuerai pas à éduquer mes enfants dans la peur qu'ils ne m'aiment pas si je leur demande de faire des efforts de comportement et à l'école quand je leur apprends que le relationnel est un élément important de la vie. Je ne culpabilise pas et je ne me ruine pas à leur acheter des vêtements hors de prix et à les couvrir de jouets à partir de la maternelle ! Je ne suis pas censé être leur ami, je suis censé être leur parent, leur protecteur, leur enseignant et leur guide. Au besoin, je vais dépasser ma propre éducation pour me débarrasser de tout héritage familial susceptible de contaminer ma manière d'éduquer ma famille et d'être avec mes enfants. Donnez-moi des outils, des conseils et des techniques et je ferai tout pour socialiser mes enfants et les immuniser contre les sirènes de la gratification immédiate, des fausses réalités et des provocations du monde d'aujourd'hui. Je ne laisserai ni la télévision ni Internet les baby-sitters, pas plus que je ne me limiterai à communiquer par mails, messagerie et téléphone mobile. Au contraire, je communiquerai à l'ancienne et je les préparerai à se détourner des distractions qui les assailliront et brouilleront leur image d'eux-mêmes. Et je susciterai la fierté, l'unité, la loyauté et l'esprit critique si nécessaires à une famille formidable.

Robin et moi avons prié pour pouvoir relever ce défi majeur. Ensemble, nous nous sommes fait un serment à nous-mêmes, à notre famille et enfin à Dieu il y a un certain nombre d'années, et je vous invite aujourd'hui à faire de même en lisant et en mettant en application les conseils que vous trouverez ici. Que vous déployiez tous ces efforts pour sortir votre famille de l'ornière et la remettre sur la bonne voie, ou pour renforcer et protéger une famille d'ores et déjà

Ma famille d'abord !

merveilleuse, vous êtes sur le point de lui donner le plus bel atout qui soit.

Alors bouclez votre ceinture et tenez bon ! Nous avançons ensemble, main dans la main !

Et dites-vous que vos enfants ont bien de la chance !

Dr Phil

Première partie
Comment devenir une famille formidable

CHAPITRE 1

UNE AFFAIRE DE FAMILLE

« Quelque chose ne tourne pas rond…
Certains vivent comme s'ils étaient orphelins. »

THE BLACK EYED PEAS

C'est l'histoire d'un garçon de douze ans tiraillé entre deux mondes. Chaque jour, il va et vient de l'un à l'autre, entre et sort de ce minuscule pavillon à la peinture écaillée qu'il habite avec son père, sa mère et ses trois sœurs. Dire que le quartier est modeste est un euphémisme. Pour un œil non avisé, les maisons se ressemblent toutes et l'uniformité qui règne dans cette zone pavillonnaire respire la paix et l'ordre. Chaque chose est à sa place et chaque chose a sa place. Du moins en apparence. Mais comme tout quartier, que ce soit en banlieue ou en ville, chaque maison est une façade qui ne dévoile pas grand-chose de ce qu'elle abrite. Et parfois, ce qui s'y passe est tout sauf paisible. Derrière ce masque, les familles sont trop souvent désarticulées et déboussolées et menacent de se désintégrer à la moindre crise. C'est précisément le genre de maison et de famille dans lesquelles vit ce garçon.

À l'extérieur, il découvre un monde qui semble immensément plus juste. Il a un petit groupe d'amis et de connaissances dont il se sent d'une certaine manière plus proche que de sa propre famille. Pourtant, eux aussi semblent distants et différents, du moins parce qu'à ses yeux, *lui-même* est différent. Avec eux, il fait comme tant d'autres, il porte le masque du « tout va bien », sans savoir qu'eux aussi portent un masque. Il semble détendu, voire sûr de lui, mais au fond de lui, il est toujours sur ses gardes, car il sait qu'il n'est pas comme eux, pas vraiment. Il sait que sa famille et lui sont pauvres, qu'ils vivent différemment et qu'ils ont des problèmes différents, des problèmes dont on ne parle tout simplement pas. Il commet l'une des premières erreurs les plus courantes chez les enfants : il compare sa réalité personnelle, la vie qui se cache derrière la porte, au masque qu'affichent tous ses amis. Il pense que ce qu'il voit est la vérité, et l'image qu'il a de sa propre famille ne soutient pas la comparaison.

Dans le monde extérieur à sa maison, la découverte de l'athlétisme est pour lui une véritable bénédiction. Sa famille n'a ni l'argent, ni la tenue, ni la possibilité de participer à des activités extrascolaires, à part le sport, qui est gratuit pour tous les élèves. En fait, dès son plus jeune âge, ce garçon a déjà deux petits boulots et le sport est pour lui un moyen de gommer les différences. Sur le terrain, il n'a pas besoin de parler ou de se comporter comme les autres ; il n'a pas besoin d'avoir de l'argent, d'avoir une bonne éducation, ni même un foyer stable. Il a juste besoin d'être lui-même : un garçon athlétique, capable d'exceller dans n'importe quel sport. Dans l'athlétisme, il a trouvé non seulement l'estime de soi, mais aussi un exutoire acceptable pour une rage qu'il ne comprend pas, mais qu'il sait avoir en lui. Et même avec le sport comme exutoire, la violence est son pain quotidien dans un monde brutal dopé à la testostérone. Impossible de reculer. Le sport a fait germer en lui le besoin de gagner : il aime la compétition, il a appris ce que c'était que de gagner, et les autres ont envie de le suivre. Il aime gagner et n'aime pas être deuxième.

Une affaire de famille

À l'école, la vie est moins facile. Il est intelligent, mais peu motivé. Il lit tous ses manuels scolaires du début à la fin pendant les premières semaines de classe et maîtrise le contenu, mais s'intéresse peu aux cours et aux notes, et ne fait ses devoirs que si ça l'arrange. Les enseignants le trouvent agréable, mais déplorent qu'il n'ait pas envie de s'impliquer. À l'écrit, il est excellent quand il s'en donne la peine, comme en témoigne son très bon bulletin de notes.

Pour lui, à douze ans, sortir avec ses copains, se donner à fond dans le sport et vivre au jour le jour est tout ce qui compte « dans la vie », du moins « dans ce monde ». Dans ce monde-là, il est lui-même, mais toujours avec un arrière-goût de l'autre monde, du monde qui se cache derrière la porte.

Quand il rentre chez lui, il pénètre dans un univers radicalement différent, et il devient une personne radicalement différente.

Loin de ses amis, de son athlétisme et de son école, il est renfermé, renfrogné, déprimé, léthargique et indifférent au reste de la famille. Étant le seul garçon, il a sa propre petite chambre, où il passe le plus clair de son temps. Il n'a ni télévision ni radio. Il reste tout simplement seul dans le calme et va même jusqu'à entrer et sortir par la fenêtre de sa chambre pour éviter de traverser la maison. Et une fois la famille endormie, il arpente les rues à l'insu de ses parents. Il dort peu puisque ses journées démarrent à 4 h 30. De toute façon, le jour et la nuit diffèrent peu quand on est seul. Il lui tarde de pouvoir retrouver l'autre monde, celui dans lequel il est plus doué, charmeur, brillant et motivé, du moins dans certains domaines. Le contraste est étonnant entre ce qu'il est dans le monde du dehors et ce qu'il est dans le monde du dedans.

Pourquoi ?

Avant de répondre à cette question, permettez-moi de vous dire qu'au cours des nombreuses années passées auprès de parents d'enfants en difficulté comme celui-ci, j'ai souvent entendu la mère ou le père demander de corriger leur enfant « à problème ». « Remettez-le dans le droit chemin ! » demandent-ils. « Nous ne savons pas ce qui s'est passé ! Il semble avoir mal tourné du jour au lendemain. Il est si renfermé, si cafardeux, si déprimé. Qu'est-ce qui ne va pas ? Pourriez-vous résoudre son problème ? »

Est-ce un bon raisonnement ? Loin de là. Quels que soient les troubles de comportement qu'affiche un enfant, je vous garantis que le problème concerne presque toujours toute la famille. La plupart du temps, cet enfant n'est que l'agneau porté sur l'autel du psychologue parce que c'est celui qui fait le plus de bruit et qui a le moins de pouvoir ou de capacité à détourner l'attention sur quelqu'un d'autre.

Il serait vain d'essayer de comprendre le comportement d'un enfant sans interroger le reste de la famille. Tout thérapeute digne de ce nom le sait. Je tiens à m'assurer que vous le savez aussi. Franchissons donc la porte d'entrée de la maison de ce garçon de douze ans dont je viens de vous parler et observons les cinq autres membres de la famille afin de prendre en compte l'aspect familial que tout thérapeute ou, plus important encore, tout parent sur la défensive ne doit en aucun cas minimiser ou ignorer.

La vie « du dedans », sa vie de famille, est houleuse et imprévisible. La véritable raison du refus de ce garçon de s'y intéresser est la suivante : son père souffre d'alcoolisme sévère et chronique. Il est distant de son fils et du reste de la famille. Son fils et lui se disputent violemment quand l'alcool prend le dessus, et si le père se souvient à peine de ces affrontements, ils restent gravés dans l'esprit et le cœur du jeune garçon. En plus, le père a choisi d'abandonner sa carrière de commercial et de déraciner sa famille pour déménager dans une nouvelle région et retourner à l'université dans l'espoir d'un avenir plus brillant mais très hypothétique. Bien que noble, cette décision a plongé les six membres de la famille dans une grande précarité. Les liens familiaux sont distendus car chacun consacre toute son énergie à résoudre ses problèmes personnels. La faim se fait parfois sentir, mais il faut s'y faire. L'avenir est incertain et la vie est une succession de crises à répétition. Une seule chose est sûre : cette famille va très mal.

Très affectées par les tensions psychologiques et affectives, les deux sœurs aînées tentent à leur manière d'échapper à la tourmente, sans se rendre compte qu'elles ne font qu'aggraver leur situation. Toutes deux ont fugué avec leur petit ami avant d'avoir le bac. À la maison, la tension est palpable. Le garçon aime ses sœurs, qui l'ont souvent protégé et aidé, mais elles ont fini par partir. Et quand elles sont revenues, elles étaient étrangement différentes. Elles n'étaient plus tout à fait des enfants. Il se sent donc un peu plus seul. Bien qu'aimante et attentionnée, la mère travaille comme vendeuse et fait des journées éreintantes debout pour faire bouillir la marmite. Elle n'est pas armée pour affronter ou contrebalancer une organisation familiale si patriarcale et des enfants si déboussolés face à l'alcoolisme de leur père. La sœur cadette est mignonne mais ne dit rien. Qui sait ce qu'elle peut bien penser. Elle est extrêmement dépendante et a toujours peur de quitter la maison, ne serait-ce que pour dormir chez une amie. Elle doit rester là car l'édifice peut s'effondrer à tout moment. Son frère reste près d'elle et parle avec elle jusque tard le soir, mais il réalise que moins elle en sait, mieux elle se porte.

Tous deux issus de familles pauvres et incultes, le père et la mère ne savent pas vraiment que la vie peut être différente de ce qu'ils ont vécu. Pire encore, le père a subi dans son enfance de graves violences psychologiques, affectives et physiques de la part de sa propre mère : un passé qui pèse lourd sur ses relations avec sa femme et ses enfants.

Ma famille d'abord !

Tel est le monde dans lequel vit cet enfant de douze ans, empêtré dans une famille au bord de l'implosion. L'évaluer hors de son contexte serait un exercice en pure perte.

Les difficultés ne manquent pas et sa vie est empreinte de tristesse.

Si je connais chaque détail de cette histoire c'est parce que, au cas où vous ne l'auriez pas compris, j'ai moi-même vécu dans cette maison. Car cette histoire est la mienne. Le garçon qui naviguait d'un monde à l'autre, c'était moi. C'est ainsi que je voyais et que je vivais ma vie. Ce qui ne veut pas dire que ma perception était juste et que les cinq autres membres de la famille auraient décrit la même chose que moi. L'expérience et la perception de chaque membre d'une même famille sont différentes, mais vous pouvez être sûr que tout ce que chacun pense, fait ou ressent pèse sur tous les autres membres de la famille.

Ces souvenirs ne sont pas agréables, mais si je vous raconte cette histoire, c'est parce que c'est la mienne et qu'elle illustre parfaitement mon propos : la vie est une affaire de famille parce que celle-ci est le facteur le plus déterminant de notre avenir et de notre réussite. Votre famille a considérablement déterminé ce que vous êtes devenu et ce que vous pensez de vous-même, et il en sera de même pour vos propres enfants. C'est pourquoi, de tous les mots de la langue française, aucun n'a plus de sens pour les êtres humains que le mot « famille ».

Une famille typique de quatre personnes se compose de cinq personnalités, dont une personnalité collective, qui est la somme de toutes les autres, des sous-systèmes, des rôles et règles, des valeurs, de l'unité (ou de l'absence d'unité), des normes et des attentes, ainsi que des pensées et des croyances communes. La personnalité collective de votre famille peut

Une affaire de famille

s'affirmer et se nourrir de ce qu'elle a, ou ruiner et grignoter l'unité familiale.

Si vous voulez comprendre vos enfants, vous devez considérer la famille comme un système. Que nous parlions d'une famille avec un mari, une femme et des enfants, d'une famille monoparentale, d'une famille recomposée, d'une famille homosexuelle ou d'une famille multigénérationnelle dans laquelle vivent les grands-parents, la famille est un système, et pas seulement une somme d'individus. Le dictionnaire donne du mot « système » la définition suivante : « ensemble possédant une structure, constituant un tout organique ». Pour comprendre ce concept, songez aux systèmes qui régissent votre vie de tous les jours – ne serait-ce que votre propre organisme, qui se compose d'une multitude de pièces. Par exemple, en cas de déplacement d'un disque lombaire, vous sentirez ce que l'on appelle une douleur projetée dans les jambes, voire les pieds. Aucune pièce n'est isolée des autres ; le fonctionnement ou le dysfonctionnement d'une seule d'entre elles affecte l'ensemble.

C'est aussi vrai pour la famille. Quand une mère est atteinte d'un cancer, sa maladie n'est pas qu'un problème personnel ; c'est un problème familial car toute la famille est affectée. Quand quelque chose arrive à un membre d'une famille, que ce soit un cancer, un problème de toxicomanie, une maladie chronique ou des échecs personnels, aucun membre n'est épargné.

Tous ces événements se répercutent de manière spectaculaire sur la socialisation d'un enfant – sa capacité à apprendre, à devenir indépendant, à s'entendre avec les autres et à comprendre l'importance des règles. Plus encore, ils se répercutent sur les résultats scolaires et la construction de l'estime de soi.

La socialisation est l'une des missions familiales prioritaires. Une famille qui ne procure pas à ses enfants la saine éducation dont ils ont besoin peut avoir un impact déstabilisant sur leur vie et peut les empêcher d'exploiter au mieux leur potentiel. Les enfants mal socialisés ont des problèmes dans la vie. Ils ne respectent ni l'autorité, ni la hiérarchie, ni les limites que leur imposent leurs parents. Ils contrôlent mal leurs pulsions et peuvent être égoïstes et extrêmement exigeants, se moquant bien du mal que leur comportement fait à leur famille. Le dysfonctionnement de ces enfants insociables contamine alors la famille qui a engendré leur problème. C'est un véritable cercle vicieux.

Bien sûr, ce que vous êtes et ce que vous devenez est également dicté par votre éducation et vos rapports avec vos amis, vos voisins et vos employeurs. Sans oublier, comme nous l'avons vu précédemment, l'influence considérable qu'exerce l'imposante machine médiatique : télévision, Internet, radio et presse. Pour s'en convaincre, il suffit de se rappeler que l'on a désormais la preuve irréfutable que la violence à la télévision, au cinéma, dans les jeux vidéo et dans la musique renforce l'agressivité et la violence des enfants et des adolescents, voire des adultes.

Malgré tout, la famille – votre famille – reste le facteur le plus déterminant. Votre histoire personnelle peut vous faire espérer que votre famille n'a pas eu une telle influence sur ce que vous êtes devenu, mais c'est ainsi, que vous le vouliez ou non. L'important est donc de rectifier le tir, dès maintenant.

L'art d'être parent

En tant que parent, vous êtes le chef de famille, et, en tant que tel, vous avez l'incroyable pouvoir de donner un ton, une texture, une humeur et une qualité à cet ensemble interconnecté et vital. Vous êtes le gestionnaire du système. Si vous le gérez bien, vous serez à la tête d'une famille for-

Une affaire de famille

midable – et vous éviterez les problèmes et l'érosion que l'on observe dans tant de familles autour de nous.

Permettez-moi de vous poser quelques questions :

- Quel genre de chef de famille avez-vous été jusqu'ici ?
- Vous occupez-vous chaque jour de la gestion de votre famille ? La considérez-vous comme un projet et lui donnez-vous la priorité qu'elle mérite ?
- Créez-vous un environnement familial qui fait ressortir ce que vos enfants ont de meilleur en eux ?
- Avez-vous les compétences nécessaires pour donner à votre enfant toutes ses chances de réussir dans la vie ?
- Avez-vous surmonté tout l'« héritage familial » qui contaminait votre manière de définir et d'élever votre famille ?
- Si l'autre parent est présent ou si vous êtes divorcés mais qu'il participe à la vie des enfants, avez-vous un projet parental commun qui donne une orientation à partir de valeurs cohérentes ?
- Avez-vous un projet et un objectif en matière d'éducation et d'impact sur la vie de votre enfant ?
- Avez-vous créé un environnement qui génère des sentiments de sécurité, d'appartenance, de confiance en soi et de force chez le ou les enfants dont vous vous occupez ?
- Votre famille enrichit-elle la personnalité de votre enfant et met-elle tout en œuvre pour s'assurer qu'il deviendra la personne unique et authentique qu'il doit devenir ?

Je sais que vous venez juste de répondre à ces questions, mais je vous demande de les relire et d'y répondre à nouveau en songeant cette fois-ci que vos réponses scellent l'avenir de vos enfants. Ces questions ne sont que le début de l'autoanalyse que vous devez avoir envie de faire si vous voulez consolider les fondations sur lesquelles vos enfants vont construire leur vie. Je sais que certains d'entre vous font des choix et prennent des décisions qui conduisent leurs enfants au désastre. Il se peut que vous n'en ayez pas conscience et que vous n'en constatiez pas encore les effets, mais faites-moi confiance, vous les constaterez dans l'avenir si vous répétez les mêmes erreurs que celles que font involontairement tant de parents bien intentionnés. Êtes-vous l'un de ces parents ? Préparez-vous votre enfant à plonger dans la drogue, la violence, le sexe ou l'alcool, à renoncer à la vie et à tout ce qu'elle a à offrir ? Mon but est d'établir très clairement si vos méthodes éducatives peuvent avoir des résultats néfastes et, si c'est le cas, de les modifier dès aujourd'hui.

Si vous souhaitez une famille saine et épanouie et des enfants qui réussissent et qui font quelque chose de leur vie, vous devez vous engager à acquérir les connaissances et les compétences nécessaires pour adopter les valeurs dont vous savez, au fond de vous, qu'elles sont primordiales. Vous n'avez pas choisi ce livre pour étudier différentes théories sur le développement de l'enfant. Vous l'avez choisi parce que vous aimez vos enfants et que vous voulez une information concrète sur la manière de leur donner les meilleures chances de réussir. Vous l'avez choisi parce que vous vous souciez de votre vie de famille.

J'ai si souvent entendu des parents dire : « Je donnerais ma vie pour mes enfants. » Eh bien, je ne veux pas que vous mouriez pour eux, je veux que vous *viviez* pour eux.

Le métier de parent sera le rôle le plus noble de votre vie. Je pense que vous pouvez et que vous allez relever le défi si on vous donne les connaissances et les outils nécessaires à cette mission majeure. Je sais que vous possédez déjà les ingrédients les plus efficaces et les plus importants de la réussite, à savoir un amour et un dévouement inconditionnels et sincères pour votre enfant. Mais il faut plus, bien plus que de l'amour et des bonnes intentions car vous n'êtes pas le seul à influencer la vie de votre enfant.

Vous devez aussi être pleinement à l'écoute, profondément impliqué et ouvertement proactif. De tous côtés, les parents livrent une lutte sans merci contre un monde enjôleur, clinquant et plein de fausses promesses et d'attraits pour déterminer qui va écrire le scénario de la vie de leurs enfants. Devant l'état actuel de la société, j'ai l'intention de peser de tout mon poids sur la balance et de jouer un rôle majeur dans l'écriture de ce scénario. Les valeurs et la moralité semblent passées de mode et ne sont plus qu'un prétexte à rire. Finie l'époque où tricher à l'école était le cas isolé d'un élève fainéant copiant sur un bon élève. Aujourd'hui, plus de la moitié des élèves avouent tricher. Certains vont même jusqu'à utiliser des pagers ultra-sophistiqués pendant les examens ou à plagier des mémoires sur Internet. Là où, avant, un enfant devait aller dans les quartiers mal famés pour acheter de la drogue au coin d'une rue, il peut aujourd'hui s'en procurer par Internet confortablement assis à la table de la cuisine, à deux pas de vous. Le phénomène dit des « amitiés améliorées » pousse des jeunes de douze ou treize ans à se livrer à des jeux sexuels comme d'autres, avant eux, se serraient la main ou se faisaient la bise. Zéro relation, zéro émotion – que du sexe. Cent pour cent des enfants ayant un ordinateur à disposition peuvent voir de la pornographie sur un clic de souris. De nos jours, nos enfants sont ce que j'appelle une « Génération du tout accès ».

Il serait illusoire de ma part de suggérer qu'il est possible de protéger totalement son enfant de toutes les mauvaises influences et de toutes les tentations du monde actuel. Je ne le peux pas et je ne pense pas que quiconque puisse le faire.

En revanche, ce que je peux faire, c'est vous aider à donner plus d'atouts à votre enfant. Puisque vous ne pouvez pas éliminer les mauvaises influences, vous devez créer des expériences, des valeurs et des croyances profondes, significatives, positives et solides pour contrebalancer le négatif. Et vous devez le faire même si vos enfants lèvent les yeux au ciel et semblent récalcitrants, et même si vous êtes sans cesse sollicité de toutes parts. La difficulté de la tâche n'enlève rien à son importance et à sa nécessité.

Les mauvais résultats n'arrivent pas que chez les enfants des autres. Raison de plus pour faire vœu de protéger ses enfants. L'éducation n'est pas à prendre à la légère ; c'est un job à plein-temps pendant au moins vingt ans. Alors mieux vaut savoir comment s'y prendre et le faire bien.

Comme je l'ai dit, ce qu'il vous faut en plus de l'amour est un plan d'action détaillé et précis pour guider et élever votre famille. Vous avez besoin d'un système de guidage réellement performant pour être sûr de suivre jour après jour votre objectif de réussite. Vous devez savoir comment fonder une famille formidable et acquérir les outils qui vous le permettront. Votre famille est digne de tout ce que vous souhaitez pour elle ; ce que vous allez apprendre ici vous aidera à parvenir à vos fins.

Tout ce que vos enfants seront un jour, c'est aujourd'hui qu'ils le deviennent. Soyons honnêtes : si vous êtes comme tous les parents que j'ai rencontrés, vous voulez que votre enfant soit le meilleur dans sa catégorie : le soliste de la chorale, le buteur de l'équipe de football, le premier rôle sur scène, la lauréate du concours de beauté, le major de sa promotion ou un élève des meilleures écoles. Et vous voulez en plus qu'il soit heureux, sûr de lui et confiant. Vous voulez empêcher qu'il soit bousculé sur le terrain de jeu, harcelé ou molesté par des brutes et qu'il connaisse l'échec et l'adversité, ainsi que les problèmes relationnels en général. Sans oublier que vous voulez qu'il vous aime, vous accepte, vous respecte et vous admire.

Une affaire de famille

Ce que vous faites avec vos enfants aujourd'hui, à l'âge de deux, trois, quatre, cinq, six ou seize ans, va déterminer ce qu'ils feront à vingt-quatre, trente-quatre ou quarante-quatre ans. *Vous élevez des adultes.* Aujourd'hui, ils sont en construction, comme une maison neuve sortie de terre. Une fois la maison finie, elle sera soumise aux forces de la nature et aux aléas de la vie. Ce jour-là, les fondations vont-elles se fissurer, le toit va-t-il fuir ? La maison va-t-elle tenir ou s'écrouler ?

De la même manière, vos enfants vont-ils résister aux pressions de la vie et du monde ou craquer à la moindre difficulté ? Leurs fondations sont-elles assez solides pour faire face à ce qui les attend ? Les réponses à ces questions dépendent en grande partie de votre manière de modeler vos enfants, leurs valeurs, leur comportement, leur capacité à prendre de bonnes décisions par eux-mêmes, et de votre capacité à respecter leur personnalité et à enrichir leurs dons et leurs talents. En bref, tout dépend de ce que vous faites aujourd'hui pour les aider à devenir demain des adultes responsables. Connaissez-vous cet adage : « Les enfants sont les messages que nous délivrons à un avenir que nous ne verrons peut-être jamais » ? Vous préparez les adultes et les familles de demain. Vous cherchez ce qu'il y a de mieux pour vos enfants et votre famille sans forcément savoir où aller ou comment y aller – sans avoir ce que j'appelle un « projet solide ».

Je suis sûr que vous n'êtes pas surpris par ce que je dis, mais la clé du projet, c'est vous. Comme presque toujours dans la vie, vous ne pourrez relever le défi d'élever une famille tant que vous n'aurez pas décidé de faire d'abord le ménage en vous. L'aventure commence par vous. Vous ne pouvez pas être une personne et un parent de types différents. Si vous ne vous débarrassez pas du fardeau des peines et des déceptions accumulées au fil du temps, et de votre héritage et de votre esprit autodestructeurs, vous aurez beau apprendre tout ce que vous voudrez sur une éducation réussie, vos règles et vos valeurs seront si faussées que vous continuerez à saboter toutes les chances de mener une vie heureuse – pour vous-même, vos enfants et votre famille.

Je pense que nous avons tous ce que j'appelle une « vérité personnelle ». La vôtre est ce que vous pensez réellement de vous-même quand vous n'êtes pas « en représentation », que vous n'arborez pas votre masque social et que vous n'essayez pas de vous montrer sous votre meilleur jour. C'est ce que vous pensez de vous-même quand personne ne vous regarde et ne vous écoute. Cette vérité personnelle est déterminante, car je pense que nous générons pour nous et nos familles les résultats que nous pensons mériter. Si nous ne pensons pas que nous et notre famille sommes dignes d'une vie formidable, nous n'aurons jamais une vie formidable. Si vous pensez être un citoyen de deuxième classe, une personne indigne, vous générez des résultats conformes à cette image. C'est pourquoi il est si important que vous commenciez par vous regarder vous-même pour vous assurer qu'il n'y a pas une piètre estime de soi qui limite ce que vous pouvez obtenir pour votre famille.

Votre vérité personnelle donnera clairement le ton de ce que j'appelle votre « attitude d'approche ». Toute ou partie de votre approche a probablement été héritée – ce qui n'est pas forcément une bonne chose. Si, par exemple, vous avez été maltraité, délaissé ou simplement trop gâté, ces expériences peuvent être profondément ancrées en vous, vous obligeant à porter une vérité personnelle compromise qui peut et va contaminer vos enfants de la même manière que vous l'avez été. Résultat : vous risquez d'avoir beaucoup plus de mal à élever un enfant joyeux et à créer une famille joyeuse, qui sont précisément vos deux premières priorités. Les enfants joyeux ne sont pas nés avec un « gène du bonheur ». Les enfants joyeux apprennent à vivre, penser, se comporter,

Une affaire de famille

contrôler leurs émotions, s'exprimer et se discipliner de la même manière qu'ils ont appris à faire du vélo ou à lacer leurs chaussures. On leur *enseigne* comment être joyeux. C'est l'un de vos défis, car la capacité à élever des enfants joyeux est une compétence qui s'apprend.

En matière d'éducation, personne ne vous a jamais vraiment enseigné les règles, et encore moins dit comment faire. Demandez-vous pourquoi nos enfants se plongent dans la drogue, l'alcool et le sexe de plus en plus jeunes. La réponse est que personne n'a jamais appris aux parents à éduquer leurs enfants de manière à les empêcher d'avoir besoin de se tourner vers ces mécanismes d'évasion pour se sentir tel qu'ils ont envie de se sentir.

N'ayant reçu de la société aucune formation à l'éducation des enfants, vous vous êtes probablement fié à des modèles de rôle. Mais vos propres parents n'ayant eux-mêmes pas été formés à être des mères et des pères efficaces, quels modèles de rôle peuvent-ils bien être ? En fait, je pense que si vous avez eu la chance d'avoir des parents qui étaient des modèles de rôle positifs, vous – et eux – pouvez remercier le hasard d'avoir bien fait les choses, car il est fort probable que la formation n'a rien à y voir. En bref, non seulement il vous manque des informations essentielles, mais en plus les informations dont vous disposez sont peut-être erronées. Et il faut savoir que dans l'apprentissage de nouvelles compétences, le plus dur est parfois de se défaire de ses vieilles habitudes.

J'ai conçu ce livre pour vous, quelle que soit votre situation. Je ne voulais pas essayer de deviner où vous en étiez, ni supposer savoir quoi dire pour être sûr de répondre précisément à vos besoins. J'ai donc passé une année à concevoir et à mener à bien un vaste projet de recherche sur la famille et les questions d'éducation auxquelles sont confrontés tous ceux qui élèvent des enfants dans le monde d'aujourd'hui. Plus de 17 000 personnes interrogées ont ainsi fourni plus

Ma famille d'abord !

de 1,5 million de données soumises par la suite à une solide analyse statistique.

Cette enquête se penche sur des questions telles que les problèmes les plus brûlants rencontrés par les parents, leurs plus grandes craintes, les niveaux de réactivité des enfants aux différentes approches éducatives, les plus grands besoins d'aide et d'information des parents, et une évaluation globale des attitudes et les perspectives d'avenir. (À la lecture de ce livre, soyez attentif aux « Infos sondage » qui émaillent le texte. Chaque encadré renferme des informations édifiantes sur la manière dont les mères et les pères perçoivent leur métier de parent. Vous trouverez plus d'informations sur mon Enquête nationale sur l'éducation en annexe.)

Peu importe que vous ayez des enfants équilibrés que vous souhaitez voir progresser, ou des enfants rebelles et dissipés qui semblent plus destinés à aller en prison qu'à l'université, des enfants en pleine crise, un enfant qui se drogue ou encore un adolescent déprimé. Les outils sont les mêmes, que votre enfant figure au tableau d'honneur de son école ou au fichier central de la police.

Peu importe la tournure que prennent les événements ou l'ampleur de votre stress : vous savez au fond de vous à quel point vous avez de la chance d'avoir reçu ce don précieux et inestimable que sont les enfants. Je vous encourage donc à voir votre métier de parent comme une tâche noble, un privilège qui vous a été accordé et une responsabilité qui donne un sens et une importance à la vie.

La lecture de ce livre n'est pas censée être passive. Au fil de votre progression, vous découvrirez qu'il s'agit d'un livre pratique et concret. Chaque chapitre vous engage à jouer un rôle actif. Vous allez apprendre et mettre en pratique des compétences en matière d'exemple, de discipline, de négociation, de communication, d'intelligence, d'estime de soi et de confiance en soi, de maîtrise du comportement et de gestion du style de vie familial. Toutes ces compétences vous seront utiles non seulement pour élever vos enfants, mais aussi pour structurer le contenu de votre vie de famille dans le sens de vos efforts. Une fois ces compétences acquises, le reste de votre vie de parent sera un jeu d'enfant.

Si vous pouvez faire de vos enfants les individus confiants et compétents qu'ils méritent de devenir, vous aurez rempli avec succès votre mission de parent et aurez fait à vos enfants le plus beau de tous les cadeaux. C'est ce que je veux pour mes enfants, et je sais que c'est ce que vous voulez pour les vôtres.

Il n'est pas trop tard. N'est-ce pas aujourd'hui le bon jour pour commencer ? Si vous avez une superfamille avec de superenfants, appuyez-vous sur cette force. Si vous avez le sentiment d'avoir tout raté jusqu'ici, il est temps de « re-éduquer » vos enfants. Re-éduquer signifie revenir aux fondamentaux et fixer de nouveaux objectifs, de nouvelles règles, de nouvelles lignes de conduite et de nouvelles limites. Cela signifie devenir le parent auquel Dieu pensait quand il vous a fait le don de votre enfant. Commencez par vous réveiller chaque jour en vous posant les questions suivantes : que puis-je faire aujourd'hui pour que ma famille devienne meilleure ? Que puis-je faire aujourd'hui pour introduire du positif dans la vie de mes enfants ? Que puis-je trouver de bon en chaque enfant et comment le mettre en avant ?

À vous de jouer. Mon plan d'action est là pour que votre famille et vous en sortiez gagnants.

> **Info sondage :** un tiers des parents interrogés dans cette enquête ont affirmé que si c'était à refaire, ils ne fonderaient pas de famille.

Chapitre 2

Stratégies pour familles divorcées et recomposées

« Le courage, ce n'est pas de se battre et de ne pas tomber, mais de se battre, de tomber et de se relever. »

Anonyme

Parmi les lecteurs divorcés, parents célibataires ou à la tête d'une famille recomposée, je sais que beaucoup ont besoin de multiples réponses, et tout de suite. Comment être à la fois la mère et le père ? Que peut-on exiger de ses enfants pendant la période du divorce ? Quel rôle jouer auprès de ses beaux-enfants ? Et tant d'autres questions. En France, le taux de divorce se situe aux alentours de 50 % en région parisienne et 30 % en province. Ce qui signifie que des millions de parents et d'enfants sont confrontés à des problèmes et des besoins majeurs.

Avant de m'intéresser aux défis que vos enfants vont affronter si l'un de leurs parents biologiques quitte la maison – ou si vous avez introduit un nouveau conjoint dans le cercle familial – je tiens à vous prévenir que la plupart des difficultés que rencontrent les parents dans une structure familiale non traditionnelle sont les mêmes que dans une structure traditionnelle. Les enfants sont des enfants, et ce n'est pas parce que vous élevez vos enfants seul ou avec un nouveau partenaire que les outils éducatifs et la vie de famille sont différents. Cela dit, vous devez clairement faire face à des difficultés supplémentaires, et qui dit difficultés supplémentaires dit outils supplémentaires.

C'est tout l'objet de ce chapitre. Vous allez y découvrir ce que vous pouvez et devez faire pour créer une famille formidable, même si la vôtre est divorcée ou recomposée. Vous y trouverez une liste précise d'actions, car votre situation l'exige expressément. À vous, ensuite, d'aborder ce chapitre avec la volonté d'y accorder toute votre attention et de vous concentrer activement sur les mesures à prendre. Mais vous ne devez pas vous en tenir là. Les propositions que je vais vous soumettre doivent s'intégrer dans un projet plus ambitieux, un projet qui s'applique à toutes les familles, qu'elles soient divorcées, recomposées ou traditionnelles. Ce projet, vous le découvrirez à chaque page de ce livre, et vous devez vous engager à appliquer à votre vie de famille tous les outils, toutes les actions et toutes les stratégies que je vais vous fournir à mesure que nous progresserons dans ce livre. Plongez-vous dans ce travail avec l'engagement du cœur et de l'esprit, et vous aussi, vous en sortirez vainqueur.

Les enfants n'attendent pas toujours le divorce pour intérioriser le conflit parental et manifester des problèmes de comportement. Quelle est la situation d'une famille en plein divorce ou en pleine séparation ? Dans les familles monoparentales ou recomposées, la vie des enfants a déjà été profondément bouleversée. Les enfants réagissent différemment à ces événements. Pour certains, un divorce peut être une expérience traumatisante. Ils peuvent avoir très peur de l'avenir. Ils peuvent se demander si le parent qui a obtenu la garde peut lui aussi les « abandonner ». Ils peuvent manifester une dépendance prévisible. Leur colère peut se traduire par de l'agressivité. Vous devez comprendre que si votre enfant a eu le sentiment que sa mère ou son père a été chassé du foyer, il peut vous en vouloir *à vous* de ce départ.

Sa colère sera très réelle, même si elle n'est que l'expression de sa peine, de sa peur ou de sa frustration. La colère est souvent un moyen de faire face à sa propre vulnérabilité. C'est souvent un mécanisme défensif : en passant à l'attaque, il n'y a plus de risque d'être rejeté. Inconsciemment, l'enfant agit dans l'optique de « dégainer le premier ». Vous ne devez pas prendre ces réactions pour vous, mais aller au-delà des apparences et observer avec compassion ce qui se cache derrière.

Quelle que soit l'attitude de votre enfant, vous pouvez parier que le départ d'un parent et/ou l'arrivée d'une belle-mère ou d'un beau-père dans le cercle familial va provoquer une réaction psychologique et affective majeure. Certains enfants le masqueront ; d'autres non. Dans tous les cas, cette réaction se produit et dure, et c'est à vous de la gérer de manière aussi constructive et rassurante que possible.

Les études et ma propre expérience clinique m'ont appris que les besoins psychologiques de l'enfant sont fortement accrus pendant et après un divorce. Le traumatisme de la fracture familiale laisse des séquelles bien au-delà du court terme. Cette réaction résiduelle peut être affective, logistique ou les deux. Il est fréquent, par exemple, qu'un divorce s'accompagne de problèmes financiers susceptibles de faire basculer une famille dans une grande précarité. On observe souvent une inégalité inattendue et dérangeante entre le niveau de vie d'un homme divorcé et celui de son ex-femme, et ce contraste peut être très déstabilisant pour un enfant. Statistiquement, les femmes obtiennent plus souvent la garde des enfants. En même temps, ce sont généralement elles qui subissent la plus forte baisse de revenu. Après un divorce, environ la moitié des enfants ne voient plus leur père et se trouvent plongés au cœur d'un maelström économique et affectif où la culpabilité et la peur viennent s'ajouter à leur confusion.

Ma famille d'abord !

Si vous êtes un parent célibataire qui s'est battu pour obtenir la garde de son enfant, vous risquez de vous trouver seul à vous occuper et à éduquer votre enfant. La tâche est difficile et l'on a naturellement tendance à céder sur la discipline. Trop souvent, c'est au-dessus de vos forces et votre enfant souffre.

Une nouvelle union multiplie elle aussi les nouveaux facteurs de stress, avec l'apparition de nouveaux demi-frères et demi-sœurs, de nouvelles règles, de nouvelles exigences, voire de nouvelles pratiques religieuses. La perte d'un modèle de rôle peut être particulièrement dévastatrice pour des enfants qui, confrontés à une multiplication de difficultés et de choix quotidiens, découvrent que la boussole du parent qui a leur garde n'est pas fiable à cent pour cent. (Il s'agit-là d'un point crucial que nous aborderons plus en détail dans le chapitre 13.)

Toutes ces difficultés et les autres, trop nombreuses à énumérer, font partie de la réalité du divorce dans le monde d'aujourd'hui. Chacune exige une stratégie spécifique. La constante, toutefois, ce sont les besoins que ces exigences et ces facteurs de stress viennent accentuer. Quels que soient vos problèmes, ils se résument pour votre enfant à un bouleversement et peuvent entamer ses besoins essentiels. Ces difficultés ne pourraient pas plus mal tomber pour vous qui traversez déjà vous-même des troubles affectifs. Par moments, vous vous sentez dépassé. Vous *devez* néanmoins être à l'écoute des besoins de votre enfant. Aux États-Unis, selon l'*American Academy of Pediatrics*, près de la moitié des enfants manifeste une réaction symptomatique dans l'année qui suit le divorce de leurs parents. Ces symptômes sont notamment l'irritabilité, les pleurs, la frilosité, une dégradation des résultats scolaires, la toxicomanie, la dépression, l'agressivité et la délinquance. En restant à l'écoute des besoins de votre enfant pendant cette période difficile, vous serez mieux placé pour y répondre.

Mais quels sont ses besoins les plus profonds (et susceptibles de durer, surtout s'ils sont ignorés ou mal pris en compte) ?

Besoin de reconnaissance. Ce sera le premier des besoins de vos enfants, d'autant que leur image de soi est susceptible d'être encore en construction et fragile, surtout s'ils sont jeunes. Ils vont constamment essayer d'obtenir votre approbation et votre « adhésion », car leur sentiment d'appartenance à votre famille a été mis à mal.

Besoin de sécurité. Vous allez devoir déployer plus d'efforts qu'en temps normal pour assurer à vos enfants que leur famille a beau avoir éclaté, elle continue de leur assurer la protection qu'elle leur a toujours apportée. Ils doivent avoir la preuve que leur cocon est intact et que vous veillez sur eux. Pour cela – et puisque les actes valent mieux que tous les discours – préservez un rythme, des limites et des activités normales au sein du foyer, manifestez le même intérêt pour leur scolarité et permettez-leur de garder le contact avec leurs amis.

Non-culpabilité et non-responsabilité du divorce. Les enfants endossent souvent la responsabilité de la dissolution du mariage. Ce sentiment naît des nombreuses accusations qui surgissent au cours du divorce et de la procédure, et s'explique par le rôle de ciment que les enfants jouent dans les familles. Sachant qu'ils se sont mal comportés, ils ont le sentiment que la rupture de leurs parents est leur punition. Souvenez-vous que quand les enfants souffrent, ils se sentent exclus. Et dans leur esprit, la frontière entre la douleur et la punition est floue. Ayez-en conscience et assurez vos enfants qu'ils ne sont pas responsables.

Ma famille d'abord !

Besoin de structure. Au départ de l'un des chefs de famille de la maison (que ce soit la mère ou le père), vos enfants vont tester la structure. Ne cédez pas d'un pouce. C'est le moment le moins indiqué de briser les règles, voire de gâter vos enfants. Rétablissez une discipline cohérente et récompensez le bon comportement (vous apprendrez à le faire au chapitre 10). Vos enfants ont plus que jamais besoin de continuité dans tous les domaines de leur vie. Ils ont besoin de savoir que le monde continue à tourner et qu'ils en font toujours partie.

Besoin d'un parent stable capable de mener la barque. Que vous vous sentiez ou non courageux et fort, vous devez être le meilleur aux yeux de vos enfants. Évidemment, ils s'inquiètent pour votre partenaire et vous, en particulier en cas de crise ouverte. Et comme ils vous connaissent mieux que vous ne vous connaissez vous-même, que vous fassiez ou non bonne figure, ils subiront de plein fouet votre souffrance affective. Raison de plus pour faire tout votre possible pour les assurer que vous êtes solide et capable de diriger les affaires. Vous leur permettrez ainsi de se détendre à nouveau. À vous de faire preuve de force et de résilience.

Besoin de laisser les enfants être des enfants. Vos enfants ne sont pas là pour panser vos plaies. Trop souvent, ils servent soit de bouclier, soit de bouée de sauvetage aux parents en crise. Attention : les enfants n'ont-ils pas déjà assez de difficultés sans devoir en plus soigner vos blessures ? Voici deux règles essentielles à suivre absolument, surtout en période de crise et d'instabilité familiale :

1. Ne faites pas subir à vos enfants des situations qu'ils ne peuvent pas gérer. Personne, *a fortiori* un enfant, ne

doit assumer une telle responsabilité. Cela favorise les sentiments d'impuissance et les oblige à douter de leurs propres forces et capacités.
2. Ne demandez pas à vos enfants de s'occuper de problèmes d'adultes. Ils ne sont pas armés pour les comprendre. Leur priorité doit être de franchir les différentes étapes de leur développement.

Votre objectif doit être de répondre à tous ces besoins et de minimiser le prix que votre enfant doit payer parce que votre ex-conjoint et vous êtes incapables de poursuivre votre relation. Je ne dis pas cela pour vous culpabiliser, mais simplement parce que c'est la vérité. Je ne suis pas là pour vous juger. Vous seul savez si la rupture était la meilleure des choses pour vos enfants et vous. De toute façon, c'est ainsi. Le divorce est prononcé et vous, votre ex-conjoint et votre ou vos enfants allez devoir faire pour le mieux.

Je crois d'ailleurs fermement que pour tout enfant, mieux vaut *sortir* d'un foyer brisé que *vivre* dans un foyer brisé. Les études nous montrent évidemment que les enfants vivent mieux dans un foyer biparental équilibré que dans un foyer monoparental. Mais les mêmes études révèlent que les enfants vivent mieux dans un foyer monoparental équilibré que dans un foyer biparental hostile, sans amour ou conflictuel. Sachant que les enfants vivent mieux quand ils côtoient les deux parents et quand les relations au sein de leur entourage sont saines, vous devez vous efforcer de créer ces conditions après un divorce, peu importe le lieu de résidence et les conditions de vie de chacun. Même si votre ex-conjoint et vous avez cessé toute relation conjugale et opté pour des domiciles séparés, vous pouvez vous engager à vous apporter un soutien mutuel en tant que coparents de vos enfants. Si vous êtes tous deux désireux de donner la priorité aux intérêts de vos enfants, il vous sera facile de vous concentrer sur ce qu'il y a de mieux à faire pour minimiser le traumatisme du divorce.

Votre ancien conjoint et vous devez vous résoudre à former une alliance en reconnaissant que vous n'avez pas mis un terme à votre relation, et qu'à vos rapports quotidiens intimes, affectifs et amoureux, vous avez substitué une relation que cimentent des objectifs communs pour vos enfants. Sachez vous mettre d'accord avec lui, faire abstraction de votre blessure et tourner la page après une trahison et un échec. Ce sera un formidable cadeau pour vos enfants.

Se montrer froid, négatif ou blessant avec votre ancien conjoint, voire l'exclure, revient d'une certaine manière à faire subir le même traitement à vos propres enfants. Vous ne l'avez peut-être jamais vu sous cet angle, mais vous devriez, et voici pourquoi : les enfants ont un lien génétique, affectif et historique puissant avec leurs *deux* parents, et ils ont besoin d'une relation saine avec chacun d'eux. Si vous, poursuivant votre propre objectif de vengeance de votre blessure, de votre ressentiment et de votre colère, vous éloignez votre enfant de votre ex-conjoint, vous mettez à mal la capacité de votre enfant à trouver son équilibre. S'il semble prendre votre parti, vous vous direz peut-être que vous êtes gagnant, mais je peux vous assurer que vous ne l'êtes pas. Si vous dénigrez votre ex, je peux vous garantir que vos enfants finiront un jour par se retourner contre vous et vous en vouloir. C'est un doux poison. Il est peut-être agréable que vos enfants soient aujourd'hui loyaux envers vous, vous aiment davantage et préfèrent être avec vous qu'avec votre ex, mais, à long terme, ils vont comprendre que vous avez agi par égoïsme et non pour leur bien. C'est une réalité à laquelle vous n'échapperez pas. Vous devez donc vous efforcer d'instaurer une relation saine entre vos enfants et votre ex-conjoint et entre votre ex-conjoint et vous. Si vous ne le faites pas au nom de l'équité, faites-le par égoïsme. Car si vous ne le faites pas, vous en paierez le prix fort.

Existe-t-il des circonstances, notamment une maladie mentale, l'alcoolisme, la toxicomanie ou autres comportements autodestructeurs pouvant empêcher un parent de favoriser les liens entre son ex-conjoint et ses enfants ? Absolument. Dans ce cas, vous ne devez pas leur mentir sur la situation, et certainement pas les soumettre à ce type d'influence. Mais assurez-vous que vous jugez votre ex-conjoint avec une objectivité dépourvue de colère, et que vous n'utilisez pas ces problèmes pour prendre égoïstement l'ascendant sur vos enfants. Et s'il est moins accablant de qualifier les problèmes de votre ex-conjoint de maladie, alors faites-le. Préservez le lien dans l'espoir que votre ex-conjoint reviendra un jour à la raison.

Aussi illogique que cela paraisse, le meilleur moyen de savoir si vous êtes « prêt » à divorcer et donc à établir une nouvelle relation de coparentalité est de vous demander si vous parvenez à franchir la porte sans colère, ni ressentiment, ni amertume, ni frustration affective. Vous vous dites probablement : « Si je suis capable d'une telle acceptation, pourquoi rompre ? » Soyons clair : il est temps de divorcer quand vous pouvez vous regarder dans le miroir et vous dire en toute honnêteté que vous avez fait tout votre possible pour sauver votre couple. Vous ne devez jeter l'éponge que si vous savez au fond de vous que vous avez retourné en vain chaque pierre et exploré chaque piste pour remettre votre couple sur la bonne voie. Si vous continuez à manifester un fort ressentiment, il vous reste du chemin à parcourir. Je ne le dis pas pour vous pousser à vous réconcilier avec votre ex-conjoint par culpabilité, mais plutôt pour vous faire comprendre que vous devez dépasser vos blessures pour pouvoir établir une relation de coopération avec l'autre parent de votre enfant. Si vous n'étiez pas dans cet état d'esprit à la fin

Ma famille d'abord !

de votre union, engagez-vous à y parvenir maintenant. Votre enfant ne doit pas payer le prix de l'incapacité de ses parents à s'entendre.

Vous avez un rôle important, qui consiste à préparer vos enfants à la vie malgré l'échec de votre couple. Vous devez mettre de côté votre propre vie affective. Et si vous avez besoin d'une aide professionnelle, alors faites-y appel. Même en cas de difficultés financières, vous trouverez toujours dans la société des personnes ou des structures prêtes à venir en aide à quelqu'un dans le besoin. Quoi qu'il faille faire pour instaurer une coopération plus saine avec votre ex-conjoint, vous devez le faire.

Sachez qu'après un divorce, l'éducation d'un enfant est semée d'embûches et que les dommages que vous provoquerez par inadvertance viendront s'ajouter à ceux que le divorce a déjà causés. Pour vous aider à reconnaître les erreurs que vous commettez peut-être et éviter les erreurs que vous avez tendance à faire, en voici quelques-unes parmi les plus grossières et les plus fréquentes que font les personnes dans votre situation :

- Saboter la relation de son enfant avec l'autre parent.
- Utiliser son enfant comme un pion pour « atteindre » ou blesser son ex.
- Utiliser son enfant pour obtenir des informations ou manipuler et influencer son ex.
- Transférer les blessures et les frustrations liées à son ex-conjoint sur son enfant – une tentation d'autant plus grande que votre enfant présente des ressemblances physiques ou comportementales avec votre ex.
- Forcer son enfant à choisir son camp en cas de conflit d'organisation ou autres problèmes d'emploi du temps.

- Transformer en conflits les réunions familiales auxquelles participent les deux parents divorcés. Les moments délicats sont les naissances, les vacances, les activités extrascolaires et les résultats scolaires.
- Trop compter sur ses enfants pour avoir de la compagnie et du soutien quand on se sent blessé et esseulé et que l'on s'est mis une chose en tête : « Le monde entier est contre nous. » Ce n'est pas une attitude saine, ni pour soi, ni pour son enfant.
- Traiter son enfant en adulte parce que l'on est seul ou simplement que l'on a besoin d'aide. Il ne faut pas confier à un enfant un rôle d'adulte.
- Être dans une telle détresse affective que son enfant éprouve un sentiment de culpabilité s'il passe du temps, ou souhaiterait passer du temps avec votre ex, ses amis, ses grands-parents ou autres.
- Transformer la culpabilité du divorce en indulgence excessive en satisfaisant les désirs matériels de son enfant.

En plus de vous engager à éviter ces erreurs, vous devez adopter une stratégie familiale et parentale qui aidera votre enfant à s'épanouir dans un foyer divorcé. Voici quelques-uns des éléments clés de cette stratégie :
- Engagez-vous à assimiler, à adopter et à appliquer tous les principes exposés dans cet ouvrage. Les idées, les outils et les stratégies qui y sont présentés sont essentiels à qui veut créer une famille équilibrée et heureuse et élever des enfants authentiques couronnés de succès, que les deux parents partagent ou non le même foyer.
- Prenez le temps, votre ex-conjoint et vous, d'élaborer un plan d'action qui met de côté toutes vos différences et s'attache plutôt à répondre aux besoins de vos enfants. Si vous n'êtes pas d'accord sur ce qui s'est produit ou non pendant votre mariage, concentrez-vous sur ce qui

doit se produire *maintenant* pour être sûr que vos enfants ne paient pas le prix de votre échec conjugal.
- Engagez-vous tous les deux à ne jamais dénigrer l'autre devant votre enfant. Et empêchez ce dernier de manquer de respect à l'autre parent, même si cela vous fait plaisir.
- Négociez et mettez-vous d'accord sur la meilleure solution pour certains détails tels que le transfert des enfants au moment des visites ou des vacances. La justice a probablement fixé des règles dans l'intérêt de la paix et de la sécurité de votre enfant, mais il vous appartient d'agir en adulte et sans égoïsme.
- Mettez-vous d'accord sur des limites et des règles de conduite pour élever vos enfants afin d'apporter une cohérence dans leur vie, quel que soit le parent avec lequel ils se trouvent. Cela inclut l'heure du coucher, le temps passé devant la télévision et l'ordinateur, les sorties et autres situations et comportements de la vie de tous les jours.
- Concernant les membres de la famille élargie, négociez et mettez-vous d'accord sur le rôle de chacun et l'accès qui leur sera accordé quand l'enfant sera sous la garde de l'un ou l'autre des parents. Je suis convaincu que la famille élargie joue un rôle très important dans la vie des enfants, et en particulier que les grands-parents doivent pouvoir participer activement et librement à la vie de leurs petits-enfants, à condition qu'ils connaissent et acceptent les règles sur lesquelles le couple divorcé s'est mis d'accord. Entendre ses parents dénigrer son ex-conjoint est tout aussi inacceptable que de dénigrer soi-même son ex-conjoint devant ses enfants.
- Discutez activement avec votre ex-conjoint de tous les aspects du développement de votre enfant. Les deux parents doivent être au courant de tous les événements positifs et négatifs qui se produisent dans le parcours

d'un enfant. S'il y a des problèmes à l'école ou avec des amis, voire des événements exceptionnels, les deux parents doivent être totalement informés pour pouvoir y apporter des réponses cohérentes. Au besoin, faites-le par écrit ou par mail, mais faites-le.
- Sachez que les enfants n'hésiteront pas à évaluer la situation et à tester les limites et les consignes, surtout s'ils ont une chance d'obtenir ce qu'ils n'auraient habituellement pas pu avoir. Il est important que votre ex-conjoint et vous compariez vos notes avant de tirer des conclusions hâtives ou de vous blâmer mutuellement pour ce qui s'est produit.
- Aussi douloureux que cela puisse être, informez-vous mutuellement des changements qui se produisent dans vos vies respectives afin que votre enfant ne soit jamais une source d'information. Si vous fréquentez quelqu'un, si vous changez de travail ou si vous envisagez de déménager, soyez assez adulte pour en informer votre ex-conjoint afin qu'il ne l'entende pas de la bouche de votre enfant, qui risque alors de subir sa réaction.
- Engagez-vous à faire preuve d'honnêteté. Si vous vous êtes mis d'accord sur un plan d'action, tenez-vous-y. Dites ce que vous pensez et pensez ce que vous dites. Et surtout, n'essayez pas secrètement de gagner les faveurs de votre enfant en donnant plus ou en permettant plus que l'autre parent. Ce n'est rien d'autre que du sabotage, qui finira par nuire à votre enfant.

Toutes ces règles vont considérablement vous aider à normaliser la vie de vos enfants. Il est indispensable que votre ex-conjoint et vous preniez les bonnes décisions et fassiez de réels sacrifices pour eux. Plonger ses enfants au cœur d'un maelström affectif n'est pas seulement un acte d'autosatisfaction. C'est aussi un comportement autodestructeur. En plus, vos enfants n'ont tout simplement pas envie de vivre cela. J'ai tant entendu d'enfants du divorce me dire qu'ils en avaient tellement assez d'entendre leurs parents se plaindre de l'autre qu'ils en auraient crié. Ne soyez pas grincheux et immature. Vous vouliez des enfants. Eh bien maintenant, ils sont là. Il est triste que votre relation n'ait pas fonctionné, mais ce n'est pas de leur faute.

Si votre conjoint ne joue pas le jeu et n'adhère pas aux règles que je vous ai soumises, vous devez quand même vous y tenir. La seule personne que vous contrôlez, c'est vous-même. Si vous empruntez la bonne voie, à long terme vos enfants vous admireront. Un jour viendra où, en y repensant, ils diront : « Ma mère [ou mon père] s'est comporté(e) avec tellement d'élégance, de dignité et de respect que je comprends à quel point il (ou elle) m'aimait et souhaitait la paix et la tranquillité dans ma vie. C'est un cadeau dont je lui serai à jamais reconnaissant. J'aurais aimé que mon autre parent fasse preuve de la même générosité. »

> **Infos sondage :** les trois problèmes majeurs des familles recomposées sont la discipline, la résolution des conflits et le partage des responsabilités.

Si, après avoir divorcé, vous avez décidé de vous remarier, vous faites face à toute une série de nouveaux défis qui viennent s'ajouter aux difficultés que rencontrent les familles traditionnelles et divorcées. En plus des règles et des actions que je viens et que je vais vous présenter, vous devez mettre au point une stratégie pour intégrer un nouveau membre à l'unité familiale existante. Que votre nouveau conjoint ait ou non lui-même des enfants, la famille s'agrandira au moins d'un nouveau membre, ce qui représentera pour vous un défi, en particulier si c'est vous qui faites votre entrée dans un foyer existant. Impliquez vos enfants dans la cérémonie du mariage. S'ils se sentent investis d'un rôle particulier et si vous arrivez à faire de l'événement une expérience positive, vous ferez un grand pas vers l'harmonie.

Il est important de prendre conscience dès le début d'un remariage que si l'un de vous, ou les deux, a des enfants, que vous en ayez ou non la garde, vos relations sont lourdement chargées d'émotions. En plus des liens étroits qui unissent tout parent à son enfant, l'épreuve du divorce qu'ils ont traversée ensemble peut avoir produit un surcroît d'énergie affective qui se traduira très probablement par une bienveillance parentale. Ce parent, jugeant que l'enfant a déjà beaucoup souffert, surveillera de près le traitement réservé à son enfant dans la nouvelle organisation familiale. Le nouveau conjoint marche alors sur des œufs, contraint à éviter tout comportement qui est jugé outrepasser les limites ou qui trouve un écho malheureux dans le passé. Il y a des sujets dont votre nouveau conjoint et vous devez discuter *avant* le mariage. Et si vous ne l'avez pas fait, il n'est jamais trop tard.

Voyons maintenant ce que je pense être les aspects les plus importants du rôle de beau-parent dans l'optique d'une bonne relation avec les enfants d'un autre. Très franchement, la difficulté est plus ou moins la même que celle de tout couple sur le point d'avoir un enfant. À tous les futurs parents, je conseille de prendre le temps de discuter et, au besoin, de négocier d'un plan d'action comprenant les points suivants :

- Le rôle de chaque parent dans l'éducation et la contribution au développement de l'enfant.
- Le partage des tâches concernant l'enfant, notamment l'alimentation, la toilette, la surveillance, les consultations médicales, les tâches ménagères, la discipline, etc.

- Les attentes quant à la place accordée au couple en tant que tel, et la possibilité de sortir de temps à autre sans les enfants.
- La place accordée aux grands-parents et aux autres membres de la famille élargie.
- Les objectifs et les priorités à long terme concernant l'éducation et tout autre domaine de développement.
- Les prévisions et les priorités financières.

Ces grandes questions doivent être abordées dans les familles qui ont ou vont fusionner, ou à l'arrivée d'un nouveau conjoint. Que vous soyez sur le point de vous engager ou que vous le soyez déjà, je vous recommande d'étudier cette liste le plus tôt possible et de vous y reporter régulièrement pour être sûr que vos boussoles sont bien alignées. Examinons maintenant plus particulièrement le rôle du beau-parent et les moyens de le mettre en valeur.

Premièrement, voyons comment un beau-parent doit se comporter avec les enfants. Nous connaissons tous les stéréotypes tels que la méchante belle-mère et le complexe d'Œdipe, où la concurrence des enfants pour l'amour, l'engagement et la fidélité de leurs parents entraîne toutes sortes de souffrances et de frustrations. Qui n'a jamais vu de film de série B où l'enfant finit immanquablement par hurler : « Tu n'es pas ma mère ! » Nul doute que le rôle de beau-parent est l'un des plus difficiles qu'un adulte assumera jamais. Mais vous pouvez vous épargner une grande partie de cette souffrance en vous mettant d'accord sur une définition très basique de ce rôle et en restant à l'écoute des sensibilités de chacun.

Pour gérer au mieux cette situation, le parent biologique et le beau-parent doivent commencer par une discussion ouverte et sincère sur leurs peurs et leurs attentes en matière de relation avec les enfants. Chacun doit savoir ce que l'autre attend du rôle du beau-parent dans l'éducation, la surveillance et la discipline. Si tous deux ont à la fois un rôle de beau-parent et de parent, tous deux ayant la garde totale ou même partielle de leurs enfants, les attentes peuvent être différentes. En d'autres termes, vous pouvez vous faire confiance pour punir ses enfants, mais ne pas lui faire confiance pour punir les vôtres. Ce n'est pas un problème. L'important est que vous le sachiez et que vous vous soyez mis d'accord sur la définition des rôles. Une fois les attentes de chacun comprises, il vous reste à définir le rôle du beau-parent. Je considère toujours qu'il est important de commencer par identifier les terrains d'entente et de limiter ainsi les divergences. Votre définition du rôle de beau-parent ne dépend que de vous. Voici tout de même quelques recommandations qui s'inspirent de ce que j'ai vu marcher, de ce que j'ai vu échouer et de ce que je pense être le mieux pour établir et définir le rôle de beau-parent :

1. Je pense sincèrement que, à moins d'intégrer une famille quand les enfants sont très jeunes, il est très difficile de punir les enfants de son conjoint. Chaque situation est unique, mais, dans la plupart des cas, éduquer ses beaux-enfants est un parcours semé d'embûches susceptible de susciter le ressentiment de son conjoint. Mais là encore, ce n'est pas systématique, et si ce n'est pas vrai dans votre famille, c'est formidable, car le parent y puisera alors des moyens supplémentaires de gérer les questions de discipline. Mais s'il n'est pas souhaitable qu'un beau-parent joue un rôle actif dans la discipline, il est en revanche extrêmement important qu'il soutienne activement les efforts du parent. Il peut aider à appliquer les règles et veiller à leur respect, même s'il ne lui appartient pas de les mettre en œuvre. Ensemble, parents et beaux-parents doivent discuter des règles familiales et négocier un accord sur les consignes parentales. Cet aspect

de la vie de famille doit se négocier comme dans n'importe quelle famille.

2. Bien qu'il ne participe pas activement à la mise en œuvre de la discipline, le beau-parent doit se positionner en adulte face à l'enfant. En cas de mauvaise conduite, le parent applique la sanction initiale, mais le beau-parent soutient activement cette décision. Il faut donc veiller au respect et à la reconnaissance du beau-parent. En d'autres termes, le beau-père n'est pas seulement le mari de la mère. C'est aussi un adulte et une figure d'autorité dans le foyer.

3. Le beau-parent doit chercher à se positionner en allié ou en soutien auprès des enfants. Qu'il soit du même sexe ou du sexe opposé, sa présence équilibrante peut servir de modèle et de source d'information sur la vie au masculin ou au féminin. Mais ce rôle d'allié et de soutien ne doit en aucun cas être interprété comme une tentative de se substituer au parent.

4. Il est important que le beau-parent n'ait pas d'attentes irréalistes quant à son degré de proximité ou d'intimité avec ses beaux-enfants. Les relations se construisent, et les liens étroits exigent du temps et des expériences communes. Le beau-parent doit également être conscient que l'enfant peut être en proie à une grande confusion affective – et se sentir coupable de trahison envers sa mère ou son père s'il est proche de sa belle-mère ou de son beau-père. Il faut beaucoup de précautions et de patience pour permettre aux enfants de venir à bout de ces sentiments.

5. La belle-mère ou le beau-père doivent soutenir activement la relation entre l'enfant et sa mère ou son père absents de la maison. Si vous êtes le beau-père, vous devez vous fixer

comme priorité d'entretenir vous-même des liens avec le père et de tout mettre en œuvre pour favoriser ses liens avec ses enfants. En adoptant délibérément cette démarche, vous surmonterez plus facilement le ressentiment à la fois du père *et* des enfants qu'il ne peut plus voir tous les jours. Ce choix peut nécessiter un véritable engagement personnel de votre part, puisqu'en favorisant les liens entre vos beaux-enfants et leur parent absent, vous encouragez en quelque sorte la relation entre ce dernier et votre conjoint. Mais ne laissez pas la jalousie de ce lien qu'ils partagent tous deux avec leurs enfants, ni leurs rapports actuels et passés vous empêcher d'apporter votre soutien à cette relation.

6. Si vous êtes à la tête d'une véritable famille recomposée dans laquelle vous avez tous deux fusionné avec vos enfants selon le scénario du « ce qui est à toi est à moi, et inversement », vous devez être très attentif à ne pas être perçu comme ayant des préférences et à ne pas mieux traiter vos enfants que vos beaux-enfants. Aussi impopulaire et politiquement incorrect que cela puisse paraître, la vérité est qu'il y a de fortes chances que vous soyez plus indulgent envers vos enfants qu'envers vos beaux-enfants, du moins au début. Vous allez devoir masquer ces différences affectives. Au fil du temps et des expériences communes avec vos beaux-enfants, vos sentiments envers tous les enfants vont s'harmoniser. En attendant, soyez hypersensible à la nécessité de loger tout le monde à la même enseigne. Les premiers temps, pourquoi ne pas quantifier et répartir équitablement le temps, les activités et l'argent consacrés à chacun ?

7. Si, en tant que parent, les rapports entre vos enfants et leur beau-parent suscitent en vous des frustrations, je vous encourage sans tarder à cesser de vous plaindre et à commencer par vous demander ce que vous voulez et ce dont

vous avez besoin. Si, par exemple, vous avez l'impression que votre conjoint passe plus de temps avec *ses* enfants, demandez-lui par exemple de faire trois jeux par semaine avec *votre* enfant. S'il a emmené ses enfants au restaurant – innocemment, parce que l'occasion se présentait – il n'a peut-être pas réalisé que votre propre enfant était laissé pour compte. Dites précisément ce que vous attendez exactement.

En résumé, il est vrai qu'il est difficile de savoir ce que pense l'autre. Vous n'êtes pas à sa place. Que ce soit vous ou votre conjoint qui êtes en position de beau-parent, discutez fréquemment de la tournure des événements et du vécu de chacun. Si vous êtes tous deux animés de bonnes intentions et de bons sentiments, les difficultés sont surmontables. Un parent peut obtenir ce dont il a besoin pour protéger ses enfants et un beau-parent peut obtenir le temps dont il a besoin pour construire une relation. L'essentiel est de se souvenir que les enfants font route avec vous et qu'ils n'ont pas eu le choix d'accepter ou non un nouveau membre dans la famille. Il faut donc faire preuve de tact et de patience pour les aider à s'adapter à cette situation.

Au fil de votre lecture, souvenez-vous que toutes les idées, les tests et les outils proposés dans ce livre s'appliquent aussi à votre situation de foyer monoparental ou recomposé. Les difficultés à créer une famille formidable sont les mêmes pour tous les parents. Après avoir abordé certains des problèmes propres à votre situation, sans prétendre toutefois couvrir tout l'éventail des difficultés que vous êtes susceptible d'affronter, je vais poursuivre mon propos, en espérant que vous saurez appliquer les conseils que vous y puiserez.

Chapitre 3

Les cinq ingrédients d'une famille formidable

« Instruis l'enfant selon la voie qu'il doit suivre,
et quand il sera vieux, il ne s'en détournera pas. »

Proverbes 22:6

Vous pouvez dès maintenant commencer à opérer des choix et entreprendre des actions au quotidien qui vous conduiront tout droit à une famille formidable. Que votre famille fonctionne bien et que vous vouliez qu'elle aille encore mieux, ou qu'elle souffre de dysfonctionnement, elle n'en est pas arrivée là par hasard, ni par la volonté d'un tiers. Quelle que soit sa situation, elle dépend de vous et des autres membres de votre famille. Mais en tant que parent et chef de famille, vous êtes en première ligne et tout ce qui s'y passe, le bon comme le mauvais, se produit sous votre responsabilité. Mon père disait toujours que le monde était fait de riches et de pauvres et qu'il m'appartenait de choisir par mes pensées et mes actes ce que je voulais être sur le plan moral, émotionnel, spirituel, financier, etc. Je pense qu'il avait raison : si vous voulez être autrement, vous devez faire d'autres *choix*. Avoir une famille formidable n'exige pas d'avoir une progéniture formidable et des modèles de rôle positifs, ni d'avoir des enfants qui s'exclament : « Waouh, quelle excellente idée, Maman ! Je suis sidéré, allons-y ! » Avoir une famille formidable, c'est

Ma famille d'abord !

simplement prendre la résolution de l'avoir et définir des priorités. C'est là qu'interviennent les Cinq Ingrédients d'une Famille Formidable. Ils ne sont pas innés, mais ils ne sont pas non plus particulièrement difficiles à mettre en œuvre et ils commencent par vous. D'où la notion de vérité personnelle évoquée dans le chapitre 1. Vous devez commencer par croire en vous et au droit de votre famille à être formidable.

Quand je parle de « famille formidable », je parle d'une famille où chacun est une personnalité à part entière, où chacun sait exploiter ses dons, ses compétences et ses talents et se sent bien dans sa peau et avec les autres. Où chacun vit sa vie avec optimisme, passion et énergie et où chacun se sent aimé, comblé, valorisé et reçoit ce dont il a besoin pour devenir un adulte compétent, en bonne santé et confiant. Une famille formidable est également une famille épanouie dans laquelle le bien-être de chacun est encouragé et protégé dans l'intérêt de tous.

Dans le même temps, les membres sont interconnectés, un peu comme les alpinistes s'encordent pour escalader une montagne afin que si l'un d'eux glisse ou se trouve en péril, il soit soutenu par les autres le temps de reprendre pied. Sachez également que cette interconnexion est cimentée par le sentiment d'« être tous dans le même bateau ». *Dans une famille, nous déteignons tous les uns sur les autres.* Ce chapitre est là pour dire : « Ma famille peut resserrer ses liens et rassembler ses forces pour que chacun puisse se sentir plus confiant et plus enthousiaste dans la vie. Elle peut devenir plus affectueuse, plus positive et plus encourageante. Elle va pouvoir viser et obtenir le meilleur. Et surtout, nul ne sera laissé à la traîne. »

Ceci n'est pas un fantasme ; c'est possible. Les Cinq Ingrédients d'une Famille Formidable que vous êtes sur le point de découvrir vont vous donner la chance de faire passer votre famille à la vitesse supérieure. Vous devez pour cela avoir la volonté d'en faire le nouveau fondement de votre

Les cinq ingrédients d'une famille formidable

vie de famille. Ces ingrédients vont vous aider à conduire votre famille dans le sens d'un bonheur, d'un accomplissement et d'un amour plus grands. Vous devez toutefois décider que votre famille est à la hauteur de tout ce que vous souhaitez pour elle. Vous devez décider que la paix, la joie et l'abondance ne sont pas réservées à la famille d'à côté et qu'elles sont aussi pour *votre* famille.

La solution consiste en partie à adopter une nouvelle mentalité, une nouvelle philosophie et une nouvelle vérité personnelle en plus d'un plan d'action. Si vous relevez ce défi, vous vous trouverez en position de force plutôt qu'en position de faiblesse. Vous détiendrez des informations précieuses et claires plutôt que de nager dans la confusion. La connaissance, c'est le pouvoir ; et la connaissance de ces cinq ingrédients et la mise au point d'un plan d'action très précis pour leur mise en œuvre vous permettront d'aller de l'avant et de vouloir le meilleur pour votre famille. Il est temps pour vous de faire partie des « nantis ».

Que ce jour marque un nouveau départ et un nouvel engagement pour vous et votre famille. Cette dernière n'a pas à subir toujours les mêmes vieux modèles. Vous avez la capacité et le pouvoir de décider de la vie de votre famille, et plus vous exercerez votre pouvoir de décision, plus celle-ci sera formidable. Commencez dès maintenant et mettez-vous dans l'idée de rééduquer votre famille. Soyez déterminé à vous remettre les idées en place et à revenir dans le droit chemin. Voici donc ces cinq ingrédients assortis de conseils concrets pour changer.

Ingrédient n° 1 : créer une structure familiale enrichissante et reconnaissante

Le besoin numéro un de tout individu est le besoin d'acceptation, le besoin d'avoir le sentiment d'appartenir à

Ma famille d'abord !

quelque chose et à quelqu'un. Ce besoin d'acceptation s'exerce d'abord en famille. Vous êtes-vous jamais demandé pourquoi certains enfants vouaient une loyauté sans bornes à une équipe, à un groupe ou même à une bande de « voyous » ? C'est parce que ces groupes, bons ou mauvais, répondent à leur besoin de sécurité affective, d'expression et d'appartenance. Si ce besoin n'est pas satisfait par la famille, croyez-moi, vos enfants iront chercher approbation et acceptation ailleurs. L'enjeu est crucial, car il est indispensable que cette loyauté soit entièrement dévouée à la famille. Si la vôtre comble ces besoins, vos enfants auront moins de risques de se tourner vers des groupes mal intentionnés. Se sentir fier d'appartenir à une classe, à une chorale ou à un groupe d'amis, c'est excellent. Mais ce dont je parle va beaucoup plus loin. Si vos enfants éprouvent un sentiment d'acceptation au sein de leur famille, ils sauront que vous êtes à leur écoute et n'hésiteront pas à s'adresser à vous, car ils sauront que leur famille est un sanctuaire sur lequel ils peuvent se reposer.

Étant donné l'importance de cet ingrédient dans la construction d'une famille formidable, voici ce que j'aimerais que vous pensiez, disiez et intégriez dans votre vérité personnelle maintenant, pendant et après la lecture des pages consacrées à l'Ingrédient n° 1 :

> *Je revendique le droit pour mes enfants de se sentir appréciés et valorisés par moi et par chacun des membres de notre famille. Je ne veux pas qu'ils se sentent seuls ou doutent de leur place dans une famille attentionnée et unie. Je veux qu'ils sachent et sentent qu'ils sont aimés pour ce qu'ils sont, que je suis fier d'eux et que je serai toujours là pour eux. Je n'approuve pas tout ce qu'ils font, mais je ne les rejetterai jamais. Il n'est pas acceptable – ni aujourd'hui, ni jamais – qu'un membre de la famille ait le sentiment que sa contribution n'est pas reconnue ou acceptée par les autres membres. Je pense que les enfants*

Les cinq ingrédients d'une famille formidable

> *apprennent par expérience, et je veux leur enseigner par l'exemple que les relations familiales sont sacrées et doivent être honorées et chéries. Je sais que la vie de famille a ses hauts et ses bas, ses désaccords, ses problèmes, ses conflits et ses divergences d'opinion. Aucune famille n'est dépourvue de frictions. Mais je veux que nos relations familiales soient si fortes qu'elles transcendent les inévitables querelles quotidiennes. Je veux que chacun d'entre nous soit honnête, attentionné et épanoui et vive dans la paix, la joie et l'enthousiasme jour après jour.*

À ce stade, vous pensez peut-être que ces objectifs sont hors de votre portée, qu'ils représentent une chimère, une sorte de famille modèle où chacun arbore un sourire figé. Si ce type de famille a jamais existé, il a disparu. Je ne vous demande pas de prétendre qu'il n'y a pas de problème, ou qu'ils vont s'envoler. Toute famille connaît des bons et des mauvais moments. À vous de ne pas vous laisser intimider par le concert des qualités d'une famille reconnaissante et enrichissante. Et de ne pas vous laisser aller à penser qu'elles vous sont inaccessibles, car je peux vous assurer qu'elles sont à votre portée si vous le voulez. Chacun d'entre nous peut créer un environnement enrichissant et reconnaissant. C'est une vérité importante à revendiquer et à expérimenter. Prenez le temps de réfléchir calmement à l'amour que vous portez dans votre cœur à chacun des membres de votre famille. Inutile d'aller chercher plus loin votre énergie, votre force et votre pouvoir.

Voyons maintenant comment transformer cet esprit d'acceptation en action positive et interactive dans votre famille. Voici une liste précise de consignes :

Donnez un projet à votre famille

Pour créer une famille enrichissante et reconnaissante, vous devez dès maintenant lui donner un projet, à savoir qu'il faut vous décider à vous employer activement et résolument à améliorer chaque jour votre vie de famille. Je n'entends pas par là que « vous devez », que vous voulez ou que vous avez l'intention de vous y employer. J'entends par là que « vous le faites », jour après jour. Par des actions très précises et concrètes. Donner un projet à sa famille peut exiger d'importants sacrifices. Vous allez même peut-être devoir prendre des décisions aussi radicales que :

• Réaménager ou renoncer à un travail ou à des activités professionnelles pour consacrer du temps à vos enfants. La vie est une succession de choix et l'argent n'achète pas tout.

• Changer vos habitudes pour passer plus de temps avec vos enfants. Et pourquoi pas leur lire une histoire au coucher, pratiquer des loisirs communs ou organiser une soirée cinéma en famille chaque semaine.

• Donner rendez-vous à votre famille et vous y tenir. Libérez une heure par jour pour la famille. C'est parfois ce qu'il y a de plus difficile, car cela vous oblige à définir vos priorités. Je sais que vous avez beaucoup d'autres choses importantes à faire, mais vous ne devez pas retarder votre décision. Faites-le aujourd'hui.

• Aider vos enfants à fixer et à atteindre des objectifs. Une famille qui a un projet est une famille à la poursuite de ses objectifs. Vos enfants ont besoin de donner une orientation à leur vie. Dans les enquêtes qu'il mena pour son livre *Life Strategies for Teens*, mon fils Jay interrogea beaucoup d'enfants sur la consommation de drogue ou d'alcool. Ceux qui prenaient de la drogue et buvaient de l'alcool disaient le faire parce qu'ils n'avaient aucune raison de ne pas le faire ; ils le faisaient pour s'amuser. Quant à ceux qui choisissaient de ne pas y toucher, ils répondaient : « Nous ne prenons ni drogue, ni alcool parce que cela n'entre pas dans nos projets. » Ces adolescents économisaient pour s'acheter une voiture, s'entraînaient pour intégrer une équipe de sport ou consacraient leurs efforts à l'obtention de bourses universitaires. En d'autres termes, ils avaient des objectifs, et la drogue était un obstacle à ces objectifs ; elle ne leur donnerait pas ce qu'ils voulaient. Ce n'était pas une question de moralité ; ils refusaient « égoïstement » la drogue et l'alcool et se posaient l'éternelle question du : « Qu'ai-je à y gagner ? » En tant que parent, vous pouvez réellement aider vos enfants à se fixer des objectifs soit en donnant vous-même l'exemple, soit en leur posant des jalons. Souvenez-vous : l'oisiveté est la mère de tous les vices.

- **Adopter l'idée d'un engagement inconditionnel à long terme.** Être-faire-avoir – la formule a fait ses preuves : soyez impliqué, faites ce qu'il faut et vous aurez ce que vous voulez. Ne décidez pas de travailler sur votre vie de famille juste pour une semaine, un mois ou un laps de temps prédéterminé. Vous devez élever vos enfants *jusqu'à...*

Engagez-vous dans un projet pour découvrir et révéler l'authenticité de chaque membre de la famille

Chaque enfant vient au monde avec un ensemble de compétences, de facultés, de centres d'intérêt et de talents uniques – qui constituent tous son identité, son « moi authentique », qui n'est pas ce que vous voulez que votre enfant soit, mais les compétences, les talents et les qualités qui lui sont propres et qui doivent pouvoir s'exprimer. Le voyage qui vous mènera à la découverte et à la redécouverte de votre enfant pourrait bien s'avérer passionnant.

Ma famille d'abord !

Permettez-moi de définir ma conception des enfants authentiques. Ce sont des enfants pleins d'espoir, forts du sentiment qu'aujourd'hui est un jour aussi gai et passionnant qu'hier, et que demain sera un jour aussi gai et passionnant qu'aujourd'hui. Ces enfants vivent avec passion et enthousiasme ce qui se passe et ce qui va se passer dans leur vie. Ils se sentent bien dans leur peau. Ils se sont découvert des centres d'intérêt ou des qualités qui « les illuminent ». Ils ont confiance en eux et s'acceptent tels qu'ils sont. Leur courte vie est gaie comme une boîte de crayons de couleur. Et chaque jour, ils font ou découvrent ce qu'ils aiment absolument, sans équivoque et avec passion. Les enfants authentiques sont des enfants joyeux qui, armés de cet esprit positif, sont rarement en opposition. Ils se respectent et respectent les autres, et sont aussi responsables qu'on peut l'être à leur âge.

Le problème est que le moi authentique de votre enfant est comme la dernière paire de baskets que vous lui avez offerte. Au début, elles étaient toutes neuves, solides et propres – sans une éraflure. Si vous les laissiez dans leur boîte, sur une étagère de la maison, elles resteraient intactes. Mais la vie, ce n'est pas rester assis sur le bas-côté. Une fois que vos enfants commencent à les porter, elles sont mises à rude épreuve et commencent à présenter des éraflures. C'est l'usure de la vie. Il devient difficile, à les voir, d'imaginer qu'elles furent un jour flambant neuves. Et pourtant, elles le furent.

Comme ces baskets, le moi authentique de votre enfant est éraflé parce que la vie – vous y compris – égratigne leur identité. Ces expériences – ces « éraflures » – les changent. Les tensions et les disputes dans votre foyer, votre divorce, le harcèlement à l'école ou la présence d'un modèle négatif, que ce soit vous ou d'autres figures d'autorité, viennent ternir cet éclat, cet esprit joyeux et authentique.

Les cinq ingrédients d'une famille formidable

La vie sait se montrer brutale. Il est donc important que l'environnement familial offre une oasis à votre enfant. C'est à travers toutes leurs expériences que les enfants commencent à être programmés à croire ce qu'on attend qu'ils soient et fassent, plutôt que ce qu'ils sont *destinés* à faire. Mais derrière cela se cache un enfant authentique. Il brillait avec éclat avant que les affres de l'âge et de la vie ne l'égratignent. Il existe en chacun de vos enfants (et de vous également) un moi authentique, et il vous appartient de créer un environnement familial qui lui permette de s'exprimer.

Voici quelques suggestions pour vous aider à découvrir et à révéler l'authenticité, les talents cachés et les centres d'intérêt de chacun de vos enfants. Attention : vous risquez d'être obligé de pénétrer en terre inconnue !

• **Proposez toutes sortes d'activités à vos enfants : musique, art, théâtre, littérature, science, voyages, sport, etc.** Avec votre encouragement, exposez vos enfants à des expériences variées et observez ce qui les attire. Laissez-les poursuivre les activités qui leur plaisent et découvrir ainsi un centre d'intérêt dont ils n'avaient pas conscience – que vous appréciiez ou non leur choix. Ce faisant, vous allez devoir vous montrer tolérant et avaler pas mal de couleuvres. Prenez note des activités et des expériences vers lesquelles vos enfants se tournent naturellement. Là encore, ne choisissez pas uniquement des activités que vous aimez ou que vous pensez qu'ils vont aimer. Prenez des risques et amusez-vous !

• **Commencez à observer et à déceler chez vos enfants un talent particulier ou un trait d'intelligence et incitez-les à le développer.** Si votre enfant aime taper sur les touches du piano, emmenez-le à un récital ou proposez-lui des leçons de piano. Les enfants doués pour le langage parlent ou lisent souvent très tôt. Encouragez ce don en leur proposant des livres ou des jeux d'écriture. Si votre enfant est doué pour le calcul ou aime faire des puzzles, il est peut-être doué pour les maths ou les sciences. Accompagnez-le à des fêtes de la science et autres manifestations informatiques, offrez-lui un ordinateur ou réalisez ensemble des expériences scientifiques. Les enfants visuels aiment le dessin et les jeux de construction. Offrez-leur des fournitures d'art et des kits de construction et visitez des musées des beaux-arts.

L'histoire de Ron illustre parfaitement mon propos sur l'art et la manière de découvrir les dons de son enfant. Ron a un fils de neuf ans, Stephen, qui a reçu pour Noël un appareil photo numérique dont il apprend rapidement à maîtriser la technique. Un jour, Stephen demande la permission d'emporter son nouvel appareil pour une excursion au zoo. Ron et sa femme Stéphanie hésitent, car leur fils a tendance à égarer ses affaires, mais ils acceptent. Quelle ne fut pas leur surprise et leur bonheur de voir Stephen et deux de ses camarades intégrer, à l'aide de leur professeur, les meilleures de leurs 267 photos du zoo dans une vidéo de leur sortie diffusée à la classe et aux parents. Ron et Stéphanie furent surpris que les enfants aient si bien maîtrisé cette technologie et l'aient employée à des fins créatives. Ron a reconnu ce génie technique comme faisant partie de l'authenticité de son fils et encourage désormais ce genre d'initiative.

Comme Ron, décelez les dons de vos enfants afin de les mettre à profit et de les encourager dans cette voie.

- **Respectez et encouragez la singularité de votre enfant.**
Les goûts et dégoûts, les centres d'intérêt et les talents de chacun, aussi différents soient-ils, doivent être respectés, et cette diversité doit être acceptée tant qu'elle ne nuit à personne. En fait, chacun est encouragé à être lui-même dans toute sa singularité et dans toute son authenticité.

- **Observez vos enfants faire quelque chose de bien.** Trop souvent, les enfants entendent parler de ce qu'ils ont fait de mal. Les remarques incessantes risquent et ne manquent pas de ruiner l'estime de soi et l'esprit d'initiative d'un enfant. Pendant que vous critiquez, vous ne félicitez pas. En plus de le féliciter pour sa bonne conduite, encouragez-la quand vous en êtes témoin. Dites-lui par exemple : « Tu fais très bien tes devoirs aujourd'hui », « Je suis heureux que tu aies si bien rangé ta chambre aujourd'hui », « Je suis content de voir que tu partages tes jouets avec ton petit frère » et « Merci d'aider ta mère à faire la vaisselle ». De telles paroles de reconnaissance contribuent énormément à forger le caractère et l'estime de soi de votre enfant.

- **Attribuez à vos enfants les meilleures intentions du monde.** Trop souvent, nous pensons que nos enfants se comportent volontairement et délibérément mal. Au lieu de vous empresser de le blâmer, partez du principe que votre enfant a de bonnes intentions. S'il a dessiné une fresque au crayon de couleur sur le mur, par exemple, peut-être qu'il cherche juste à se stimuler et qu'il manque de discernement ; il n'est pas nécessairement mauvais ou méchant. Mais si vous lui collez cette étiquette, il la prendra au pied de la lettre et finira par y croire lui-même. C'est alors que commenceront les vrais problèmes. En plus de lui attribuer les meilleures intentions du monde, canalisez son énergie vers un comportement plus approprié – incitez-le par exemple à dessiner sur un chevalet plutôt que sur les murs.

- **Ne surchargez jamais votre enfant d'activités.** Le risque est que votre enfant se mette à détester cette activité et finisse par l'abandonner.

Ma famille d'abord !

En créant un environnement familial où vos enfants ont la place d'explorer leurs dons, leurs talents et leurs centres d'intérêt personnels – à leur propre rythme et avec vos encouragements et votre soutien – vous avez construit une atmosphère enrichissante où ils peuvent commencer à vivre une enfance authentique.

Créez un sentiment de sécurité et de paix au sein de votre foyer

Vos enfants comptent sur votre conjoint et vous pour être une base arrière solide et sûre. Votre foyer doit donc être un lieu où, quand ils franchissent le seuil et referment la porte derrière eux, vos enfants n'ont pas à surveiller leurs arrières ou à s'interroger sur la loyauté des membres de la famille. Ils ont besoin de savoir qu'ils n'ont pas à être sur leurs gardes. Car lorsqu'ils sont confrontés à un environnement conflictuel caractérisé par une hostilité ouverte, des querelles et autres accès de colère entre les deux personnes dont dépend leur sécurité, leurs fondations se trouvent profondément ébranlées et ils commencent alors à ressentir une insécurité et à craindre la désintégration de l'unité familiale.

Engagez-vous, votre partenaire et vous, à ne jamais vous disputer devant vos enfants, qui ont tendance à se sentir responsables des disputes épouvantables qui tournent à l'attaque personnelle, aussi illogique que cela puisse paraître à toute personne extérieure. Les enfants ont tendance à se dire que c'est de leur faute et qu'il leur appartient de réparer les dégâts. Imaginez à quel point il est terrible pour eux de se sentir responsables d'une situation sur laquelle ils n'ont absolument aucun contrôle. En plus, si vos enfants ne sont pas là quand vous faites la paix, ils se trouvent exposés à toutes ces épreuves sans avoir la chance de participer à l'accord de paix, ce qui les ébranle profondément et met à

Les cinq ingrédients d'une famille formidable

mal leur estime de soi et leur confiance dans leurs propres rapports avec les autres. Dans les familles particulièrement chaotiques, les enfants hésitent, ne serait-ce qu'à inviter leurs amis chez eux de peur de se sentir embarrassés par cette hostilité ouverte et incontrôlée.

Si vous vous disputez ou si vous réglez vos désaccords, faites-le avec dignité et respect pour votre partenaire et songez à l'impact de votre querelle sur les tiers. Il n'est pas nécessairement mauvais de se disputer ou d'être en désaccord devant ses enfants, du moment que vous le faites sans crier, sans hurler et sans vous insulter. Soyons honnête : dans quelle famille ne se dispute-t-on jamais ? Les disputes franches peuvent même être riches en enseignements, car elles montrent que des personnes qui s'aiment peuvent ne pas être d'accord et exprimer leur point de vue sans avoir peur de se fâcher à jamais ou de perdre leur base arrière. Les enfants qui n'assistent jamais à une vraie dispute peuvent devenir naïfs et vulnérables aux réalités des relations dans leur vie plus tard. Ce n'est que quand les disputes dégénèrent en cris, en hurlements et en injures que la sécurité des personnes et la cohésion de la famille sont menacées. C'est aussi là que les enfants ne se sentent plus en sécurité.

Alors, comment s'assurer que votre famille devienne et reste pour vos enfants une base sûre et stable et non une zone de guerre ? Pour vous aider à répondre à cette question, voici quelques mesures à prendre dès maintenant.

• **Parlez-en en privé.** Se disputer à coup de cris et d'injures devant ses enfants n'est rien moins que de la maltraitance, car vos enfants en gardent des cicatrices affectives – tout cela parce que vous n'arrivez pas à vous contrôler et à vous retenir pour en parler en privé. Si vous ne pouvez pas modérer vos humeurs et que vous laissez vos désaccords dégénérer en attaques personnelles plutôt que de prendre le temps de résoudre vos problèmes, affrontez au moins votre conjoint derrière des portes closes et ne laissez pas vos enfants innocents payer l'addition.

• **Cessez de vouloir avoir le dernier mot, de débattre de qui a raison et qui a tort.** Vos enfants se moquent de savoir qui a raison. Ils veulent juste que vous arrêtiez de vous disputer.

• **Ne dites pas que vous ne pouvez pas contrôler votre humeur.** Ce n'est pas vrai. C'est juste que vous ne vous contrôlez pas. Vous êtes-vous déjà disputé un jour où vous étiez invité chez votre directeur ? Ou au restaurant avec des amis ? Quand vous ne le pouvez pas, vous ne le faites pas. La seule personne que vous contrôlez, c'est vous. À vous de décider de contrôler vos impulsions. Trouvez un autre exutoire à vos frustrations et ne les faites pas subir à vos enfants qui, eux, apprennent par l'exemple. Songez un instant à ce que vous leur enseignez quand vous faites preuve d'un piètre contrôle de vous-même.

• **Si vous avez une dispute franche, expliquez-en l'issue à vos enfants.** Partagez un moment de paix pour réaffirmer votre lien une fois une issue trouvée ou une décision prise. Ce peut-être une longue accolade silencieuse ou un long regard les yeux dans les yeux.

• **Éliminez les schémas de maltraitance verbale.** Vous êtes un pivot de la vie de votre enfant. Quand vous criez, critiquez ou embarrassez votre enfant, vous laissez en lui une marque indélébile. Quand vous ne lui dites pas que vous êtes fier de lui, qu'il vous est cher et que vous l'aimez, c'est pareil. Plus bas, un encadré énumère une série de mesures à prendre pour vous entraîner à cesser toute maltraitance verbale (et à utiliser également en cas de maltraitance affective ou physique).

- **Apportez-vous chaque jour un soutien mutuel actif.** Instaurez une règle familiale où chacun se fait chaque jour au moins une remarque positive – plus, c'est encore mieux, mais au minimum une par jour. Ce peut être aussi simple que de dire : « Je penserai à toi pendant ton contrôle aujourd'hui » ou « Je sais que la vie semble parfois étrange, mais je veux que tu saches que je serai toujours là pour toi ». Ces affirmations sont parfois cruciales dans la vie d'un enfant, sans qu'on le sache jamais. Demandez également aux autres membres de la famille comment ils vont et ne vous contentez pas d'un « bien » comme réponse. Regardez-les dans les yeux, demandez sincèrement et soyez prêt à écouter pour obtenir une réponse franche. En d'autres termes, intéressez-vous au parcours de vie de vos enfants.

- **Traitez sans ménagement les comportements destructeurs.** Accepter les membres de la famille ne signifie pas tout accepter. Cela signifie valoriser la personne et rechercher en elle ce qui est noble, vulnérable et bon. Si l'un d'eux a une attitude destructrice ou outrancière (manque de respect, mauvaise conduite ou consommation d'alcool ou de drogue), vous pouvez lui communiquer clairement que ce comportement est inacceptable en des termes qui, au bout du compte, favorisent l'estime de soi. Vous pouvez dire par exemple : « Je ne peux et je ne vais pas tolérer ni approuver ton comportement, parce que je sais que tu vaux mieux que cela. Je ne te juge pas, parce que je sais que tu as des qualités. Je sais que tu peux réagir de manière plus saine et plus positive. Je ne te laisserai pas être moins que ce que tu es vraiment et je vais exiger de toi que tu deviennes celui que tu es vraiment. »

Comment cesser
toute maltraitance verbale

1. Identifiez les premiers signes de crispation. Pour commencer à modifier votre comportement, vous devez identifier les premiers signes qui indiquent que vous êtes en train de sortir de vos gonds : bouche sèche, oreilles rouges, visage cramoisi, boule dans l'estomac ou palpitations cardiaques. Qu'est-ce qui signale le début de votre crispation ? Il est impératif d'en identifier les signes, car ils font partie d'un enchaînement auquel vous êtes habitué. Ces premiers signes en entraînent d'autres, et c'est là que vous pouvez prendre une décision importante.

2. Prenez la décision de vous en sortir. Vous pouvez utiliser le premier signe de crispation comme signal pour vous en sortir plutôt que comme signal de crispation. Quand vous sentez poindre le signe que vous avez identifié à l'étape n° 1, vous pouvez décider sciemment de l'utiliser pour entamer la séquence pour vous en sortir.

3. Mettez-vous hors d'état de nuire. Vous devez dépasser votre impulsion du moment. Pour cela, vous devez vous mettre dans l'impossibilité de maltraiter votre enfant. Comment faire ? Quittez la pièce. Sortez. Faites ce qu'il faut pour être sûr de ne pas le maltraiter.

4. Parlez-en à votre « référent ». Si vous maltraitez votre enfant, c'est parce que vous pouvez le faire et que vous n'avez personne à qui rendre des comptes. Pour y mettre fin, vous devez faire face à vos responsabilités. Choisissez parmi vos amis, votre famille ou autre un « référent » devant lequel vous serez moralement responsable. Chaque fois que vous couchez par écrit une pensée destructrice ou que vous évitez de vous livrer à de la maltraitance, appelez-le. Lisez-lui ce que vous avez écrit dans votre journal de bord et confiez-lui vos sentiments.

> **5. Livrez-vous à un échange positif.** Une fois l'impulsion passée, retournez dans la pièce où se trouve votre enfant. Faites-lui un câlin, tapotez-le dans le dos et ayez un geste positif.
>
> **6. À long terme, faites-vous aider.** Vous devez consulter quelqu'un régulièrement pour comprendre ce qui se passe en vous. Allez voir un psychologue ou une assistante sociale qui vous écoutera et vous guidera sur la bonne voie. Vous devez prendre soin de vous.

Respectez et reconnaissez ouvertement les rôles et les contributions de chaque membre de la famille

Dans une famille saine et unie, chacun a un rôle et chacun a un but. En fait, chacun doit sentir et savoir qu'il apporte sa contribution à cette famille à laquelle il manquerait terriblement s'il n'était pas là.

Comme je l'ai évoqué précédemment, j'étais très bon en sport au lycée. Ma famille venait souvent me voir jouer au football américain dans le grand stade de l'école ou au basket dans une salle vibrante d'émotion, ou encore faire du catch dans un gymnase bondé. Pour cette famille pauvre qui n'avait ni argent pour faire du sport, ni perspectives, assister à mes exploits sportifs était un grand moment. Quand je marquais un point et quand je jouais bien, elle en tirait une grande fierté. Les gens allaient voir mon père, lui tapaient dans le dos et disaient : « Beau match, Joe », comme si c'était lui qui avait joué. J'étais la distraction de la famille et une source de fierté. J'avais beau être réservé, c'était l'un de mes rôles, si utile à ma famille. J'étais heureux parce que ce que je faisais avait de l'importance.

Ma famille d'abord !

> **Info sondage : 55 % des parents expriment un fort ressentiment pour les sacrifices faits en tant que parent.**

Certaines familles ont leur « pitre » de service. En général, les mères sont le « ciment » qui unit la famille. Elles remplissent généralement aussi le rôle de parent nourricier, en s'assurant en particulier que tout le monde mange (forçant même certains à s'alimenter si nécessaire). J'ai rencontré récemment une maman de ce type. Il s'agit de Gail, dont la fille Anna est un membre de mon équipe. La scène se passe à l'hôpital, où Anna vient rendre visite à sa mère qui sort tout juste d'un triple pontage. L'air moribond et le corps percé de perfusions, Gail lève les yeux, réalisant tout juste que sa fille vient de parcourir plusieurs centaines de kilomètres pour la voir, et interpelle son mari. « Ed », dit-elle d'une voix à peine audible, « va donc chercher quelque chose à manger à ta fille. »

Certes, les rôles sont souples et peuvent changer. Mais dans une famille saine, il n'y a pas de confusion des rôles entre parents et enfants. Au contraire, il existe une hiérarchie très claire. Établir des rôles clairs au sein de la famille comporte certaines exigences :

- **Positionnez-vous clairement en figure d'autorité.** Dans une famille formidable, en tant que parent, vous n'êtes pas l'« ami » de votre enfant, pas plus que vous n'êtes son égal. Vous pouvez et vous devez vous montrer amical, mais ne brouillez jamais la frontière. Vos enfants ont besoin d'une figure d'autorité qui leur fait savoir où se situent les limites d'un comportement acceptable. Essayer d'être leur ami ne fait qu'amenuiser votre autorité. Et quand arrive le moment inévitable de passer du rôle d'ami à celui de parent pour imposer une discipline, la situation peut être très troublante et leur laisser un sentiment de trahison. « Je croyais que tu étais mon ami et, maintenant, tu me prives de sortie [ou tu me confisques mes jouets] ! » L'échec est garanti. Vous êtes soit un parent, soit un ami ; vous ne pouvez pas être les deux.

- **Prenez les décisions pour votre famille.** Une fois que vous avez fait le tour de la question, la décision finale vous revient. Ma propre famille est très démocratique. Nous prenons en compte l'opinion de chacun, mais quand vient le moment de trancher, nous n'y allons pas par quatre chemins. Robin et moi prenons toujours la décision finale.

- **N'ayez jamais de préférences.** Aucun enfant ne vaut mieux que les autres, et les parents ne doivent jamais avoir de favoris. Les enfants sentent le favoritisme et l'interprètent souvent comme un manque d'amour, ce qui fait naître en eux un sentiment qui peut se manifester plus tard sous forme de mauvaise estime de soi.

Que le message soit clair : la reconnaissance est une condition *sine qua non* de l'épanouissement d'une famille formidable. Afficher un esprit d'acceptation de vos enfants, c'est affirmer que, même si vous n'adhérez pas toujours à ce qu'ils font, vous les aimez. C'est dire que, malgré tout ce que vous espérez parfois les voir faire ou ne pas faire, l'essentiel est que vous les acceptez tels qu'ils sont et que vous serez toujours là pour eux. Quand les enfants sont entourés d'acceptation, d'approbation et de louanges, ils apprennent à s'aimer, ils apprennent à avoir confiance en eux et ils apprennent à aimer.

Ma famille d'abord !

Ingrédient n° 2 : donner du rythme à sa vie de famille

L'un des thèmes majeurs que vous m'entendrez répéter tout au long de ce livre est qu'une famille formidable obéit à un certain rythme – qui dit « Voici d'où nous venons, voici ce que nous sommes et voici ce que nous faisons ensemble. » La vie commence avec ce rythme. Dans le ventre de sa mère, un enfant perçoit le son des battements du cœur de sa mère : un son apaisant et réconfortant qui se poursuit après la naissance quand elle le serre instinctivement contre son cœur, comme le veut l'ordre naturel des choses. C'est ce rythme de la vie qui procure le réconfort, la sécurité et l'assurance qui nous nourrit et nous aide à grandir, puis nous relie à un rythme de vie plus profond au sein de notre famille. Les enfants ont besoin de ce rythme dans leur vie et sont déstabilisés quand ils ne l'ont pas. Cet ingrédient est absolument indispensable au bien-être de votre famille.

Chaque famille a son propre rythme. Une famille de six enfants n'a pas du tout le même rythme qu'une famille à enfant unique. Si vous comparez la vie des familles qui habitent aux numéros 6 et 7 d'une même rue, vous entendrez un rythme très différent, tout comme vous entendriez un rythme différent en écoutant deux chansons différentes. La musique peut être aussi bonne, tout en étant très différente. Certaines familles vivent au rythme du heavy metal, d'autres du jazz tout en douceur. Mais tous les rythmes ne sont pas bons. Certains peuvent se définir par le chaos, la douleur, le stress, la souffrance, la discorde, la paranoïa, le manque de confiance, les dissensions ou une dégradation des relations. Ce sont des rythmes obscurs. C'est peut-être le rythme de votre famille.

Au travers de la psychologie, et aujourd'hui de la télévision, j'ai toujours cherché à aider des millions de parents et de familles à instaurer et à garder un rythme qui, sans être absolument parfait – car il n'existe ni parent parfait ni famille parfaite – a un sens pour chacun des membres de la famille. Si vous ne trouvez pas votre rythme ou que vous n'aimez pas le vôtre, comment en changer ou en créer un nouveau ? Voici quelques conseils pour définir et améliorer le rythme de votre famille.

Créez un rythme prévisible dans votre vie de famille

Je sais qu'il est difficile de planifier les événements de la journée ou de la semaine, mais votre famille a besoin d'un rythme : une courbe de progression de la journée autour d'activités clés. Par exemple, fixez l'heure des repas et du coucher, établissez une liste précise des tâches, ayez des heures précises pour les devoirs, la télévision, l'ordinateur, etc. La constance de ces jalons donne une dimension cohérente à la vie de famille à laquelle chacun peut se fier. Cette prévisibilité peut avoir un effet rassurant et apaisant.

• **Faites des jeux et des activités en famille.** Les enfants sont naturellement inventifs et aiment les jeux de société. En instaurant une soirée jeux ou puzzles par semaine, vous donnez à votre famille une structure positive, un événement que chacun va commencer à attendre, et vous créez des occasions d'échange et de communication. À ce sujet, regarder la télévision ou un film n'est pas une activité familiale car elle n'exige aucune interaction.

• **Développez ensemble des projets bénévoles.** Un autre moyen de donner un rythme est d'encourager toute votre famille à faire du bénévolat et à aider les moins chanceux. Impliquez votre famille dans votre paroisse, dans un centre d'hébergement ou dans toute autre activité caritative de façon régulière. Quoi que vous fassiez, l'idée est d'adopter un comportement proactif. Vos enfants y puiseront un formidable sentiment d'accomplissement, et la valeur du don sera tellement ancrée dans votre tissu familial qu'elle définira ce qu'est votre famille et ce qu'elle représente.

Renforcez vos valeurs familiales

Ce sont les convictions fondatrices de votre famille, les convictions qui guident votre vie non pas parfois, mais toujours. En reconnaissant et en respectant vos valeurs, vous apportez ce rythme si nécessaire à votre vie. Pour cela, vous pouvez exprimer vos valeurs par un dialogue permanent pour renforcer ce à quoi votre famille adhère et ce qui lui est cher. Par exemple, Robin et moi avons toujours expliqué à nos fils ce que signifiait être un McGraw au travers de propos tels que : « Les McGraw ne mentent pas, ne volent pas, ne trichent pas, n'injurient pas, ne font pas de remarques racistes et ne sont pas méchants avec les autres. Nous ne nous moquons pas des personnes souffrant d'un handicap physique, et nous ne disons pas du mal de nos voisins et des personnes âgées, pas plus que nous ne leur manquons de respect. » Vous devez expliquer à vos enfants pourquoi votre famille ne fait pas ces choses-là – pourquoi elles sont inacceptables. Vous pouvez expliquer que ce n'est ni juste ni bien, que nul ne peut en être fier ou que cela n'apporte rien.

Créez un sentiment d'identité familiale

Rien de tel que de dresser son arbre généalogique. Trop souvent, les histoires familiales tombent dans l'oubli et les personnes cessent alors d'exister dans nos mémoires. Donnez-vous comme projet de vous renseigner sur les générations passées, y compris celles qui ont disparu. Qui sait ? Vous vous découvrirez peut-être un ancêtre célèbre, voire tristement célèbre. Comprendre son histoire familiale renforce les liens entre les membres d'une même famille.

Pensez aussi à créer ensemble un symbole familial, comme le faisaient les anciens quand ils dessinaient leurs armoiries. C'est un excellent projet familial qui a le mérite de faire découvrir ses racines et de privilégier un travail d'équipe.

Établissez des règles de conduite

Il existe probablement des règles que votre famille respecte et répète sans cesse, et qui font partie de votre ligne de conduite. Plusieurs de ces règles doivent être inflexibles et ne pas être constamment sujettes à discussion. Par exemple, à partir de mes trois ans, mon père me disait toujours : « Mon fils, quand tu rencontres quelqu'un, tu te lèves, tu l'appelles par son nom, tu le regardes dans les yeux et tu lui tends une poignée de main ferme. » Ainsi, quand quelqu'un venait chez nous ou nous croisait dans la rue, je savais exactement ce que j'étais censé faire. Je n'étais ni perdu, ni intimidé, ni troublé. Je savais exactement ce que je devais faire, ce qui m'évitait toute tension.

Enfants, nous apprenions très tôt l'importance d'être attentifs aux autres. On nous enseignait les usages et la retenue. Nous avions l'habitude de dire toujours « s'il vous plaît » et « merci », nous avions toujours une tenue correcte, et ainsi de suite. Respecter l'intimité de chacun, demander la permission avant d'entrer dans une chambre et respecter l'autre, telles étaient nos règles de conduite. Je n'entrais jamais dans la chambre de ma sœur pour fouiller partout à la recherche de quelque chose. Je lui demandais si c'était là et si je pouvais aller le chercher. Elle ne venait pas non plus dans ma chambre m'emprunter une paire de chaussettes pour aller faire du jogging. Elle devait avant cela me demander. Il y avait un rythme dans lequel chacun avait son espace dans la maison. Pas besoin de fermer à clé. Nous n'avions pas à cacher nos affaires, car nous savions que personne ne viendrait y mettre son nez. Une famille avec une ligne de conduite est une famille qui fonctionne bien.

Soyez responsable de vos choix

Vous et chacun des membres de la famille êtes pleinement responsables des choix que vous faites tous. Vos choix relèvent à cent pour cent de votre responsabilité, mais, qu'ils soient bons ou mauvais, ils présentent un coût pour ceux qui partagent votre vie, car ils les affectent tous. Vous vous souvenez que je disais que nous sommes tous interconnectés les uns aux autres ? Vous choisissez les attitudes que vous adoptez dans vos relations familiales. Vous choisissez les émotions et les sentiments qui dicteront votre comportement en famille. Et vous choisissez votre manière d'agir et de réagir aux autres membres de la famille. Tous ces choix affectent vos échanges avec tous les autres membres de la famille.

En disant cela, je ne peux m'empêcher de penser à Tom, un camarade de lycée avec qui j'avais l'habitude de chasser et de collectionner les serpents. À un moment, nous avions trente serpents, dont une dizaine de serpents à sonnette immenses. Mon père, ma mère et mes trois sœurs avaient la phobie des serpents, à tel point que j'avais interdiction absolue de m'approcher de la maison avec l'un de ces spécimens. Mais le père de Tom n'en avait pas peur, alors nous les gardions en cage dans son garage. Nous pouvions ainsi les sortir et jouer avec eux quand nous le voulions. Je n'avais pas l'autorisation de le faire à la maison car cela affectait ma famille. J'étais responsable de mes actes.

Les cinq ingrédients d'une famille formidable

Assumer pleinement ses responsabilités et l'impact de ses choix sur les autres membres de la famille signifie se poser des questions telles que :

- Y a-t-il certains comportements ou mauvaises habitudes que je dois cesser ? Si oui, lesquels ?
- Est-ce que je dépense plus que je ne peux me le permettre, au risque de mettre en péril la situation financière de ma famille ?
- Ai-je décidé de mener une vie imprudente sans égard pour ma sécurité personnelle ?
- Ai-je des problèmes professionnels dus à mon attitude ou à mon comportement ou au fait que je renie mes principes ?
- Est-ce que je pense aux conséquences, positives ou négatives, d'un changement de carrière sur ma famille ?
- Ai-je pris des risques inutiles ?
- Ai-je d'une manière ou d'une autre traité mes enfants injustement ?
- Suis-je négligent avec ma santé ?
- N'ai-je pas pris au sérieux mon serment de mariage et me suis-je montré distant, voire infidèle ? Ai-je pensé aux conséquences de ce comportement sur ma famille ?
- Ai-je choisi de placer le travail au-dessus de la famille ?

Répondez à ces questions et à toutes celles qui vous viennent8 à l'esprit sur l'impact de vos choix sur votre famille. Vos réponses vous permettront d'identifier vos priorités et de réparer vos erreurs.

Défendez votre famille et chacun de ses membres

Dans un foyer formidable, la famille passe avant tout. La loyauté est donc un élément essentiel du rythme familial. Vous ne la laissez pas tomber pour votre petit(e) ami(e) ou vos amis. Ce n'est pas eux ou nous. C'est nous, un point c'est tout. Certes, vous devez soutenir l'équipe de vos enfants, leurs amis, leur chorale – et tous ces sous-groupes auxquels vous appartenez. Mais ce n'est pas la même loyauté que celle que vous avez envers votre famille. Votre première appartenance va à votre famille. Vous ne pouvez pas servir deux maîtres ; vous ne pouvez pas partager votre loyauté.

Les membres d'une même famille se défendent mutuellement. Quand mon fils Jay avait neuf ans, un ami à lui vint jouer à la maison. Cet enfant venait d'une grande famille où régnait une grande combativité physique et verbale. Quand Jordan, mon cadet, entra dans la pièce pour prendre part à leurs jeux, l'ami de Jay commença à s'agiter et à le taquiner. Et quand Jordan partit chercher des cookies pour tout le monde, cet ami suggéra à Jay de sortir se cacher par la porte de derrière pour que Jordan ne les trouve pas en revenant. Jay refusa en disant : « Nous ne sommes pas méchants les uns envers les autres dans notre famille. » Il se montra loyal envers son petit frère.

Je reçus un jour une famille en difficulté, dont le fils se trouvait en prison pour consommation et trafic de drogue. Tous, en particulier sa sœur, étaient embarrassés par ses actes criminels. Mon message fut le suivant : sois loyal envers ton frère ; n'aies pas honte de lui. Si quelqu'un te demande : « Ce n'est pas ton frère qui est en prison ? », réponds-lui : « Oui, il a fait de très mauvais choix pour lesquels il est en train de payer. Je l'encourage vraiment à changer de vie. »

La loyauté commence à la maison. Les membres d'une même famille font des sacrifices les uns pour les autres. Devant les autres, ils se défendent mutuellement et soutiennent leur famille. Les amis vont et viennent, mais votre famille est unique, et ce sera la vôtre pour toujours.

Supposons qu'il y ait un « bémol » dans le rythme de votre famille : un père qui est un bourreau de travail, un conjoint qui ne soutient pas votre désir de créer une famille saine ou un parent au caractère difficile. Instaurer le bon rythme ne nécessite pas la participation des deux parents. Dans un monde parfait, oui ! Mais n'attendez pas le bon vouloir de votre partenaire. Le changement commence avec vous au moment où vous décidez de ce que vous allez faire de votre famille. En sortant de l'impasse qui consiste à rester les bras croisés en attendant de voir qui va faire le premier pas, vous créez une énergie et un renouveau. Votre réflexion constructive sera contagieuse, en particulier auprès de votre conjoint. Vous pouvez espérer qu'à force de discuter, de montrer l'exemple et de faire des choix, vous serez une source d'inspiration pour tous les autres membres de la famille.

Vous devez donner un rythme à votre famille, un rythme composé de schémas positifs, notamment d'une discipline qui fixe des règles sans opprimer, d'une atmosphère propice au changement, et de valeurs qui définissent votre famille et ses convictions. Plus important encore, une famille qui obéit à un rythme est une famille où vous, en tant que parent, exprimez l'amour que vous dites ressentir.

Ingrédient n° 3 : instaurer des rituels et des traditions éloquents

Que ce soient les traditionnels dîners de fête que vous avez aimés chez vos grands-parents ou les vacances que vous passiez chaque année avec vos parents, nous nous souvenons tous d'événements et de célébrations qui définissent notre famille et nos liens. Je parle ici des activités et des schémas prévisibles dans votre vie de famille, qui servent d'ancrage psychologique et comportemental à vos valeurs et à vos convictions, qui confèrent une stabilité et une identité à votre famille, qui renforcent votre héritage familial, qui donnent un sens à votre

Ma famille d'abord !

famille et qui continuent à lui donner un rythme. Votre famille peut, par exemple, sacrifier à des rites de passage tels que le baptême ou la bar-mitsva, au rituel du coucher (bain suivi d'une histoire), ou aux rendez-vous annuels des anniversaires de naissance et de mariage. Il existe également des rituels d'affiliation dans lesquels nous nous identifions à des institutions ou à des groupes plus grands que nous. Encourager son équipe de sport préférée ou se retrouver pour regarder le feu d'artifice du 14 juillet sont quelques exemples.

Par définition, les rituels familiaux se répètent, sont choisis et programmés, et ont un sens. Ils demandent un engagement de votre part. Vous n'y sacrifiez pas seulement quand cela vous arrange, pour les abandonner quand ils ne vous arrangent pas. Le pouvoir des rituels et des traditions réside dans leur répétition. Sans cette condition, un rituel n'est qu'une habitude et perd de son pouvoir.

Pour vous aider à mieux cerner ce concept, laissez-moi vous parler de certains rituels de ma propre famille. Le soir, quand je couchais mes fils Jay et Jordan (Robin ayant assumé le gros du travail toute la journée), je leur racontais une histoire dont ils étaient les héros et qui ne manquait jamais de les fasciner. « Il était une fois une montagne vertigineuse », commençais-je, « au sommet de laquelle vivait un petit garçon qui s'appelait Jordan. » Mon histoire se dénouait lentement au récit de leurs aventures, de leur bravoure et autres qualités susceptibles d'inspirer mes jeunes fils. Puis, après leur avoir raconté cette histoire, je leur posais la question suivante : « Comment pensez-vous que j'aie eu les meilleurs enfants du monde ? » Jay et Jordan ricanaient toujours en disant : « Je ne sais pas, Papa ». Aujourd'hui encore, ces rituels du coucher restent gravés dans leur mémoire. Pour nous trois, c'étaient des rituels de connexion.

Voici où je veux en venir : les rituels tels que celui-ci aident vos enfants à acquérir un sentiment de continuité,

Les cinq ingrédients d'une famille formidable

de sécurité et d'amour dans un monde marqué par tant de ruptures familiales et de distance affective, et soumis à un mélange d'hyperactivité et de distractions de toutes sortes, dans un monde où tout va vite.

Quant aux traditions, ce sont toutes les vacances, fêtes, réunions et autres événements spéciaux qui réunissent les familles. Les traditions ne sont pas des habitudes futiles ou des manières de faire ; comme les rituels, elles créent un sentiment d'identité et d'appartenance au sein d'une famille.

L'une des traditions les plus anciennes et les plus fameuses de notre famille fut inaugurée quand mon fils Jay avait quatre ans. Chaque année, nous partions à Kansas City, où j'avais passé mes années de lycée, pour assister aux illuminations de Noël parmi les plus spectaculaires de tout le pays. D'une simple pression de bouton, tout le quartier du Country Club Plaza, dans le centre de Kansas City, s'illuminait de milliers de lumières dessinant les contours de chaque tour, de chaque dôme, de chaque balcon et de chaque bâtiment. La première année, nous avions déchiré un billet en deux et nous en avions caché une moitié dans une fontaine de la place. L'année suivante, nous l'avons retrouvée et nous avons reconstitué le billet. Douze années de suite, cette tradition marqua le début des festivités. L'année dernière, je suis allé à Kansas City et Jay voulait que j'aille vérifier si le billet était toujours là. S'il vit 110 ans, il n'oubliera jamais nos voyages à Kansas City !

À partir du jour où nos garçons ont été en âge de posséder, ne serait-ce qu'un peu de vocabulaire, Robin et moi avons instauré une tradition : réaliser chaque année une vidéo sur l'arrivée imminente du Père Noël, les grands moments de l'année écoulée et les cadeaux que les enfants espéraient et pensaient recevoir. Les enfants s'asseyaient sur un petit rocking-chair, coiffés d'un bonnet de Père Noël, et nous les interviewions en les enregistrant. Souvent, ils dansaient et sautaient, chantaient ou fuyaient la caméra. C'était leur personnalité du moment.

Ma famille d'abord !

En grandissant, ils se mirent à lever les yeux au ciel et à faire les malins devant la caméra, mais ils continuaient à raffoler de cette tradition familiale. Nos traditions et rituels familiaux furent pour nous un moyen de créer un environnement familial chaleureux, affectueux et enrichissant.

Les rituels et les traditions sont si importants dans la vie d'une famille que les sociologues estiment que leur absence peut constituer un manque crucial qui peut se traduire par un risque accru que les enfants aient des problèmes de comportement, par plus de conflits à la maison et, en règle générale, par une moindre stabilité familiale. Plus encore, les rituels semblent avoir des effets positifs sur l'organisme, notamment une meilleure immunité, des taux d'hormones du stress inférieurs et une pression artérielle plus basse.

Ne pensez pas qu'il existe un seul et unique moyen de créer des rituels et des traditions. Ce n'est pas le cas, et ce n'est pas très compliqué. Il existe autant de moyens d'instaurer des rituels et des traditions que de familles différentes qui les respectent. Aucun n'est meilleur que l'autre. Voici quelques idées pour établir des rituels et des traditions dans votre propre famille :

Programmez des célébrations précises

Anniversaires, fête des Pères, fête des Mères, 14 juillet et autres événements sont autant d'occasions de créer une tradition, voire un rituel (voir l'encadré plus bas pour savoir comment créer des rituels éloquents). Ce sont des moments qui ont un sens particulier pour les membres de votre famille. Ne les improvisez pas ; investissez-y du temps et des efforts. Pendant les fêtes de fin d'année, cuisinez les mêmes plats ou décorez l'arbre de Noël avec les mêmes décorations. Pour les anniversaires, passez la même musique et veillez à ce que vos enfants achètent ou fabriquent leurs propres cadeaux. Si vous le faites pour eux, vous les privez d'une participation active au rituel. Sachez également que rien ne vous oblige à attendre ces rendez-vous annuels et que vous pouvez très bien instaurer une fête mensuelle telle qu'une soirée « fin de mois » ou « fin de projet ».

Instaurez des rituels de baptême

Dans la plupart des cultures indigènes, les jeunes effectuent un rite de passage qui inclut souvent le choix d'un nouveau nom. Baptiser un enfant, c'est l'accueillir dans une famille et une communauté. Se rebaptiser permet ensuite à l'individu d'établir un lien et d'exprimer ce qu'il est au fond de lui. Rien ne vous empêche de faire de même aujourd'hui avec vos enfants. Quand un enfant grandit et veut porter un nom plus adulte, par exemple, vous pouvez très bien lui dire : « Tu peux te faire appeler Catherine maintenant, au lieu de Cathy », ou « Frédéric au lieu de Fred ».

Racontez des histoires de famille

Qu'elles parlent d'événements familiaux ou d'événements y afférant, les histoires de famille permettent à chaque génération d'apprendre à s'intéresser aux précédentes. Lors des réunions de famille, trouvez le moment de répéter ces histoires à l'appui de diapositives, de photos et de souvenirs. Sortez les albums photo ou les vieux films pour illustrer vos récits.

Instaurez des rituels au dîner

Pour améliorer la communication à table, donnez le temps à chaque membre de la famille de faire part de deux événements positifs qui lui sont arrivés au cours de la journée et de deux événements moins positifs. C'est un excellent moyen de s'ouvrir les uns aux autres et de se rapprocher les uns des autres.

Ma famille d'abord !

Pratiquez votre foi ensemble

Dans beaucoup de familles, la messe est un rituel familial majeur qui les relie à une communauté de croyance et de soutien, ainsi qu'à un pouvoir supérieur, et qui est l'occasion d'être ensemble. Ce rituel est un excellent moyen d'affirmer la foi familiale et de poser les fondements spirituels des enfants.

Il est important de trouver des moyens d'être ensemble qui fonctionnent pour votre famille. Peu importe qu'ils correspondent ou non à ce que vous avez lu dans un livre ou qu'ils se conforment ou non à ceux de vos voisins. La question est de savoir si oui ou non ce que vous faites en famille produit les effets suivants : unité, communication, continuité et familiarité. Il n'est pas nécessaire de suivre des principes particuliers. Ce qui *est* important, c'est que ces principes fonctionnent et que vous écriviez vos propres règles. Concentrez-vous sur ce qui marche pour votre famille. Vous trouverez d'autres conseils pour instaurer des rituels dans l'encadré suivant.

Comment instaurer des rituels dans votre famille

Qu'ils soient simples ou complexes, tous les rituels ont quatre caractéristiques essentielles qui concourent ensemble à ce qu'ils revêtent une signification et une importance particulières pour toutes les personnes concernées.

1. Célébration du moi. En général, un rituel se focalise sur une ou plusieurs personnes pour exprimer à quel point elle est spéciale ou l'aider à identifier ses points forts et ses qualités. Le rituel du coucher, par exemple, sert à créer un lien affectif avec vos enfants. Quant au baccalauréat, c'est une étape dans la vie d'un jeune.

> **2. Choix du lieu.** Les rituels étant là pour célébrer le changement, ils doivent se dérouler dans un endroit spécial, en dehors du cadre quotidien. Vous pouvez par exemple les pratiquer sur votre lieu de culte, en plein air ou dans un endroit tranquille, à moins de transformer tout simplement votre environnement familier avec des bougies, de la musique et des jeux avec lesquels vos enfants pourront avoir envie de jouer.
>
> **3. Transition.** Cette partie du rituel célèbre le nouveau rôle de la personne ou inaugure une nouvelle étape dans sa vie – votre bébé est arrosé d'eau pour son baptême, votre fille reçoit des cadeaux pour sa communion, ou votre famille se réunit pour célébrer le cinquantième anniversaire de mariage des grands-parents. Cette partie du rituel est souvent chargée d'une composante symbolique.
>
> **4. Perspective d'une vie meilleure.** Pour qu'un rituel ait un sens, il doit permettre à l'individu de comprendre et d'apprécier plus que jamais ce qui est au cœur de ce qu'il est : votre enfant acquiert le statut d'adulte et jouit désormais de plus de privilèges et de responsabilités ; ou votre adolescent a réussi quelque chose et sait que sa famille le respecte.

Ingrédient n° 4 : établir une communication active

Ce que vous pouvez donner de meilleur à vos enfants, ce sont vos oreilles et votre voix. Quand mon fils Jay demanda à des adolescents de tout le pays ce qu'ils attendaient en priorité de leurs parents, la réponse la plus fréquente fut qu'ils s'impliquent davantage dans leur vie. Ils ne veulent pas qu'on les interroge – ils veulent juste qu'on leur parle ! C'est pourquoi, au cœur de toute famille formidable, il y a une communication active, à savoir un dialogue riche qui prend en considération le besoin d'acceptation, de respect de soi, d'encouragement et de sécurité de chaque membre de la famille, et qui cherche à répondre à ces besoins au quotidien. Quand vous communiquez activement, vous écoutez pour comprendre, vous réagissez sans juger et vous partagez l'information dans la transparence et la sincérité tout en veillant à ce que les relations familiales reposent sur du solide et de l'amour.

Hélas, dans la grande majorité des familles, la communication porte de plus en plus sur les problèmes. Même les plus soudées consacrent trop souvent leurs efforts de communication uniquement aux problèmes. Si vous ne parlez que des problèmes, vous ne récolterez que des relations à problème. Évitez de communiquer quand il y a des dissensions ou quand vous êtes en colère contre quelqu'un ou déçu de ce qui vient de se passer.

Certaines familles ne parlent pas, voire ne communiquent pas du tout, ce qui pose encore plus de problèmes que vous ne pouvez l'imaginer. J'ai observé que la quantité des difficultés que rencontrent les enfants est inversement proportionnelle au nombre de mots prononcés à la maison, ce qui signifie que moins vous parlez à la maison, plus vos enfants ont de difficultés hors de la maison. Nous devons donc encourager une communication active au sein de nos familles. Voici quelques stratégies pour y parvenir :

Parlez de tout et de rien

Parlez de choses sans importance, notamment ce qui s'est passé dans votre journée ou dans celle de votre enfant. Cette approche a le mérite de maintenir ouvertes les voies de communication, en particulier en cas de problème ou d'urgence. La médecine offre ici une parfaite analogie pour illustrer mon propos : si vous êtes déjà allé aux urgences, si vous avez déjà été hospitalisé ou si vous avez déjà accompagné quelqu'un à l'hôpital, vous avez peut-être remarqué que l'un des tout premiers gestes était la pose d'un cathéter. Ainsi, en cas de problème, la voie intraveineuse est ouverte et le médicament peut être administré directement dans le sang. De la même manière, quand vient le moment de parler d'un sujet très sérieux avec votre enfant, les voies de communication sont déjà ouvertes. Comment espérer lui parler de choses importantes si vous n'avez pas l'habitude de lui parler de sujets anodins ? Plus vous vous parlez, plus le lien se renforce. Vous vous retrouvez alors sur un plan totalement différent qui ne fera que favoriser votre relation.

Changez de décor ou de contexte de communication

Vous observerez que vos enfants sont beaucoup plus à l'aise, plus réceptifs et plus ouverts dans un environnement sécurisant plutôt que si vous les asseyez sur une chaise ou à une table pour parler. Inutile de dire que cela ne peut que les mettre sur la défensive, les rendre méfiants et les détourner de vous. Résultat : la vérité n'est jamais exprimée et ce qui est dit n'est jamais la vérité.

Permettez-moi de vous donner un exemple pour encourager une communication active dans un environnement où votre enfant se sent à l'aise. Mon fils Jordan et moi jouons souvent à un jeu vidéo de football – un jeu dans lequel je suis loin de faire des étincelles. Je n'ai pas la moindre idée de la manière de marquer des points et, la moitié du temps, je tiens la manette à l'envers. Inutile de vous dire qu'il me bat à chaque fois et qu'il y prend plaisir. Toutefois, le jeu est devenu le prétexte de conversations très importantes dans lesquelles il me confia certaines de ses pensées les plus intimes. Écoutez des CD avec vos enfants, allez faire le plein avec eux, jouez à des jeux ensemble : tous ces modes de relation font tomber les murs et procurent à chacun des résultats beaucoup plus gratifiants que ne le feraient des tentatives de forcer la communication. Vous obtiendrez plus d'informations et vous nouerez des liens plus étroits avec votre enfant en ne l'interrogeant pas et en ne le harcelant pas de questions.

Prenez le temps de parler – dans la voiture, en faisant des jeux ou avant le coucher. Et faites l'effort de chercher des moments où vous pouvez discuter seul à seul avec votre enfant.

Soyez à l'écoute de l'univers de votre enfant

Quand il fait quelque chose que, de prime abord, vous ne comprenez pas, votre premier réflexe ne doit pas être de le juger ou de le critiquer, mais d'être à son écoute. Si votre fils de quatorze ans aime le rap, par exemple, et que vous en écoutez à la radio, vous le retrouvez sur son terrain. Si mon fils achète de nouveaux CD, j'ai envie d'en parler avec lui. Ce n'est pas la musique qui m'intéresse. Ce qui m'intéresse, c'est que c'est important pour lui.

Ne soyez pas seulement à l'écoute de ses goûts et de ses achats musicaux, mais aussi de tout ce en quoi il s'investit et ce à quoi il s'intéresse : sa matière préférée à l'école, son site web favori, ses amis, etc. Sachez ce qui se passe dans la vie, le cœur et l'esprit de vos enfants. Puis engagez-vous à vous intéresser activement à vos vies respectives. Si vous voulez avoir des intérêts communs, vous devez être ouverts l'un à l'autre.

Discutez de sujets sensibles tels que la politique ou la religion

Ces discussions ont pour seul but d'apprendre aux enfants à exprimer leurs opinions et à communiquer. Ce ne sont pas des débats, mais plutôt l'occasion pour les enfants de se sentir libres d'exposer leurs opinions sans être critiqués. Proposer un forum où ils peuvent s'exprimer favorise leur confiance en eux et stimule leurs compétences en communication.

Faites un « patchwork »

J'entends par là une activité familiale commune. À l'origine, les patchworks étaient généralement réalisés par un groupe de femmes ou les membres d'une même famille qui se réunissaient pour en assembler les pièces. L'idée, ici, est d'entamer un projet collectif : pas nécessairement un patchwork, mais, dans le même esprit, par exemple, peindre une pièce, faire le ménage, laver la voiture, fabriquer une maison de poupée, construire une cabane ou jardiner. C'est un excellent moyen de donner l'occasion de communiquer et de mobiliser la famille autour d'un projet.

Nous entrerons dans les détails – je veux dire encore plus dans les détails – quand nous aborderons la question de la communication en tant qu'outil éducatif dans le chapitre 8. Commencez dès maintenant à donner la priorité à une communication active et continue au sein de votre famille, même si vous devez en prendre l'initiative. Elle renforcera les liens familiaux, établira des ponts entre les autres membres de la famille et vous, et vous aidera à enrichir l'authenticité de chaque enfant.

Ingrédient n° 5 : apprendre à gérer les crises

En matière de vie de famille, la question n'est pas de savoir si une crise va ou non se produire. La question est de savoir quand. Peu importe que vous meniez une vie paisible et que vous éleviez vos enfants avec un objectif, vous traverserez des crises qui auront un impact sur toute la famille.

Ma famille d'abord !

Que vous découvriez que votre enfant se drogue ou boit, que vous deviez apprendre à vivre avec un enfant ou un parent atteint d'une maladie chronique, que votre famille soit frappée par un divorce, que votre enfant plonge dans la marginalité ou s'enfonce dans l'échec scolaire, les difficultés qui peuvent et vont surgir sont innombrables. La vie n'est pas un long fleuve tranquille. Mais l'une des marques de fabrique des familles formidables est qu'elles ne paniquent pas et ne s'énervent pas quand la pression monte. Elles font preuve de loyauté et sortent d'une crise, plus fortes et plus unies qu'avant.

Certaines crises viennent de nous ; d'autres s'abattent sur nous. Peu importe son origine, une crise est le signal d'alarme que quelque chose ne va pas dans votre famille et que sa viabilité est menacée. À ce sujet, sachez que ce qui peut ne pas sembler être une crise à vos yeux de parent peut être une énormité aux yeux de l'enfant.

Face à la crise, certaines familles paniquent et se disloquent, handicapées par des convictions qui les bloquent. Ces convictions sont déterminantes, car chacun produit dans sa vie les résultats qu'il pense mériter. Si vous êtes de ceux qui pensent que la paix, la tranquillité et toutes les bonnes choses de la vie sont réservées aux autres, à ceux qui les méritent, votre famille est vouée à une existence douloureuse. Ces parents-là s'accrochent à la croyance que toute crise est trop écrasante et impossible à surmonter. Ils capitulent sans lutter ni résister.

En revanche, certaines familles gèrent une grave crise de manière constructive, considérant toute crise comme une difficulté surmontable et partageant une même conviction : « Nous méritons d'en sortir intacts et nous allons trouver une issue. » Résultat, elles sont mieux armées pour trouver des solutions exploitables et risquent moins de passer à côté de solutions susceptibles de s'avérer très efficaces. Ces familles ont la faculté de traverser les crises et d'en sortir grandies : plus attentives à ce qui est important, recentrées sur leurs priorités, dotées d'un sens moral plus aigu et d'une détermination accrue dans la vie, et plus soudées que jamais. Sachez que vous avez le choix : soit la crise sonnera le glas de votre famille, soit elle sera l'occasion de resserrer les liens et de sortir renforcée et grandie de l'adversité. Les pires moments peuvent faire surgir le meilleur de votre famille.

Votre meilleure chance de surmonter la tempête est de mettre en œuvre un plan de gestion de crise soigneusement conçu pour surmonter les difficultés – avant qu'elles ne frappent. Au début de ma carrière, j'ai eu le privilège de travailler dans l'aviation – un rêve d'enfant – en tant que consultant dans différentes compagnies aériennes pour lesquelles je reconstituais les circonstances psychologiques à l'origine des catastrophes aériennes.

En matière de gestion de crise, l'industrie de l'aviation a adopté ce qu'elle appelle un plan de gestion des ressources dans le cockpit, qui comprend une procédure d'urgence très précise. Il est crucial que le plan d'urgence soit établi bien avant qu'un équipage se trouve face à une catastrophe. La raison est évidente : ce n'est pas quand vous êtes face à un incendie des réacteurs que c'est le moment de décider des mesures à prendre en de telles circonstances. C'est bien en amont. Certes, les pilotes ont à leur disposition un épais manuel de deux mille pages qui décrit la démarche à suivre dans tous les cas d'urgence. Mais, comme vous pouvez vous en douter, en cas de problème, ils n'ont pas le temps de le feuilleter ; ils ne doivent même pas se fier à leur mémoire. Au tableau de bord sont affichées en caractères gras quelques lignes d'instructions qui leur disent exactement les gestes à effectuer en cas de crise. Ils peuvent ainsi réagir sans tarder.

Les familles devraient avoir le même type de plan de gestion de crise : quelques lignes décrivant avec précision ce que votre famille doit faire quand la situation tourne mal ou lui échappe et couchées sur papier pour ne même pas avoir à y penser. Ce plan, c'est maintenant qu'il faut l'établir, à partir d'un ou de plusieurs des éléments suivants :

• **Soyez prêt avant que la crise ne frappe.** L'important, dans une crise, c'est la préparation. Plus bas, vous trouverez un tableau énumérant les signaux d'alerte susceptibles de vous indiquer que vous vous trouvez face à une crise, ou qu'une crise pointe à l'horizon. En tant que parent, restez à l'écoute de ces signaux d'alerte précoces. Les ignorer, c'est prendre le risque de faire subir des conséquences tragiques à votre enfant ou à votre famille.

• **Gardez votre calme.** Peu importe ce que vous ressentez au moment de la crise, vous devez demeurer calme. En restant maître de vous-même, vous inspirerez confiance et vous rassurerez le reste de la famille. Au besoin, faites des exercices de respiration profonde qui apporteront à votre cerveau le surcroît d'oxygène qui vous permettra de mieux réfléchir et de prendre une meilleure décision.

• **Éloignez le danger.** Ce qui peut signifier appeler vous-même la police, confisquer des objets dangereux, empêcher votre enfant d'être en contact avec certaines personnes ou l'éloigner d'un lieu ou d'un individu dangereux (sur le plan physique ou émotionnel).

• **Traitez le problème, pas la personne.** L'un des meilleurs moyens de gérer et de surmonter une crise est de traiter le problème, pas la personne. N'attaquez jamais ou n'accusez jamais le membre de la famille en crise. Quand vous êtes en colère contre un enfant, il est parfois terriblement tentant de le blâmer et de le critiquer. Mais si vous le faites, il apprendra à couvrir ses traces s'il se retrouve à nouveau en difficulté. Et faites-moi confiance, il se retrouvera un jour ou l'autre en difficulté, car les comportements de crise qui ne sont pas résolus ne font que s'aggraver.

En préférant consacrer votre énergie à la résolution du problème, vous vous assurez que vous n'agissez pas en vain et que vous affrontez la crise à la recherche d'une solution plutôt que d'accuser la personne et de lui infliger une punition. En instaurant ce simple garde-fou (traiter le problème et la crise, pas la personne), vous avancerez à grands pas vers la construction d'une famille formidable.

- **Resserrez les rangs.** Quand une crise éclate, les membres de la famille ont tendance à s'en prendre les uns aux autres, à accuser ou à s'emporter contre l'un d'eux en proférant des attaques personnelles. C'est alors la fin de la discussion et le début de la dégradation des relations familiales. Comment, dans ces circonstances, espérer une coexistence paisible et positive entre des personnes censées s'accepter et croire en elles et les unes aux autres. Vous ne devez jamais vous en prendre les uns aux autres, envenimer les relations familiales et céder sous la pression. Au contraire, resserrez les rangs et soutenez-vous mutuellement. Vous devez décider que vos relations sont au-dessus de tout soupçon et de toute attaque personnelle. Si les membres d'une même famille sont incapables de se soutenir, une crise peut ébranler l'unité familiale et rendre pratiquement impossible une sortie de crise commune.

- **Communiquez.** Dans une famille en crise, la communication est vitale. Soyez sincère et instaurez un climat d'ouverture. Le meilleur moyen d'y parvenir est tout simplement d'arrêter de parler et de commencer à écouter. Offrez à votre enfant une attention totale. Écoutez-les, lui et son histoire, ou écoutez les autorités et leur point de vue. Laissez vos enfants poser librement des questions et accueillez leurs interrogations en des termes tels que : « Je suis heureux que tu me poses cette question. » Dites-leur également : « Je suis là pour toi, pour répondre à tes questions et à tes inquiétudes. » Quand vous parlez, les mots que vous employez sont moins importants que l'attitude que vous affichez. Quoi qu'il arrive, vous devez afficher vos espoirs de résolution de la crise et votre amour pour votre enfant.

• **Assurez le membre de la famille en crise que l'environnement familial est un lieu sûr où l'on s'intéresse à lui.** Vous n'aimez peut-être pas ce qu'a fait votre enfant – vous n'approuvez pas ses mauvaises notes, sa toxicomanie, sa vie dissolue ou tout autre objet de la crise, et vous le tenez pour responsable de son comportement – mais il sait que vous allez l'aider à limiter les dégâts. En fait, dans une famille saine, nul ne doit tolérer un comportement ouvertement inadapté tel que la violence physique et la maltraitance mentale ou affective, pas plus que la toxicomanie. Si les choses doivent mal tourner, elles tourneront mal, mais vous serez auprès de votre enfant pour l'aider à surmonter la crise. Votre enfant compte sur vous. Dites-lui : « Je m'intéresse à toi, tu es ma première priorité et je te protégerai. » Et dites à votre famille : « La vie ne sera pas toujours ainsi. Notre famille *va* panser ses plaies. »

• **Conservez une certaine vie normale.** Vous ne pourrez peut-être pas faire tout ce que vous avez l'habitude de faire, mais essayez le plus possible de conserver vos habitudes et vos rituels, ce qui aura un effet calmant et stabilisant sur le reste de la famille.

Les cinq ingrédients d'une famille formidable

- **Faites-vous aider.** Votre famille n'a pas à traverser une crise seule. Faites appel à un guide religieux ou spirituel, à d'autres membres de la famille, aux enseignants de votre enfant, à un psychologue scolaire, à votre pédiatre ou à des groupes de soutien locaux. Tous vous aideront à trouver et à mettre en œuvre des solutions constructives. Laissez-les vous aider.

- **Soyez ouvert à toutes les solutions, même à celles que vous pourriez rejeter de prime abord.** Ce n'est pas parce que vous n'approuvez pas entièrement une approche qu'elle ne marchera pas pour votre famille. Ne fermez pas la porte à certaines solutions, voire à des outils d'aide tels que des activités de gestion du stress, sans les avoir d'abord explorées complètement. Vous pensez peut-être qu'elles ne vont pas vous aider ou qu'elles ne vont pas marcher. Et si l'une d'elles était exactement ce dont vous avez besoin face à la crise ? Qu'en savez-vous ? Comprenez-moi bien : ce n'est pas le moment de porter des jugements catégoriques et de rejeter des outils et des solutions véritablement utiles. Vous prenez le risque de léser votre famille.

- **N'ayez pas peur de l'avenir.** Cessez de vous demander : « Et si cela se reproduisait ? » Souvenez-vous qu'un traumatisme s'est produit et que vous l'avez surmonté. Si une autre crise se présente, vous la surmonterez également.

- **Donnez un sens à votre souffrance.** Ne vous laissez pas dévaster sans raison et en vain. Vous devez tirer profit de la douleur que vous inflige la vie. Je ne vous suggère pas de décider que tout ce qui vous arrive dans la vie est positif. Ce n'est naturellement pas toujours une réaction rationnelle. Mais quand un accident ou une tragédie s'abat sur votre enfant ou un autre membre de la famille, vous pouvez choisir

Ma famille d'abord !

d'en tirer les leçons afin de mieux les protéger, lui et les autres enfants, dans l'avenir. Vous pouvez choisir de voir que votre enfant apprend à traiter et à surmonter l'adversité. Vous pouvez choisir d'aider ceux qui ont encore plus de difficultés que vous. Vous pouvez choisir d'agir pour donner un sens à cette souffrance et changer la situation dans laquelle la crise s'est produite afin d'épargner d'autres familles. En utilisant votre douleur et les épreuves que vous avez traversées, vous tirez profit de l'adversité.

Signaux d'alerte

Voici quelques signaux d'alerte révélateurs qui vous aideront à détecter un risque de crise chez l'un des membres de votre famille.

Mise en danger de soi ou des autres
- Parle de passer à l'acte, notamment contre lui-même, selon un plan précis
- Commence à préparer son plan, notamment à se procurer du poison ou des somnifères
- Se débarrasse d'objets auxquels il tient
- Commence à prendre des risques impulsifs pour lui-même et les autres
- Commence à négliger son apparence
- Consomme de la drogue et de l'alcool
- S'isole (fugue, abandonne l'école, etc.)
- Manifeste des changements spectaculaires de comportement et d'humeur
- À un ami proche qui passe à l'acte ou se suicide
- Prend ou perd du poids
- Souffre de troubles du sommeil (sommeil excessif ou insomnie)
- Manque de discernement en permanence

Les cinq ingrédients d'une famille formidable

Dépression
- Désintérêt pour tout, en particulier pour des activités jusqu'ici appréciées
- Trouble de l'appétit accompagné d'une perte ou d'une prise de poids
- Difficultés à dormir
- Agitation et impatience
- Manque d'énergie
- Fort sentiment d'inutilité ou de culpabilité
- Difficulté de concentration ou de réflexion
- Pensées suicidaires
- Hallucinations, délires ou méfiance extrême

Stress
- Trouble de la concentration à la suite d'un important traumatisme
- Peur intense, impuissance ou phobie
- Absence de réaction émotionnelle à quoi que ce soit (détachement, engourdissement)
- Baisse de la conscience de son environnement (état de stupeur)
- Pertes de la mémoire, en particulier d'un traumatisme
- Cauchemars et pensées morbides récurrentes
- Manque de concentration
- Irritabilité et agitation
- Troubles du sommeil

Toxicomanie
- Nouvelles amitiés auprès de consommateurs de drogue
- Désintérêt pour son apparence
- Désintérêt pour la vie de famille
- Perte d'intérêt pour ses loisirs ou ses sports préférés
- Irritabilité et changements d'humeur extrêmes
- Changement des habitudes d'alimentation et de sommeil
- Manque de respect des valeurs familiales
- Mensonge

- Mensonge
- Dégradation des résultats scolaires, retard, absentéisme
- Disparition d'argent, d'objets et d'ordonnances médicales
- Utilisation du vocabulaire de la rue ou de la drogue
- Yeux rouges ou vitreux ou nez qui coule sans aucun signe d'allergie
- Antécédents familiaux d'alcoolisme ou de toxicomanie
- Découverte de pipes, de papier à rouler, de flacons de médicament, de briquets et autre matériel douteux

Bandes et violence
- Avoue faire partie d'une bande
- Est obsédé par un accoutrement particulier
- Préconise comme jamais la loi du secret
- Change de comportement et s'éloigne de la famille
- Ment souvent sur ses activités
- Dégradation des résultats scolaires
- Absentéisme et retards
- Commence à enfreindre souvent les règles
- Porte des traces de coups et ment sur leurs causes
- Revient avec de l'argent, des vêtements ou des CD sans en expliquer la provenance
- S'affiche en train de consommer de la drogue ou de l'alcool

Au moment de commencer à intégrer les cinq ingrédients d'une famille formidable dans votre vie, amusez-vous à faire savoir aux autres membres de la famille que les choses ont changé. Parfois, les détails les plus simples peuvent attirer l'attention de la famille et lui faire prendre conscience qu'elle est en train de tourner une page. Voici quelques suggestions simples qui ont fait leurs preuves pour signaler que la vie quotidienne a changé. Ces changements certes superficiels n'ont d'autre but que d'attirer l'attention et de faire savoir à chacun que la famille fonctionne différemment à partir d'aujourd'hui. Commencez par ces quelques idées et sentez-vous libre de vous amuser et d'y ajouter quelques touches personnelles.

- Demandez à vos enfants d'échanger leurs chambres.
- Servez le dîner dans la salle à manger plutôt que dans la cuisine.
- Repeignez votre salon dans une autre couleur.
- Changez de coiffure.
- Écoutez de la musique au lieu de regarder constamment la télévision.
- Déplacez les meubles.

Si vous parvenez à insuffler ces ingrédients dans votre propre famille, vous observerez des progrès étonnants dans la qualité de votre vie et de vos échanges. Et si, malgré tous vos efforts, vous ne progressez pas d'un pouce sur la voie du changement, montrez-vous patient.

Vous pensez peut-être avoir modifié votre comportement, ainsi que les composantes et les nuances de votre environnement familial, alors que ce n'est en réalité pas le cas. Par exemple, vous pensez être disponible et avoir amélioré vos rapports avec votre famille, et les autres ne sont pas d'accord. Soyez patient. Vous devez travailler dur pour incorporer ces ingrédients à votre famille. C'est un processus qui demande implication et persévérance. Soyez honnête avec vous-même, et si vous continuez à vous disputer, demandez-vous si vous-même, ou un autre membre de la famille, souffrez uniquement d'un manque de connaissance des moyens d'adopter un comportement familial sain. Ou si de sérieux conflits intérieurs profondément ancrés ne viennent pas anéantir votre capacité à mettre en œuvre ces cinq ingrédients. Nul ne peut donner ce qu'il n'a pas, et ces cinq ingrédients reposent tous sur la notion de générosité. Si tel est le cas pour vous ou l'un de vos enfants, vous pouvez agir. Même si ces obstacles relèvent de l'inconscient, votre incapacité à mettre en œuvre des changements significatifs au bon moment est un indice. Il est de votre responsabilité de vous faire aider. En tant que chef de famille, il vous appartient de faire ce qu'il faut pour créer ce que vous voulez. Un psychologue, un psychiatre, une assistante sociale ou un homme d'Église peuvent suffire à apporter l'étincelle qui fera briller ces cinq ingrédients dans votre foyer. À vous de jouer !

Dans ce chapitre, vous avez trouvé les ingrédients composés de pensées, de sentiments et de comportements que vous pouvez créer du tout au tout pour votre famille. Dans le chapitre suivant, nous allons examiner certains aspects importants de votre passé susceptibles d'enrichir ou de contaminer votre vie de famille. Certes, il peut exister des obstacles personnels, mais la première chose que j'observerai est votre héritage familial. Abordez le chapitre suivant dans un esprit d'ouverture avec la volonté de peser le pour et le contre de votre éducation. En regardant de plus près votre héritage familial, vous identifierez les cadeaux que vous avez reçus de vos parents, ainsi que les éventuels polluants susceptibles de vous avoir contaminé.

La découverte de ces aspects de la vie de famille s'effectuera dans l'action et fera de votre lecture une aventure passionnante, édifiante et infiniment gratifiante pour vous, parent. N'oubliez pas : notre destination est et sera toujours la création de *votre* famille formidable.

CHAPITRE 4

VOTRE HÉRITAGE FAMILIAL

> « Les parents parlent souvent de la jeune génération comme s'ils n'avaient rien à voir avec elle. »
>
> HAIM GINOTT

Vous savez maintenant qu'il existe cinq ingrédients nécessaires à une famille formidable, chacun pouvant être mis en œuvre dans votre propre famille à travers un ensemble d'actions clairement définies. Elle le mérite. L'étape suivante consiste en toute logique à établir si certains aspects de votre propre éducation sabotent ou favorisent votre capacité à les mettre en œuvre.

Un poète d'une grande sagesse (doublé d'un père très observateur) écrivit un jour : « Les enfants apprennent d'expérience. » Rien n'est plus vrai. Ce que vous êtes aujourd'hui est en grande partie lié à l'impact que vos parents ont eu (et ont toujours) sur votre vie. Combien de fois avez-vous dit, en plaisantant ou non : « Pitié, que je ne devienne jamais comme ma MÈRE ! » (Nous le disons tous, même si nous aimons profondément notre mère.) La vérité est que nous avons tendance à afficher aujourd'hui les valeurs, les pensées, les actions et les croyances que nos parents ont si systématiquement modelées pour nous. Une partie était bonne et méritait d'être transmise, mais une autre ne l'était pas. L'influence des parents sur les enfants peut être évidente ou profondément subtile, et sérieuse et saine ou malsaine et destructrice. Aussi surprenant que cela puisse paraître, c'est la plus subtile et la moins évidente qui a le plus de risques d'avoir infiltré l'air de rien nos pensées, nos sentiments, nos croyances et nos comportements. Je suis sûr que vous trouverez la preuve de ces influences subtiles jusque dans certaines de vos attitudes telles que votre jeu de mains, votre démarche, votre manière d'incliner la tête et l'intonation de votre voix. Je parie même que vous employez certains mots et expressions qu'utilisaient votre mère ou votre père, et qu'il vous arrive de vous trouver dans des situations qui vous rappellent tellement votre enfance que vous croyez presque voir et entendre votre mère ou votre père à travers vos propres propos et réactions.

On ne compte pas les attitudes – de parent ou autre – qui remontent à l'enfance, à l'époque où l'on vivait avec ses parents. Est-ce une révélation ? Bien sûr que non. Chacun sait que ses parents ont une influence sur ce qu'il devient. Vous *savez* que vous ressemblez à votre mère ou à votre père et vous vous êtes probablement souvent dit et redit : « Je fais exactement comme mes parents, et je déteste ça ! »

Si j'en parle aujourd'hui, c'est pour que vous alliez au-delà de la simple prise de conscience et que vous en compreniez les mécanismes. En prenant conscience de votre éducation, vous pourrez en jouer plutôt que d'élever vos enfants avec des œillères. Je ne veux pas que vous vous contentiez de reconnaître que vos parents ont probablement façonné la personne que vous êtes en général, et le parent que vous êtes en particulier, et d'en rester là. Je vous mets au défi d'identifier avec précision les valeurs, les croyances, les caractéristiques, les traits de caractère et les comportements que vous ont transmis vos parents. Mais attention, je ne veux pas que ce soit un simple exercice ; je veux que ce soit un plan d'action pour un changement ciblé et durable. Ce n'est qu'en

Votre héritage familial

cernant et en isolant les éléments de votre héritage familial que vous pourrez établir une liste d'actions à mener pour un changement positif. À vous de repérer et de faire le tri entre les influences positives et les influences négatives afin de pouvoir en favoriser certaines et en éradiquer d'autres.

Comme je l'ai dit plus tôt, j'en voulais à mon père d'être alcoolique et de changer de personnalité quand il était ivre. Je détestais chaque seconde de ces moments-là et je le détestais pour ce qu'il nous faisait subir, à moi et à ma famille. Quand il buvait, il était égoïste, grossier, insensible et parfois même tout simplement mesquin. Sa conduite m'humiliait et je vivais dans la peur constante qu'il ne continue à nous mettre dans l'embarras. En réaction, j'étais renfermé, réservé et cynique. Aujourd'hui, je ne veux pas faire subir ces attitudes ou ces peurs à ma famille. Il m'a fallu isoler ces expériences et me garder de leur influence. Mais, et c'est un grand « mais », mon père m'a également transmis une étonnante éthique du travail et une indéfectible volonté de protéger ma famille contre les personnes, les lieux et les événements dangereux. Avec lui, rien n'était jamais impossible, et aucun homme ni aucun défi ne l'intimidait. Il était très amoureux de ma mère et faisait souvent des sacrifices dont il pensait probablement que nous n'étions pas conscients. Mais nous l'étions. Il m'a appris à diriger ma famille et à chérir ma femme, même si parfois il échouait partout ailleurs. Ses efforts étaient stimulants, et toutes ses qualités ont fait de moi un homme meilleur, surtout après avoir pris conscience de ses défauts et m'en être débarrassé.

Même les expériences enfantines les plus brèves peuvent avoir de puissants effets durables et il arrive qu'une expérience vienne réveiller de vieux souvenirs. Certains événements que nous pensions enfouis à jamais resurgissent, souvent accompagnés d'émotions très fortes. Le Dr Joe Miller, un ami de longue date qui accoucha nos deux garçons, publia un jour un article sur ce phénomène précis, où il expliquait qu'une chose aussi simple qu'une odeur ou un arôme peut nous ramener instantanément en arrière et réveiller avec force les sentiments de l'enfance liés à cette senteur particulière. À la lecture de son article, j'eus des frissons dans le dos pour avoir vécu personnellement ce même phénomène un certain nombre de fois.

Pendant des années, mon père, à mon plus grand désarroi, fuma des cigares qui dégageaient une odeur âcre qui le poursuivait, même quand il ne fumait pas. L'odeur imprégnait sa peau, ses cheveux, ses vêtements, sa voiture et même son fauteuil préféré. Aujourd'hui encore, je ne peux pas croiser un fumeur de cigare dans la rue et sentir l'odeur de ce tabac sans que le souvenir de mon père ne resurgisse instantanément avec force. Je vois alors son visage, l'expression de ses yeux, ses épaules, et j'entends sa voix. Non, je ne suis pas fou. Je n'ai pas non plus des hallucinations. Je revis juste de puissants souvenirs qui, heureusement pour moi, sont le plus souvent agréables, le temps et la maturité ayant délicatement poli mon souvenir de cet homme imparfait mais dévoué. Je vois désormais un certain parallèle entre le fait d'avoir un père imparfait et le fait de ne pas avoir été un enfant parfait.

Et vous ? Élevez-vous vos enfants en pilotage automatique ? Posez-vous la question suivante : si une simple odeur sentie il y a plus de quarante ans, qu'elle soit agréable ou obsédante, peut exercer sur vous un tel pouvoir, que dire de l'emprise des actes et des paroles d'un parent ?

Soyons précis. Vos parents vous ont élevé d'une certaine manière et vous pouvez réagir de deux manières. La première, et la plus courante des réactions, est de reproduire exactement ce que vos parents ont modelé par leur éducation. S'ils criaient et hurlaient, il est probable que vous fas-

Votre héritage familial

siez de même. S'ils étaient froids, réservés, totalement absorbés par leur propre vie et indifférents à la vôtre, vous êtes probablement pareil. S'ils vivaient par procuration à travers vous et vos activités, voyant en vous une « seconde chance », vous assistez probablement à tous les matchs de votre fils en vociférant à pleins poumons, à moins que vous ne traîniez votre fille dans tous les castings publicitaires. Attention !

La seconde réaction courante consiste à prendre le contre-pied de sa propre expérience. En réaction à une éducation dans les cris et les hurlements, vous pouvez être le plus gentil, le plus doux et le plus indulgent des parents que l'on peut imaginer. Cette attitude peut sembler parfaite, mais aucun extrême ne l'est. Qui plus est, elle peut vous conduire à vous montrer trop indulgent et à gâter votre enfant, ce qui se traduit souvent chez l'enfant par un manque de contrôle de ses impulsions, à des problèmes de comportement, voire à de mauvais résultats scolaires.

Ces deux extrêmes peuvent laisser des séquelles indélébiles chez vos enfants. Vous devez savoir que, bonne ou mauvaise, juste ou injuste, votre famille en général et vos parents en particulier ont inscrit des choses en vous, que l'éducation que vous donnez aujourd'hui à vos enfants est clairement influencée par vos propres parents et que, dans une certaine mesure, vous l'avez peut-être involontairement accepté jusqu'ici, élevant ainsi vos enfants en pilotage automatique.

En quelque trente ans de pratique, j'ai vu ce phénomène se reproduire sans cesse. Marisa fut abandonnée par sa mère alors qu'elle était bébé. En l'absence de lien maternel, elle grandit dans un tel manque de confiance en elle qu'elle s'aventurait rarement hors de chez elle. Ce terrible abandon l'avait marquée à vie. Timide à l'extrême, Marisa était terrifiée par toute nouvelle expérience qui la plaçait au cœur de difficultés imprévisibles. Telle une maladie contagieuse, la peur de l'inconnu de Marisa s'était transmise à trois de ses enfants. L'une de ses filles ne trouvait pas de travail et deux de ses fils occupaient depuis des années des emplois subalternes : le connu étant infiniment préférable à l'inconnu.

Voyons également l'exemple d'Eva, qui travaille dur toute la semaine. Elle fait une brillante carrière, mais se réfugie tous les week-ends dans l'alcool et se déchaîne alors contre son mari, qui lui sert de souffre-douleur et est la cible de ses attaques implacables et inlassables. Le combat, qui se déroule sous les yeux de leur fille de sept ans, ne cesse que lorsque Eva claque la porte de sa chambre et se retire jusqu'au lendemain matin, quand elle se lève et se comporte comme si de rien n'était. Elle ne fait que reproduire le scénario dans lequel elle a grandi. Dans son enfance, elle vivait la même situation chaque week-end.

Quant à Daniel, il a un rêve : voir un jour son fils de neuf ans, Bobby, devenir un joueur de base-ball professionnel. À chaque match, le père pousse son fils et le harangue quand il est sur le terrain. « Vas-y ! Accélère ! Qu'est-ce qui t'arrive ? Fonce ! Tu veux devenir un loser ? » Bobby a appris à détester le base-ball. Chaque fois qu'il n'est pas assez bon aux yeux de son père, il se sent en échec. Il tente de cacher ses larmes, mais quand il les retient, elles coulent « à l'intérieur » plutôt qu'à l'extérieur. Ce que Daniel semble oublier, c'est que vingt ans plus tôt, c'est sur ses propres joues que les larmes coulaient quand son père le poussait exactement comme il le fait.

Ces trois histoires parlent toutes de la même chose, à savoir de votre héritage familial, de la puissance de la programmation de votre éducation sur vos choix et votre comportement en tant qu'adulte et parent. Il est impossible d'occulter le pouvoir de cet héritage sur votre vie. Ce n'est qu'en en prenant conscience que vous pourrez commencer à faire certains choix éducatifs, plutôt que d'être inconsciem-

Votre héritage familial

ment manipulé par votre passé. J'ai l'intention de vous montrer comment reprendre le pouvoir et prendre vos propres décisions sur l'éducation que vous souhaitez apporter à vos enfants.

Vous êtes probablement un parent plein de qualités et affublé de quelques défauts. Vous faites ce que vous savez faire car vous ne pouvez pas faire ce que vous ne savez pas faire. Et ce que vous savez faire, et que vous avez appris, repose peut-être sur une fausse information. Mais vous ne pouvez pas le savoir tant que vous n'en connaissez pas la source et que vous ne pouvez pas évaluer l'impact réel qu'elle a eu sur vous quand elle vous est parvenue.

Avant de poursuivre, je tiens à souligner qu'il n'est nullement question ici de reprocher à vos parents, ni à qui que ce soit d'ailleurs, l'éducation que vous dispensez à vos enfants. De grâce, n'en faites rien. Il est tellement plus facile de se dire que le problème que l'on rencontre avec ses enfants est de la faute d'un autre – de ses professeurs, de ses pairs, de ses parents, de leur père absent, de leur entraîneur, voire de leur propre faute (comme le veut la théorie dite de la « mauvaise graine », selon laquelle un enfant peut être mauvais de naissance).

Si vous ne voulez pas vous sentir responsable, tous les moyens seront bons pour justifier que vous ne l'êtes pas, y compris rejeter la faute ailleurs. Mais la vérité est que vous ne résoudrez jamais vos problèmes en accusant quelqu'un d'autre. Plus vite vous le comprendrez, plus vite votre vie s'améliorera.

Vous n'avez pas choisi l'éducation que vous avez reçue de vos parents, ni l'impact qu'elle a eue sur l'éducation que vous donnez à vos enfants. Mon propos n'est certainement pas de minimiser ce que vous avez enduré dans l'enfance. Absolument pas. Je sais quelle réalité, quelle terrifiante réalité, peut avoir été la vôtre. Je ne dis pas qu'en tant qu'enfants nous choisissons certains ou tous les événements et toutes les situations que nous vivons. Nous ne choisissons pas nos parents. Nous ne sommes pas responsables des tragédies telles que le viol ou la maltraitance. Ce n'est pas ce que je dis. Ce que je dis en revanche, c'est que si, enfant, vous n'avez pas pu, par manque de connaissance ou de pouvoir, faire certains choix, et que vous n'êtes, par conséquent, pas responsable des événements qui en ont résulté une fois adulte, vous avez la possibilité de choisir votre réaction à ces événements et à ces situations de l'enfance. Vous devez accepter le fait que c'est le moment ou jamais. Le passé est le passé, et l'avenir reste à écrire. Vous pouvez soit continuer à demeurer passivement le fruit de votre héritage familial, soit faire consciemment le choix d'emprunter une voie différente et d'apprendre dès maintenant d'autres compétences. Ce n'est pas une question de responsabilité. C'est une question de changement.

> **Infos sondage : 48 % des parents disent que leurs propres parents plaçaient en eux trop d'espoirs et ont le sentiment que c'est la cause de leur grande anxiété.**

Vous pensez peut-être que votre vie de famille et vos compétences éducatives sont un échec, vous avez peut-être le sentiment d'avoir tout essayé, vous vous sentez fatigué et abattu, et vous vous reprochez la façon dont vos enfants évoluent. Arrivé à ce stade du livre, vous reconnaissez peut-être déjà des erreurs que vous avez faites. Mais soyez un peu indulgent avec vous-même. Si vous vous y êtes mal pris, je suis sûr que c'est parce que vous ne saviez pas faire mieux. Vous l'avez fait *par inadvertance*. Dans ce cas, vous n'avez rien à vous *reprocher*, sous peine d'engendrer une culpabilité

Votre héritage familial

paralysante. Nous n'avons pas de temps à perdre en autoflagellation. J'ai besoin que vous vous consacriez pleinement à l'aventure dans laquelle nous nous embarquons. L'enquête nationale sur l'éducation que j'ai réalisée auprès de milliers de parents révèle qu'un grand nombre de mères et de pères se *reprochent* leurs mauvaises méthodes éducatives et culpabilisent. Permettez-moi ici d'appuyer sur le bouton pause et de vous expliquer qu'il existe une immense différence entre le reproche et la responsabilité et que vous devez la comprendre.

Pour mériter des reproches, il faut avoir agi *intentionnellement* et négligé imprudemment les conséquences possibles. En revanche, être responsable, c'est simplement être impliqué et avoir fait des choix qui ont eu des conséquences, mais sans mauvaise intention. La responsabilité n'implique ni intention ni imprudence ; elle dit simplement que vous avez fait ou laissé faire une chose qui a conduit à l'issue finale. Ce n'est pas qu'une question de sémantique, et je ne dis pas cela pour vous rassurer, mais simplement pour clarifier un point important.

Si je chahute avec mes amis et que je casse une chaise en sautant dessus à pieds joints, je fais preuve d'une imprudente indifférence à l'égard de ce meuble. Je suis responsable des dégâts, et on peut m'en faire le *reproche* de bon droit. Maintenant, supposons que je m'assieds sur cette chaise et qu'elle casse. Je suis responsable des dégâts. Mais j'utilisais la chaise correctement, sans aucune intention de la briser, alors nul ne peut me reprocher de l'avoir cassée par méchanceté. Je suis toujours responsable, mais il n'est pas question de me le *reprocher*.

La poétesse Maya Angelou parle ainsi des comportements du passé : « Vous avez fait ce que vous saviez faire, et quand vous avez su faire mieux, vous avez fait mieux. » Quoi que vous ayez fait par le passé pour élever votre famille, vous avez fait ce que vous saviez faire et vous en êtes responsable.

Ma famille d'abord !

J'espère maintenant qu'au fil de votre lecture vous apprendrez à faire mieux et vous ferez mieux – beaucoup mieux.

À dater de ce jour, j'aimerais que vous vous sentiez investi de la responsabilité de faire des choix intelligents et avertis sur la manière de diriger votre famille et d'élever vos enfants. Quoi que vous ayez fait ou n'ayez pas fait, ressenti ou pas ressenti, donné ou pas donné, partagé ou pas partagé, cela est fait. Ce qui est important, c'est qu'en lisant ce livre, en faisant les efforts demandés et en ouvrant votre esprit et votre cœur à la possibilité de changer votre vie de famille et votre rôle de parent, vous vous êtes engagé sur la bonne voie.

Vous n'avez peut-être pas encore toutes les clés nécessaires, mais nous sommes ici pour vous les fournir. Sachez toutefois que c'est vous qui détenez l'élément le plus important pour réussir : vous avez cet amour inconditionnel pour vos enfants que seul peut avoir un parent. Comme je l'ai dit au début de ce livre, vous risquez de devoir dépasser votre propre éducation. Rien ne vaut le présent, et tout changement débute par la prise de conscience dont nous avons parlé plus haut. Posez-vous quelques difficiles questions.

- Quand l'un de mes enfants se comporte mal, est-ce que je réagis comme réagissaient mes parents – par la colère, les cris ou les hurlements ?
- Est-ce que je reproduis d'autres schémas que j'ai vécus dans mon enfance ?
- Si je reproduis des « schémas de maltraitance » issus de ma propre éducation, suis-je capable de les admettre, de me les approprier et de les changer ?

Les études nous montrent que l'on est programmé sur le plan neurologique et psychologique pour réagir d'une certaine manière et que les traumatismes de l'enfance, voire des événements marquants par leur absence, peuvent laisser des

Votre héritage familial

séquelles à vie, que nous en gardions ou non le souvenir. Prenons un exemple : si, en tant qu'enfant, vous avez été rarement consolé, vous n'en aurez probablement pas le souvenir – mais plus tard, une fois parent, vous découvrirez que vous êtes mystérieusement perturbé ou inquiet à l'idée de montrer ou d'exprimer de l'affection à votre enfant. Celui-ci peut alors interpréter ces signaux en se disant qu'il ne mérite pas votre affection. C'est une lourde charge à porter pour un enfant, d'autant que c'est votre héritage qui en est la cause. Le problème est que personne ne vous a jamais appris à soigner l'infection pour que vous ne la transmettiez à personne. Mais vous êtes ici pour apprendre.

Vous allez pouvoir expliquer les événements marquants gravés dans votre cœur et votre esprit et le souvenir que vous en avez. Vous allez tenir un journal de bord qui vous permettra d'identifier les événements et les expériences qui ont façonné votre comportement éducatif actuel. Et vous allez devoir analyser ce que vos parents vous ont dit avec tant d'insistance, parfois de manière destructrice, et comment vous vous faites vous-même l'écho de ces messages auprès de vos propres enfants. Mais pour identifier ces influences marquantes, il est indispensable de savoir précisément quelles questions poser.

Vous découvrirez peut-être qu'une part importante de votre héritage familial est précisément ce que vos parents ne vous ont *pas* enseigné. C'était le cas d'Erin. Elle avait été élevée par deux parents très attentionnés. Mais son père, comme beaucoup de parents, ne s'intéressait pas activement à sa vie. Pas une seule fois pendant sa scolarité il n'avait regardé ses devoirs et ses contrôles ; il manquait régulièrement les événements sportifs importants auxquels elle participait, et jamais il ne lui avait lu d'histoires avant de se coucher. Dès sa naissance, son père se désengagea de tout ce qui la concernait. Quand Erin devint mère à son tour, elle mit de côté son histoire et adopta une approche éducative radicalement différente. Elle et son mari John furent des parents impliqués et actifs dans tous les aspects de la vie de leurs enfants. Comme Erin, beaucoup de parents ont le courage et la sagesse de dépasser leur propre éducation.

Je prédis qu'avant la fin de ce chapitre, vous allez prendre du recul par rapport à votre propre vie de famille et vous demander comment diable vous avez pu penser ce que vous pensiez, ne pas voir ce que vous ne voyiez pas et vous comporter comme vous vous comportiez. Se poser des questions – les bonnes questions – sur vous-même et votre famille peut vous aider à être sincère avec vous-même et à envisager comment et où changer. Vous ne pouvez pas vous permettre d'être naïf et dupe en évaluant ce qui se passe dans votre vie de famille. Nous allons être constructifs et examiner quelques points clés pour analyser clairement le patrimoine dont vous avez hérité. Si vous aimez votre famille – et je sais que vous l'aimez –, vous vous engagerez à fond dans cette série de défis.

Mais attention : restez attentifs aux aspects *positifs* de votre héritage familial afin de les transmettre à vos enfants au fil des jours et des années.

Le profil de votre héritage familial

Cet exercice va vous obliger à pratiquer une « autopsie » de vos relations avec vos parents dans votre enfance. Si vos parents sont encore en vie, vous allez devoir mettre de côté vos relations actuelles et vous remémorer vos impressions et vos émotions d'enfant ou d'adolescent. En d'autres termes, vos relations avec votre mère ou votre père peuvent être meilleures que ce qu'elles étaient quand vous étiez plus jeune. Soyez honnête avec vous-même et mettez de côté tous vos bons sentiments. Dans un journal qui restera confidentiel, répondez aux questions suivantes sur votre mère et votre

Votre héritage familial

père aussi précisément que vous le pouvez. Au fil de vos réponses, vous verrez que certaines questions n'appellent que quelques mots, tandis que d'autres nécessitent quelques lignes pour que la réponse soit complète. Si vous vous demandez à quel point détailler une réponse, sachez que plus vous serez exhaustif dans votre exploration de votre passé familial, plus vous parviendrez à modifier votre comportement actuel. Demandez à l'un de vos frères et sœurs de répondre également à ces questions, ce qui vous obligera à être honnête avec vous-même. Vous pourrez ensuite comparer vos notes.

- Les plus grandes qualités de ma mère étaient...
- Les plus grandes qualités de mon père étaient...
- Les pires défauts de ma mère étaient...
- Les pires défauts de mon père étaient...
- Ce que j'aimais le plus chez ma mère était...
- Ce que j'aimais le plus chez mon père était...
- Ma mère me montrait son amour en...
- Mon père me montrait son amour en...
- Quand j'avais peur, ma mère/mon père...
- Quand ma famille célébrait un événement (Noël, un succès, etc.), nous...
- Je ne me sentais jamais autant en sécurité que quand ma mère/mon père...
- Mes meilleurs souvenirs personnels et familiaux sont...
- Les moments familiaux que j'aimerais effacer de ma mémoire sont...
- L'affection de ma mère/mon père à mon égard était...
- Les moments familiaux les plus destructeurs étaient...
- Quand mes parents étaient en conflit, ils...
- Ce que ma mère faisait contre ma volonté était...
- Ce que mon père faisait contre ma volonté était...
- Ce que je réprouvais le plus chez ma mère était...
- Ce que je réprouvais le plus chez mon père était...

- Mes relations avec ma mère ont contaminé mes relations actuelles avec ma famille en…
- Mes relations avec mon père ont contaminé mes relations actuelles avec ma famille en…
- S'il ne me restait qu'une minute pour parler à ma mère, je lui dirais…
- S'il ne me restait qu'une minute pour parler à mon père, je lui dirais…
- Je qualifierais le style éducatif de ma mère de (strict, souple, démocratique, indulgent, permissif, indifférent, etc.)…
- Je qualifierais le style éducatif de mon père de (strict, souple, démocratique, indulgent, permissif, indifférent, etc.)…
- Les autres personnes qui ont joué un rôle éducatif important dans mon enfance et mon adolescence sont…
- Ces personnes ont façonné mon développement en…
- Les éléments de l'éducation de ma mère que je retrouve dans la mienne sont…
- Les éléments de l'éducation de mon père que je retrouve dans la mienne sont…
- Les types de comportement éducatif de ma mère que je veux éviter de reproduire sont…
- Les types de comportement éducatif de mon père que je veux éviter de reproduire sont…

Comme je l'ai dit, il est vraiment primordial de savoir quelles questions vont vous apporter des réponses importantes. Vous venez de répondre à quelques questions très précises sur vos parents, leur comportement et l'éducation qu'ils vous ont donnée. Arrêtons-nous un instant sur ce sujet. Je vais vous demander de créer un mini-profil, ou une ébauche, de vos parents. Pour ce faire, il vous sera utile d'évoquer une image mentale de vos parents et de votre vie de

Votre héritage familial

famille de l'époque à l'aide d'une des questions suivantes qui vous aideront à étoffer cette image et à faire surgir le maximum de détails. Répondez à ces questions sous forme de rédaction en veillant à traiter chaque point soulevé. Plus vous écrirez, plus vous en apprendrez. Si l'un de vos parents ou beaux-parents, ou les deux, est décédé, il peut être difficile de visualiser leur passé, mais faites de votre mieux.

1. Vos relations avec vos parents se caractérisaient-elles par beaucoup de chaleur et d'affection, ou étaient-elles plutôt distantes ? Vous êtes-vous jamais senti privé d'affection ou délaissé ? Comment vos parents vous exprimaient-ils leur affection ? Étaient-ils sur la retenue ? Avaient-ils des gestes particuliers tels que des câlins pour vous communiquer leur affection ? Employaient-ils avec vous des expressions ou des tournures affectueuses ?

2. Quand vous vous comportiez mal, que vous désobéissiez ou que vous faisiez des bêtises, comment étiez-vous sanctionné ? Vos parents utilisaient-ils des sévices corporels tels que la fessée, ou vous punissaient-ils en vous privant de sortie ou en vous envoyant dans votre chambre ? Essayaient-ils de vous culpabiliser ou vous retiraient-ils leur amour ? Ou étaient-ils indulgents, préférant ne pas vous punir ? Essayez de vous souvenir et de noter quelques exemples précis en rapport avec ces questions.

3. J'aimerais maintenant que vous déterriez certains sujets sensibles, positifs et négatifs, enfouis dans votre passé et susceptibles d'avoir déteint sur vos relations familiales actuelles. Ces souvenirs doivent être les plus détaillés et les plus complets possibles. Repensez à des moments de votre enfance et de votre adolescence où vous étiez avec vos parents et où vous vous sentiez aimé, anxieux, seul, joyeux, serein, triste,

victorieux, sûr, en sécurité, ou tout autre sentiment fort dont vous avez le souvenir. Ces expériences vous ont beaucoup appris et vous ont changé. Décrivez ces émotions et les circonstances qui y ont présidé aussi clairement que possible afin d'en tirer le maximum d'information. Les expériences qui vous ont affecté au collège peuvent continuer à vous émouvoir trente ans plus tard. Comment les voyez-vous aujourd'hui ?

4. Vos parents vous ont-ils collé une étiquette – les étiquettes étant une vision de soi qui reflète certaines conclusions auxquelles vous êtes parvenu sur vous-même ? Ces étiquettes viennent souvent de vos parents, d'une bande de camarades cruels, d'enseignants ou d'entraîneurs, ou encore de vous-même qui observez vos échecs. Quelle qu'en soit la source, vous avez tendance à les intérioriser, à y croire et à vous y conformer, et si vous les laissez faire, elles finissent par vous définir. Recensez les étiquettes qui vous ont été données par vos parents (bête, intelligent, fainéant, brave, gentil, etc.), cochez celles que vous pensez endosser aujourd'hui encore et entourez celles que vous avez peut-être données à vos enfants.

5. Nous avons tous des bandes magnétiques qui tournent dans notre tête et qui sont une sorte de dialogue intérieur dicté par nos expériences passées. Elles sont gravées dans votre mémoire et s'intègrent à votre dialogue intérieur : cette conversation intime que vous entretenez avec vous-même tout au long de la journée. Elles prédisent et donc contrôlent votre pensée et votre comportement, et par conséquent aussi votre devenir. Par exemple, si votre dialogue intérieur dit : « Mon père était un perdant et, quoi qu'il arrive, je serai moi aussi un perdant », vous risquez de vous programmer à échouer dans la vie. Pour cet exercice, j'aimerais que vous commenciez à penser aux bandes négatives que

Votre héritage familial

votre héritage familial peut avoir gravé dans votre esprit et que vous les notiez dans votre journal. Voici quelques pistes pour vous aider à y réfléchir.

- Je ne vivrai jamais rien de bien ; ma famille était tellement détraquée que nous n'avons jamais appris à nous amuser.
- Mon avenir sera à l'image de mon passé : malchanceux et stérile. Je ne peux pas espérer réussir car tel n'est pas mon destin.
- J'ai été maltraité dans mon enfance. Les gens vont m'utiliser et seront insensibles à mes sentiments.
- Ma famille était une famille de seconde zone. Je serai moi-même un citoyen de seconde zone. Je ne peux rien y faire.

6. Essayez maintenant de vous souvenir des périodes de conflit dans votre famille. Les désaccords dégénéraient-ils en une guerre totale qui faisait rage sous vos yeux et ceux de vos frères et sœurs ? Ou vos parents jugeaient-ils tout conflit embarrassant et inacceptable, à tel point que même les désaccords mineurs étaient rapidement étouffés ? Quels étaient les sujets de dispute entre vos parents : argent, responsabilités, éducation ou activités familiales ? Comment décririez-vous le style de conflit de vos parents ? Quelles stratégies utilisaient-ils pour résoudre les conflits ? Faisaient-ils des compromis ? Présentaient-ils des excuses ? Affichaient-ils leurs opinions et les communiquaient-ils librement ? Claquaient-ils la porte, refusant de négocier ? Laissaient-ils les conflits s'envenimer, sans jamais les résoudre ?

7. Quel type d'environnement familial vos parents avaient-ils créé ? Y avait-il de la tension dans l'air ? Vos frères et sœurs et vous aviez-vous l'autorisation d'exprimer vos opinions, ou

étaient-elles réprimées ? Les problèmes étaient-ils exposés et débattus ouvertement, ou étaient-ils étouffés ? Vos parents participaient-ils et s'impliquaient-ils dans votre vie scolaire ? Quel intérêt portaient-ils à votre travail et à vos résultats scolaires, à vos amis, à vos activités et à votre vie en général ?

8. Quels problèmes comportementaux et psychologiques avez-vous développés en grandissant que vos parents affichaient déjà : dépression, alcoolisme, toxicomanie et autres addictions, absence, favoritisme, divorce ou séparation, conflits avec les beaux-parents, maltraitance verbale ou physique, conflit ouvert ou relations conjugales dénuées de passion ? L'un ou l'autre de ces schémas provoquent-ils des ravages dans votre vie ou celle de votre partenaire ? Repensez aux circonstances de votre passé et à la manière dont elles empoisonnent aujourd'hui votre propre famille.

Assembler le puzzle

Avant de poursuivre, relisez tout ce que vous avez écrit à propos de votre héritage familial : les questions auxquelles vous avez répondu et tout ce que vous avez noté dans votre journal. Si vous avez fait ces exercices avec honnêteté et application, vous avez mis en lumière certains sujets très sensibles et vous avez identifié des héritages, bons ou mauvais, utiles ou nuisibles, qui influent sur votre propre famille. L'heure est venue de préciser encore ces héritages. Reprenez votre journal et complétez les affirmations suivantes, qui constituent une approche structurée de votre héritage familial et de vos priorités de changement.

1. Mon comportement relationnel avec mon conjoint ou mon partenaire diffère de celui de mes parents de la manière suivante :

2. Mon comportement relationnel avec mon conjoint ou mon partenaire ressemble à celui de mes parents de la manière suivante :
3. Ce comportement et ces réactions ont produit les résultats suivants :
4. Mon comportement éducatif avec mes enfants diffère de celui de mes parents de la manière suivante :
5. Mon comportement éducatif avec mes enfants ressemble à celui de mes parents de la manière suivante :
6. Ce comportement et ces réactions ont produit les résultats suivants :
7. Étant donné les réponses que je viens de donner, ma relation avec mon conjoint dans l'avenir sera la suivante :
8. Étant donné les réponses que je viens de donner, les conséquences sur l'avenir de mes enfants seront les suivantes :
9. Cet exercice suggère que les comportements que je dois éliminer sont les suivants :
10. Cet exercice souligne l'importance de continuer à mettre l'accent sur le changement et l'amélioration des comportements suivants :

Relier le tout

Grâce à cet inventaire de votre héritage, vous avez identifié les comportements, les attitudes et les croyances qui vous collaient à la peau. Vos parents ont beau ne plus être là pour vous critiquer, faites-moi confiance, si vous endossez leur héritage, vous avez pris leur relais. Mais gardez espoir ; vous êtes sur la bonne voie. Vous ne pouvez pas changer votre héritage, mais vous pouvez changer ce que vous faites en réaction à cet héritage afin que votre passé ne devienne pas votre avenir. Voici un processus en quelques étapes qui va vous donner les moyens d'éliminer ces influences négatives de votre vie de famille et d'initier un changement durable.

Étape n° 1 : cerner et identifier les éléments de votre héritage qui doivent changer

Vos réponses aux questions précédentes vous ont fourni une information précieuse sur les comportements qui méritent d'être changés dans votre vie. Relisez vos réponses aux dix dernières questions. Quels sont les legs que vous avez le plus besoin de changer ? Quelles actions entreprendre pour les changer ? Qu'est-ce qui, aujourd'hui, empoisonne l'éducation que vous offrez à vos enfants ?

Dans votre journal, tracez deux colonnes : une colonne « changements » et une colonne « actions », puis énumérez les changements et les actions que vous devez entreprendre pour remédier à ces comportements hérités de vos aînés. Vos actions doivent être des objectifs de changement. Voici quelques exemples qui pourront servir de point de départ à votre réflexion.

Changements	Actions
Plus de soutien affectif à mon enfant en crise	Être à l'écoute de ses besoins au lieu de jouer les Cassandre et de m'inquiéter de questions matérielles
Plus d'affection	Plus de contact et moins de critique
Moins de cris et de hurlements	Plus d'écoute et de contrôle de ma voix
Plus d'humour	Rire davantage de moi-même
Plus de régularité dans mon attention	Dire chaque jour à ma famille « Je vous aime »

Si vous avez découvert en répondant aux questions de ce chapitre que vous punissez vos enfants comme vous étiez puni et que cela entraîne des conséquences, des attitudes ou des réactions négatives, il est temps de changer. Je reviendrai plus en détail sur le sujet de la discipline dans le chapitre consacré au changement comportemental, mais, pour le moment, il est important de dresser la liste des habitudes de discipline héritées de votre propre éducation. Comme dans l'exercice précédent, tracez deux colonnes dans votre journal : une colonne « au lieu de » et une autre « faire plutôt ». Dans la première, énumérez les formes de discipline inefficaces et, dans la seconde, énumérez les alternatives. Voici quelques exemples.

Au lieu de :	**Faire plutôt :**
Crier	Parler du problème d'une voix calme et posée.
Frapper	Cesser toute maltraitance en appliquant la méthode proposée dans le chapitre 3.
S'emporter	Accepter la colère, mais aborder la question avec l'intention de changer de comportement au lieu de se laisser emporter.
Coller des étiquettes	Concentrer mon attention sur le comportement plutôt que sur l'enfant hostile.

Étape n° 2 : identifier les pensées défaitistes

J'aimerais ici que vous écoutiez votre dialogue intérieur pour entendre ce qu'il vous dit de votre éducation. Quelles étiquettes a généré votre héritage ? Quelles bandes magnétiques

Ma famille d'abord !

a-t-il produites ou contribué à produire ? Quelles croyances relatives à vos qualités de parent vous a-t-il inculquées ?

Relisez ce que vous avez écrit jusqu'ici dans votre journal pour traquer vos pensées profondes et notez autant de réactions que possible afin de pouvoir identifier exactement où vous avez besoin de procéder à des ajustements.

Étape n° 3 : tester la réalité de vos pensées

Je veux ensuite que vous fassiez une autoévaluation honnête de l'opinion que vous avez de vos qualités de parent. C'est ce que j'appelle un « test de logique » : évaluez plusieurs de vos pensées – étiquettes, bandes magnétiques, convictions, etc. – au regard des critères suivants :

- Est-ce vrai ?
- Est-il dans mon intérêt de me cramponner à cette pensée ou à cette attitude ?
- Mes pensées et mes attitudes améliorent-elles et protègent-elles ma santé ?
- Cette attitude ou cette conviction m'apportent-elles ce que je veux, ce dont j'ai besoin et ce que je mérite, en particulier concernant ma vie de famille ?

Les pensées et les étiquettes qui ne remplissent pas l'ensemble de ces quatre critères doivent être bannies. Pour éviter de retomber régulièrement dans ces vieilles pensées négatives, vous devez produire une nouvelle pensée qui répond à ces quatre critères, soit ce que j'appelle une Réaction Alternative Authentiquement Appropriée, ou Réaction AAA.

Voici quelques exemples :

Votre héritage familial

Dialogue intérieur inacceptable	**Nouvelle Réaction AAA**
Je ne vivrai jamais rien de bien ; ma famille était tellement détraquée que nous n'avons jamais appris à nous amuser.	*Ma famille est digne d'intérêt et mérite de vivre dans la dignité et le respect.*
	Ma vie est dans le présent, là où je peux décider pour ma famille, au lieu d'être prisonnière du passé, de ses souvenirs et de ses douleurs.

Quelles que soient les pensées auxquelles vous vous êtes raccroché dans le passé, elles revêtent une grande importance pour vous maintenant que vous êtes parent. Mais vous venez d'achever le nécessaire processus de relecture de votre héritage familial. Vous avez revisité l'influence profonde que vos propres parents ont eue sur vous, vous avez passé en revue l'éducation que vous devez dépasser et vous avez cerné avec précision les comportements à changer. Ce regard très ciblé sur votre héritage familial devrait vous donner le savoir et le pouvoir d'opérer des changements positifs. Vous serez surpris par les résultats que vous obtiendrez et par la force et l'affection qui uniront votre famille. Abordez votre nouvelle réflexion et l'avenir qui s'ouvre à vous dans un esprit de pardon envers ce qui est désormais derrière vous. L'amertume et le ressentiment sont une enclume que l'on porte autour du cou. Vous méritez mieux, et il est temps que vous vous autorisiez à l'obtenir.

CHAPITRE 5

VOTRE STYLE ÉDUCATIF

> « Élever des enfants est autant un bonheur qu'une lutte armée. »
>
> ED ASNER

Bonnie a des élancements dans la tête, signe précurseur d'une effroyable migraine. Les veines de son cou enflent sous les cris et les hurlements. C'est toujours ainsi que se terminent les amères confrontations avec sa fille Tammy, seize ans. Bonnie vient de poser une série d'ultimatums qui ont mis le feu aux poudres. Le sol de la cuisine est jonché de débris de verre provenant de la vitre qui s'est brisée quand Tammy a claqué la porte en quittant la maison dans un élan de colère. La dispute, comme tant d'autres, porte sur le petit ami de Tammy, qui n'est pas du goût de Bonnie. Quand la discussion s'oriente sur le sujet et sur leur relation, Bonnie exige qu'ils rompent. Tammy ne voit-elle pas qu'il n'est pas assez bien pour elle ? Ne comprend-elle pas qu'il ne cherche que ce qui l'intéresse ? Que c'est une ordure ? C'est toujours la même dispute, et elles en sont au septième ou au huitième round.

Convaincue que Tammy fonce droit dans le mur, Bonnie tente de lui épargner un chagrin inutile. Elle ne peut ni ne veut rester les bras croisés et regarder sa fille courir droit à la catastrophe. Pour elle, c'est l'efficacité qui prime. Si elle a la solution, elle la donne et ne mâche pas ses mots. Elle va droit au but et tente souvent d'obliger sa fille à se conformer à sa vision des choses. Tammy affiche quant à elle une hostilité ouverte. Elle en veut à sa mère de vouloir lui dicter sa conduite et la voit comme une personne qui veut tout contrôler et tout décider sans lui laisser aucun répit. Les rapports sont conflictuels, aucune ne veut transiger, et leur vie de famille est une succession de frustrations – une interminable lutte de pouvoir.

Cette mère et sa fille sont constamment en désaccord, mais elles se ressemblent beaucoup dans leur comportement.

Fort de ce que vous avez lu jusqu'ici, diriez-vous que la situation est aussi instable qu'il y paraît ? Tout dépend du regard que vous lui portez. Bonnie a-t-elle tort de livrer des opinions et des instructions claires et directes si elle est persuadée de détenir la solution ? La réponse est non. Et Tammy, a-t-elle tort d'être confiante et sûre de pouvoir prendre les bonnes décisions en connaissance de cause ? Certainement pas.

Le vrai problème, ici, n'est pas la situation de l'un ou l'autre des protagonistes ; le problème est un conflit de personnalités. Bonnie est ce que l'on appelle un parent autoritaire. Elle dirige sa maisonnée avec une main de fer tout en étant très affectueuse et très attentionnée. Tammy, quant à elle, ne veut pas de conflit, mais elle sent qu'elle ne peut y échapper quand sa mère tente de la dominer. Toutes deux ont des qualités et ne doivent pas nécessairement en changer. Mais Bonnie doit comprendre le vieil adage qui dit : « Il faut de tout pour faire un monde. » Et apprendre qu'elle ne peut s'adresser à tous de la même manière – sa fille ne faisant pas exception à la règle.

Bobby, le frère cadet de Tammy, est tout le contraire de sa sœur. Il est aussi passif et démotivé que peut l'être un enfant : il ne crierait même pas « Au feu ! » si un incendie se

Votre style éducatif

déclarait. Bonnie a la même attitude et la même approche avec Bobby qu'avec Tammy – elle fixe des limites, édicte et impose des règles, et se montre directive – et, contrairement à ce qui se passe avec Tammy, la recette marche comme un charme avec Bobby. Il aime se laisser mener à peu près autant que Bonnie aime mener. Ils s'entendent bien et sont rarement en conflit. Il est important de noter que dans les deux cas, les personnalités divergent mais que le style de Bonnie marche avec un enfant, mais pas avec l'autre. Deux enfants différents ; deux réactions très différentes à l'attitude de leur mère.

Chaque parent et chaque enfant, sans exception, ont un mode de relations particulier. Parfois, ces relations sont positives et constructives ; parfois, elles sont explosives et contre-productives. Votre style – qu'il convienne ou qu'il se heurte à celui de vos enfants – influe fortement sur la dynamique relationnelle de votre famille et votre réussite en tant que parent et en tant que famille en général. Sachant cela, ce chapitre va vous aider à identifier et à comprendre votre style éducatif et le style de votre enfant, autre étape cruciale vers la création d'une famille formidable. Ce que vous allez y apprendre viendra s'ajouter à ce que vous avez découvert sur votre héritage familial dans le chapitre précédent.

Réfléchissons un instant et supposons que vous essayiez d'inciter l'un de vos enfants à s'appliquer, à travailler plus et à obtenir de meilleures notes – et que rien de ce que vous dites ne marche et que vos « discussions » dégénèrent toujours en confrontations stériles qui vous laissent tous deux furieux et abattus. Vous voyez de quoi je parle ? Puis soudain, vous comprenez comment changer ce scénario. Vous appuyez sur les bons boutons – et bingo – votre petit fainéant commence à faire ses devoirs, à avoir de meilleures notes et à prendre confiance en lui à l'école. Vous avez résolu le problème et, ce faisant, vous avez incité votre enfant à faire ce que vous vouliez ou ce qu'il était nécessaire qu'il fasse. La paix est de retour à la maison, votre enfant éprouve un sentiment de réussite et votre famille a retrouvé une unité qu'elle avait perdue depuis longtemps. La vie de votre enfant, votre vie et celle de la famille sont immédiatement changées.

En lisant cela, vous vous dites peut-être : « Phil, quel est le secret ? Quelle est la formule magique ? Moi aussi, je veux résoudre mes problèmes, mais je ne sais pas comment. J'en ai assez de me fâcher sans cesse avec mes enfants ! »

La solution aux problèmes de votre famille ne se limite pas à une formule magique et n'est pas non plus réservée à quelques élus. Il faut d'abord connaître ce que l'on appelle son *style éducatif*, puis l'adapter au comportement de votre enfant afin de les rendre compatibles. C'est une nécessité fondamentale pour qui souhaite commencer à œuvrer pour un réel changement dans sa famille.

Comme je l'ai dit plus haut, vous êtes le chef de votre famille, de la même manière que les entreprises et autres organisations ont des chefs auxquels il appartient de résoudre les problèmes, ainsi que de motiver et de former les personnes sous leur responsabilité, à savoir leurs employés. Vous, parent, avez vous aussi des personnes à charge – vos enfants – que vous dirigez comme un chef gère son personnel. Comme eux, chaque parent a sa manière de communiquer avec ses enfants et de les diriger. Chaque parent a un mode opératoire ; chaque parent adopte certains gestes et comportements quand il s'adresse à ses enfants. Il est particulièrement important que vous compreniez votre style éducatif, car vous pourrez ainsi façonner et anticiper la réaction de vos enfants.

Votre style éducatif

Il existe trois grands styles éducatifs. Aux yeux de notre famille, un style dominant nous qualifie, mais aucun n'est forcément permanent, et tout style peut évoluer pour s'adapter aux relations familiales. En d'autres termes, nous pouvons choisir différents styles selon les situations et les circonstances.

La première chose à faire est de découvrir et de définir votre style éducatif et le style de votre enfant, puis d'imaginer comment changer et, si nécessaire, s'adapter pour obtenir les meilleurs résultats. Nous allons nous y atteler en identifiant avec beaucoup de clarté votre style éducatif dominant – et les comportements qui vous définissent en tant que parent. Nous obéissons tous à un schéma comportemental prévisible, et face aux événements, les déclarations que nous faisons à nos enfants et à notre famille découlent de ce style et affectent toutes nos relations. Rares sont les parents qui s'interrogent sur leur style, alors que c'est précisément un sujet de la plus haute importance pour la vie de la famille. Pourquoi ? Parce que si vous traitez votre famille différemment, toutes les réactions et les réponses que vous obtiendrez de ses membres changeront elles aussi.

Après avoir braqué les projecteurs sur votre style, vous pourrez analyser celui de votre enfant avec la même clarté. Une fois cette tâche importante achevée, nous examinerons l'intérêt réel de ces informations : en quoi ces styles s'harmonisent-ils ? En quoi se complètent-ils ? Et en quoi sont-ils incompatibles ? Comment, fort de la connaissance de cette dynamique relationnelle, adapter votre style à celui de votre enfant et exploiter ce savoir pour vous rapprocher tous deux de ce que vous voulez, de ce dont vous avez besoin et de ce que vous méritez. Vous allez apprendre à adopter les attitudes, les comportements et les caractéristiques qui produiront ce qui marche le mieux pour vous, et vous mettrez au point votre propre formule pour optimiser votre vie de famille. Cette connaissance va vous procurer un formidable atout.

> **Info sondage : les trois qualités du parent idéal les plus citées sont la compassion, la sensibilité et le dévouement.**

Vous devez savoir qu'il existe une multitude de styles éducatifs. Je suppose que le vôtre est propre à votre situation particulière et vient en partie de votre héritage familial. Malgré cette diversité des styles éducatifs et des étiquettes pour les décrire, j'ai choisi une évaluation en trois dimensions qui propose différents points de référence sur le continuum éducatif : l'un se situe à la gauche de ce continuum, l'autre à la droite, et le dernier au centre.

Ces évaluations sont voisines d'un modèle novateur appelé *Response to Power Measure* (RPM) mis au point par le psychologue américain Art Sweney. RPM est un système d'analyse des rôles supérieurs/subordonnés dans les entreprises et de l'interaction entre ces rôles dans un contexte managérial. Il existe un parallèle entre les parents et les chefs d'entreprise, même si s'occuper d'enfants n'est pas exactement la même chose que gérer des employés. L'amour, l'attention, l'attachement et l'histoire ne sont naturellement pas les mêmes, il n'y a pas de doute. Mais certaines recettes s'appliquent aux uns et aux autres, en particulier concernant la motivation. Sachez que vous êtes sur le point de faire un exercice instructif de découverte de soi et que vous commencez d'ores et déjà à améliorer votre efficacité en tant que parent.

Votre style éducatif

Vous vous souvenez que je vous ai dit que ce ne serait pas un de ces livres qui se lisent dans un fauteuil ? Le moment est venu de sortir votre stylo et votre journal. Vous devez jouer un rôle actif du début à la fin. En tant qu'entraîneur, je ne peux pas franchir la ligne de touche. C'est vous qui êtes sur le terrain, et c'est donc vous l'acteur du changement. Soyez totalement honnête avec vous-même, même si certaines choses sont difficiles à admettre sur vous-même et sur vos relations familiales. Faites de ces audits un point de départ de votre effort de compréhension de vous-même et de vos interlocuteurs. Et souvenez-vous : vous ne pourrez changer que ce que vous admettez.

Étape n° 1 : identifiez votre style éducatif

Vous trouverez ci-dessous trente affirmations décrivant différents aspects du comportement éducatif. Lisez-les soigneusement et indiquez jusqu'à quel point elles décrivent bien votre attitude de parent. Certaines peuvent sembler négatives ou désapprobatrices, mais croyez-moi, les apparences sont parfois trompeuses. N'occultez pas la vérité. En d'autres termes, ne donnez pas la note qui vous paraît la plus politiquement correcte. Vous seul verrez les résultats. Vous avez donc tout intérêt à être aussi sincère que possible. Le but de cette évaluation est d'identifier votre style éducatif dominant, et non de coller une étiquette négative à l'éducation que vous apportez à vos enfants. En fait, les résultats de ce test ne pourront avoir pour vous que des conclusions positives. Pour chaque point, répondez par Oui (O), Plutôt Oui (PO), Plutôt Non (PN) ou Non (N) en entourant le nombre situé sous la lettre.

Ma famille d'abord !

Section A	O	PO	PN	N
Je crois avoir une vision claire du comportement que j'attends de mes enfants et je m'assure qu'ils sont récompensés ou punis en conséquence.	4	3	2	1
Je sens qu'il est de ma responsabilité de fixer des objectifs à ma famille et de lui servir de guide.	4	3	2	1
Je pense que je dois enseigner mes valeurs à ma famille, et si mes enfants ont des valeurs différentes, ils pourront les adopter quand ils seront assez grands pour faire ce choix.	4	3	2	1
Je sens que l'un de mes rôles est de définir l'image que notre famille donne en société.	4	3	2	1
Je pense que je dois servir d'organe de régulation jusqu'à ce que mes enfants puissent prendre leurs propres décisions.	4	3	2	1
Je ne suis peut-être pas plus intelligent ni plus fort que n'importe quel membre de la famille, mais mon rôle est d'instaurer et de faire respecter les valeurs.	4	3	2	1
Tant que mes enfants vivent sous mon toit et sous ma surveillance, ils respecteront les règles.	4	3	2	1
Dans cette famille, les décisions ne sont pas soumises à un vote démocratique. J'en assume l'entière responsabilité.	4	3	2	1
La plupart du temps, je dois prendre seul des décisions concernant le comportement et la discipline.	4	3	2	1
Je pense que l'attitude la plus importante que ma famille peut avoir à mon égard est le respect.	4	3	2	1

Votre style éducatif

Section E	O	PO	PN	N
Je pense qu'il est plus important que ma famille apprenne *comment* atteindre des objectifs que de les atteindre.	4	3	2	1
Ma philosophie consiste à créer un esprit d'équipe au sein de la famille pour aborder les problèmes.	4	3	2	1
L'objectif commun est plus important que la réussite personnelle de l'un ou l'autre des membres de la famille.	4	3	2	1
Je pense que l'une des tâches les plus importantes d'un parent est d'apprendre à un enfant à se fixer des objectifs réalistes.	4	3	2	1
Apprendre à se faire confiance dans les moments difficiles et compter sur les capacités de chacun est une qualité importante pour tous les membres de la famille.	4	3	2	1
Il est important que le parent écoute l'enfant et respecte ce dont il a envie et besoin.	4	3	2	1
Bien que le parent soit responsable de l'enfant, il est important de partager la prise de décision.	4	3	2	1
Le comportement des enfants doit toujours avoir des conséquences, bonnes ou mauvaises.	4	3	2	1
La récompense d'un parent est de voir l'enfant atteindre ses objectifs.	4	3	2	1
La relation parent-enfant est le plus important héritage durable dans une famille.	4	3	2	1

Ma famille d'abord !

Section P	O	PO	PN	N
Je me sens responsable des succès et des échecs des membres de ma famille et je préférerais faire une partie du travail à leur place plutôt que de les laisser échouer.	4	3	2	1
Je suis trop indulgent avec mon enfant et il m'arrive de fermer les yeux alors que je devrais être plus cohérent.	4	3	2	1
C'est probablement en partie de ma faute si mon enfant a des difficultés, car je n'ai pas fait mon travail de parent aussi bien que j'aurais dû.	4	3	2	1
Mes parents étaient trop durs avec moi, alors j'essaie de donner à mes enfants ce que je n'ai pas eu : la liberté d'être eux-mêmes.	4	3	2	1
Mes enfants me font parfois des reproches et une partie de moi est d'accord car je me sens coupable.	4	3	2	1
J'essaie de motiver les membres de ma famille en les culpabilisant s'ils ne font pas ce qu'il faut.	4	3	2	1
Je veux que mon enfant se tienne bien et soit quelqu'un de bien parce qu'il veut que je sois fier de lui.	4	3	2	1
Mon enfant répète souvent que je lui dois la belle vie car c'est moi le parent.	4	3	2	1
J'aimerais que ma famille se souvienne de tous les sacrifices que j'ai faits pour elle.	4	3	2	1
J'essaie de ne pas mettre trop de pression sur mon enfant car ce n'est pas juste.	4	3	2	1

Votre style éducatif

Calculez votre style éducatif

Additionnez vos points dans chaque section et reportez-les ci-dessous :

A :
E :
P :

Entourez la signification de votre score dans chacune des trois catégories ci-dessous :

Section A : Autoritaire
33-40   Forte identification avec le style autoritaire
25-32   Comportements autoritaires dominants
18-24   Comportements autoritaires moyens à modérés
10-17   Faible présence de comportements autoritaires

Section E : Égalitaire
30-40   Forte identification avec le style égalitaire
23-29   Comportements égalitaires dominants
15-22   Comportements égalitaires moyens à modérés
10-14   Faible présence de comportements égalitaires

Section P : Permissif
34-40   Forte identification avec le style permissif
27-33   Comportements permissifs dominants
18-26   Comportements permissifs moyens à modérés
10-17   Faible présence de comportements permissifs

ATTENTION : les étiquettes Autoritaire et Permissif peuvent vous sembler catégoriques ou négatives, mais je tiens à souligner que cette interprétation n'est pas exacte. Autoritaire n'est pas synonyme de dictatorial ni de dominateur. Ce style éducatif ne doit pas être jugé négatif ou nocif. Il est tout simplement plus directif et tend à résoudre les problèmes en prenant le contrôle de la situation. En fait, il peut vous permettre d'atteindre un niveau élevé de conformité de la part de votre enfant, tant que vous le traitez avec amour et attention. Et il présente un autre avantage : il procure un ingrédient important – la structure – nécessaire à beaucoup d'enfants.

De même, permissif n'est pas synonyme de passif, fainéant, indifférent, négligent et tiède. Ce n'est pas non plus le type de parent qui dit à ses enfants : « Bien sûr, va donc boire avec tes amis. » En réalité, le style permissif exige plus d'efforts de la part des parents, qui doivent inculquer un plus grand sens de l'autodétermination à leurs enfants pour obtenir des résultats. Ce style s'appuie sur le proverbe : « Si vous donnez un poisson à un homme, vous le nourrissez un jour. Mais si vous lui apprenez à pêcher, vous le nourrissez pour toute la vie. » Ces paroles sont très justes et s'appliquent au style éducatif permissif. C'est d'ailleurs l'un des moyens les plus efficaces d'inculquer des compétences, des valeurs et de l'estime de soi aux enfants et de leur apprendre à faire des choix responsables. Les rapports parent-enfant reposent souvent plus sur la discussion et le tâtonnement. Mais ce temps et ces efforts sont un bon investissement puisqu'ils sont employés à favoriser la maturité et la responsabilisation des enfants.

Sachez toutefois que le bien-fondé des styles éducatifs dépend du type d'enfant – nous nous pencherons sur le sujet un peu plus loin dans ce chapitre. Parfois, le style autoritaire s'impose comme le seul moyen d'obtenir des résultats avec certains enfants dans certaines situations. Parfois, le plus efficace est le style permissif. Donc, si votre style dominant est l'un ou l'autre, ne vous jugez pas trop sévèrement. Tous deux peuvent être acceptables et efficaces.

Le style autoritaire

Si vous êtes dans la fourchette haute de la Section A, votre style éducatif est à dominante *autoritaire*. Un parent autoritaire dit à son enfant ce qu'il doit faire et ne pas faire, et fixe des règles claires et généralement inflexibles. Il n'est pas rare aussi qu'il contrôle la majeure partie du processus décisionnel dans sa famille. Il fixe les objectifs familiaux et délivre les bons points et les punitions – le tout avec sensibilité et généralement pas de manière arbitraire. Il n'y a absolument aucune ambiguïté concernant ses attentes, le rôle de chacun dans la famille et les sanctions en cas de mauvais comportement. Le style autoritaire a parfois tendance à être conflictuel.

Le style égalitaire

Un bon score dans la Section E indique une tendance au style éducatif *égalitaire* : vos enfants prennent part aux choix, votre famille fonctionne comme une équipe et les décisions sont prises jusqu'à un certain point sur un mode démocratique. Toute la famille participe à la définition des objectifs, à la prise de décision et à la résolution des problèmes, et il règne en général une atmosphère de communication et un bon esprit d'équipe. Ce style favorise généralement la négociation de compromis.

Un parent égalitaire croit aux vertus du choix. Dans ces familles, les enfants apprennent que leurs opinions et leurs pensées comptent. Les règles sont simples et leur transgression entraîne des conséquences raisonnables, et les enfants comprennent les raisons de ces règles. Mais il règne également une certaine souplesse. Par exemple, un enfant doit se coucher à 20 h 30, mais il peut veiller un jour s'il veut regarder une émission de télévision. En général, un parent égalitaire est réactif, attentif et sensible aux besoins de ses enfants. La discipline est considérée comme une source d'apprentissage.

Le style permissif

Si vous avez obtenu un bon score dans la Section P, vous avez un style éducatif *permissif*. Vous avez une approche plus souple et vous n'intervenez que quand vos enfants sortent du droit chemin ou rencontrent des problèmes. Vous leur imposez des limites globales, et vous faites tout pour qu'elles aient l'air de venir d'eux et qu'ils se les approprient.

Votre comportement est dicté par la compassion, l'empathie et les encouragements. Vous savez toucher la motivation intérieure de vos enfants, notamment le besoin de s'améliorer, la définition d'objectifs plus personnels, voire la culpabilité. Résultat : vous savez presser sur les bons boutons pour les motiver à aller dans la bonne direction. Beaucoup de grands inventeurs et de grands sportifs avaient des mères permissives qui ont observé ce schéma, notamment Lance Armstrong, Thomas Edison et Albert Einstein.

Les parents permissifs encouragent généralement la liberté d'expression pour stimuler la créativité de leurs enfants et leur laisser exprimer leur opinion.

Si vous vous situez dans la fourchette haute de l'un de ces styles éducatifs, cela signifie qu'une dominante autoritaire, égalitaire ou permissive se dégage de votre comportement éducatif. Si vous avez de bons résultats dans chaque catégorie, c'est vraiment une bonne chose, car c'est le signe que vous alliez différents styles. Et si vous affichez un bon score dans l'une et un mauvais score dans l'autre, vous allez devoir accepter de faire preuve d'une plus grande efficacité quand la situation l'exige, même si cela vous oblige à adopter le style qui vous pose le plus de difficultés.

Votre score peut également vous informer sur la perception que les autres, y compris vos enfants, ont de vous. En cas de score dominant dans l'un ou l'autre de ces styles, il est fort probable qu'ils perçoivent en vous certains traits, auxquels d'aucuns réagissent mal et d'autres bien. Vous en trouverez une liste ci-dessous. L'ensemble de ces traits détermine les réactions de vos enfants, et par conséquent vos relations avec eux. Si vos enfants réagissent par rapport à vous comme ils le font, c'est peut-être simplement en réaction à l'un ou à plusieurs de ces traits. Dans ce cas, efforcez-vous dès à présent de changer de style pour améliorer vos relations familiales.

AUTORITAIRE	**ÉGALITAIRE**	**PERMISSIF**
Catégorique	Coopératif	Tolérant
Exigeant	Esprit d'équipe	Positif
Efficace	Partage des responsabilités	Respectueux
Sûr de soi	Décideur	Ouvert
Consciencieux	Non autoritaire	Conciliant
Directif	Doucereux	Souple
Strict	Démocratique	Motive dans l'ombre
Rigide	Indiscipliné	Encourage l'enfant sur des objectifs personnels
Inflexible	Réactif	S'appuie sur une structure interne
Dominateur	Manipulateur	Trop indulgent
		Trop chronophage

Ma famille d'abord !

Les scénarios éducatifs

Voyons maintenant le langage typique des différents styles d'éducation : autoritaire, égalitaire et permissif. Les expressions, termes et attitudes propres à chacun vous donneront une idée de ce dont vous aurez besoin si vous décidez qu'il est préférable d'adopter l'un des styles qui n'est pas votre style dominant ou principal.

Le scénario est le même dans chaque cas : nous sommes vendredi et l'enfant a manqué l'école parce qu'il était malade. En rattrapage, il a un devoir à rendre pour le lundi qui va exiger environ quatre heures de travail. En fin de journée, l'enfant se sent mieux. Le but est de le motiver à faire rapidement son devoir avec un minimum de heurts.

Scénario n° 1 : le style autoritaire

Le parent : Voilà ce qu'il en est : tu as un devoir à faire et je veux que tu t'y mettes rapidement. Tu n'en as que pour quatre heures.

L'enfant : Mais je veux aller au cinéma ce week-end.

Le parent : Le cinéma, c'est beaucoup moins important pour toi que tes devoirs. Tu vas travailler de dix heures à midi et de trois heures à cinq heures samedi dans ta chambre, sans télévision ni téléphone. Ensuite, je verrai où tu en es. Et quand tu auras fini, nous verrons pour le cinéma.

L'enfant : Est-ce que je pourrai y aller si je travaille quatre heures ?

Le parent : Si tu as fini ton devoir. Ta priorité, c'est de faire ton devoir – et de le faire bien. Je vérifierai. Si tu le fais en moins de quatre heures et qu'il est bien, tu auras le temps d'aller au cinéma.

Le parent autoritaire est très direct et catégorique, déterminé à définir une plage horaire précise pour accomplir le travail. Les règles sont claires et l'accent est mis sur l'obéissance.

Les parents autoritaires utilisent des expressions telles que :

- Maintenant, nous allons…
- Écoute, tu dois améliorer tes notes…
- Nous allons procéder par A + B…
- Ta priorité est de…
- Tu dois établir un plan et t'y tenir…
- Respectons les règles…

Scénario n° 2 : le style égalitaire

Le parent : Johnny, j'ai remarqué que tu avais environ quatre heures de travail pour lundi. Es-tu d'accord pour dire que nous devons le placer en tête de liste de nos priorités ?

L'enfant : Oui, je pense que c'est ma première priorité. Sinon, je serai en retard et j'aurai des problèmes.

Le parent : Nous allons trouver une solution. Bon, établissons un programme. Pour commencer, note les heures que tu veux y consacrer et je t'aiderai à t'y tenir.

L'enfant : Je pense que le mieux serait samedi après-midi, mais je ne travaille pas vraiment bien quatre heures d'affilée.

Le parent : Alors, divisons-le en deux séances. Je te réveillerai tôt, je te préparerai ton petit déjeuner et nous pourrons nous atteler à la tâche. Qu'en penses-tu ?

L'enfant : Oui, d'accord, ça me paraît bien, mais je ne sais pas si je vais y arriver seul.

Le parent : Je t'aiderai. Remontons nos manches. J'ai confiance en tes capacités et avec un peu de travail d'équipe, nous y parviendrons. Où vas-tu t'installer ?

L'enfant : Dans ma chambre ou dans le salon.

Le parent : Comment t'aider à être bien installé ?

L'enfant : J'ai besoin d'un endroit où personne ne vient me déranger et où je ne serai pas interrompu au beau milieu de mon travail.

Le parent : Nous allons trouver.

Dans ce scénario, le parent égalitaire aborde la situation dans un esprit d'équipe et de soutien sous-entendu par l'emploi du « nous » dans la discussion. Les décisions sont prises et les objectifs définis conjointement. Les parents égalitaires utilisent des expressions telles que :

- Nous pouvons affronter ce problème et réussir…
- Comment puis-je t'aider à être plus performant ? (Comment pouvons-nous travailler main dans la main ?)
- Relevons nos manches.
- Nous pouvons y arriver. Je sais que tu en es capable et nous formons une équipe…
- Nous avons un objectif commun…

Scénario n° 3 : le style permissif

Le parent : Johnny, je viens de voir que tu avais un devoir de quatre heures à rendre pour lundi. Qu'as-tu prévu ?

L'enfant : Je le ferai dimanche.

Le parent : Je sais que tu le feras. Penses-tu qu'il est important pour nous tous que tu aies de bons résultats scolaires ?

L'enfant : Oui, oui. Je sais que c'est important.

Le parent : Alors, voyons comment faire. Je sais que tu veux aller à un spectacle samedi soir et que nous sommes pris dimanche après-midi, ce qui ne laisse pas beaucoup de temps. Comment comptes-tu t'y prendre ?

L'enfant : Je le ferai dimanche soir.

Le parent : Je ne pense pas que tu y arriveras, tu ne crois pas ? Si nous rentrons à 21 heures, tu n'auras pas le temps et tu seras trop fatigué. En plus, je ne pense pas que ce soit cohérent avec ce que tu m'as dit à propos de l'importance du travail. Qui cherches-tu à tromper ? Moi ou toi ?
L'enfant : D'accord, je le ferai de dix à quatorze heures dimanche. Comme ça, je serai tranquille.
Le parent : Cela semble plus raisonnable. Où vas-tu le faire ?
L'enfant : Dans le salon. Je pourrai regarder la télévision en même temps.
Le parent : Tu penses que c'est une bonne idée ? Tu sais ce qui va se passer. Tu te connais, non ?
L'enfant : Oui, ça va me prendre une éternité. Je vais m'installer dans ma chambre pour pouvoir finir plus vite.
Le parent : Tu as l'intention de bâcler le travail ou de t'appliquer pour pouvoir être fier de toi ?
L'enfant : Je vais m'appliquer. Après tout, c'est pour l'école, pas vrai ?

Vous remarquerez que le parent permissif ne fait pas fi de cette priorité. Souvenez-vous : être permissif, ce n'est ni être faible, ni être irresponsable. Ce parent parvient au même objectif que les autres, mais en donnant l'impression que l'idée vient de l'enfant. Quand un enfant s'approprie un projet, il est plus motivé pour le mener à bien. Le parent permissif prend plus de temps pour arriver au même résultat, mais il y parvient. Il doit batailler davantage pour obtenir le résultat désiré car il pose sans arrêt des questions et cherche des réponses. La plupart des questions sont toutefois des affirmations déguisées. Les parents permissifs utilisent généralement des expressions telles que :

- Quels sont tes projets pour… ?
- As-tu l'impression que c'est le meilleur moyen de… ?

- Comment intègres-tu ces autres facteurs... ?
- Si tu fais ça, est-ce que ça te rapproche de ton objectif ?
- Quel est ton objectif final et comment t'y prends-tu ?
- Où vas-tu t'installer ?
- Est-ce que ça te réussit ?

Je tiens à insister sur le fait que chaque style arrive au même résultat : le devoir sera prêt pour lundi. Toutefois, chacun emprunte une voie différente pour y parvenir. L'essentiel est de comprendre que les trois styles emploient des moyens efficaces mais très différents de remplir leur mission éducative. Tant qu'ils fonctionnent, le train avance et la vie de famille suit un élan positif. L'éducation des enfants est principalement une affaire de style. C'est savoir comment aller là où vous allez.

Il n'y a ni bon, ni mauvais style, ni « meilleur » style, car là encore, *tout dépend de l'enfant*. Chaque enfant manifeste des tendances, des résistances et des tempéraments qui lui sont propres. Cette singularité fait que même les enfants de votre propre famille ont avec vous un style de relations différent. Certains, comme Tammy dont nous avons fait la connaissance dans la première étude de cas, paraissent *rebelles* : ils semblent résister à l'autorité, n'en font qu'à leur tête ou sont très indépendants et autonomes. D'autres sont *coopératifs*. Ils aiment partager et aider les autres ; ils jouent « collectif ». Puis viennent les enfants *passifs*, comme Bobby, qui ont besoin d'être guidés de manière claire et globale et qui n'ont aucune autonomie. Quel que soit le style de vos enfants, sachez qu'une fois que vous le connaîtrez, vous saurez ce qui les fait avancer. Pour faire bouger vos enfants, vous devez les connaître.

Votre style éducatif

Étape n° 2 : identifiez le style de vos enfants

Votre enfant est-il rebelle, coopératif ou passif ? Le test qui suit va vous permettre d'identifier et de décrire son style. Voici trente affirmations décrivant différents aspects de son comportement. Comme dans l'exercice précédent, lisez-les attentivement et notez dans quelle mesure elles s'appliquent à votre enfant. Prévoyez un questionnaire par enfant.

Pour chaque point, répondez par Oui (O), Plutôt Oui (PO), Plutôt Non (PN) ou Non (N) en entourant le nombre situé sous la lettre.

Section R	O	PO	PN	N
Mon enfant est autonome et aime son indépendance.	4	3	2	1
Mon enfant est énergique.	4	3	2	1
Mon enfant aime faire à sa façon.	4	3	2	1
Mon enfant aime être différent.	4	3	2	1
La plupart du temps, mon enfant n'est pas coopératif.	4	3	2	1
Quand il joue ou fréquente d'autres enfants, il aime commander et être responsable.	4	3	2	1
Mon enfant aime exprimer son opinion. Il est parfois direct et aime argumenter.	4	3	2	1
Mon enfant aime travailler.	4	3	2	1
Mon enfant a l'esprit de compétition et aime gagner.	4	3	2	1
Mon enfant s'habille parfois avec originalité et aime se sentir unique.	4	3	2	1

Ma famille d'abord !

Section C	O	PO	PN	N
Mon enfant aime être en accord avec les autres.	4	3	2	1
Mon enfant peut être décrit comme coopératif et serviable.	4	3	2	1
Mon enfant est souple dans les décisions collectives.	4	3	2	1
Mon enfant préfère participer que diriger.	4	3	2	1
Mon enfant aime le travail d'équipe.	4	3	2	1
Mon enfant comprend l'importance du partage.	4	3	2	1
Mon enfant est généralement agréable.	4	3	2	1
Mon enfant demande généralement la permission avant de prendre des décisions ou de communiquer avec les autres.	4	3	2	1
Mon enfant met tous ses efforts au service de son équipe.	4	3	2	1
Mon enfant mène la danse ou suit le mouvement selon les besoins de la situation.	4	3	2	1

Section P	O	PO	PN	N
Mon enfant a besoin d'être guidé avant d'agir.	4	3	2	1
Mon enfant est motivé une fois que je l'ai mis sur la voie.	4	3	2	1
Je ne décrirais pas mon enfant comme autonome.	4	3	2	1
Mon enfant suit convenablement les ordres et les règles.	4	3	2	1

Votre style éducatif

Mon enfant est fier d'obéir aux instructions et de présenter un travail bien fait.	4	3	2	1
Mon enfant est perdu sans règles.	4	3	2	1
Mon enfant est très sensible aux compliments et à l'approbation.	4	3	2	1
Mon enfant prend la critique très au sérieux.	4	3	2	1
Quand mon enfant doit prendre la tête d'un groupe, il le fait avec beaucoup de sérieux.	4	3	2	1
Mon enfant épouse les qualités de la personne qu'il reconnaît comme son autorité.	4	3	2	1

Calculez le type de votre enfant

Additionnez les points dans chaque section et reportez-les ci-dessous :
R :
C :
P :

Entourez la signification de votre score dans chacune des trois catégories ci-dessous :

Section A : Rebelle
33-40   Forte identification avec le style rebelle
25-32   Comportements rebelles dominants
18-24   Comportements rebelles moyens à modérés
10-17   Faible présence de comportements rebelles

Section E : Coopératif
30-40   Forte identification avec le style coopératif
23-29   Comportements coopératifs dominants
15-22   Comportements coopératifs moyens à modérés
10-14   Faible présence de comportements coopératifs

Section P : Passif
34-40	Forte identification avec le style passif
27-33	Comportements passifs dominants
18-26	Comportements passifs moyens à modérés
10-17	Faible présence de comportements passifs

Si votre enfant a obtenu un score élevé dans l'un ou l'autre de ces styles, c'est que son comportement comporte une dominante de Rebelle, de Coopératif ou de Passif. Mais il peut également puiser dans différents styles. L'essentiel est de repérer ces comportements afin de savoir comment être avec lui selon les situations et les circonstances. La section suivante va vous aider à mieux vous adapter pour éviter les conflits de style et mieux résoudre les problèmes avec vos enfants.

Il est indispensable de comprendre les styles de chacun, mais ce n'est pas suffisant. Pour résoudre efficacement les problèmes, vous devez être disposé à adapter votre style éducatif aux besoins, au comportement et au tempérament de chaque enfant. Votre style éducatif peut dépendre des situations et varier d'un jour à l'autre, voire d'heure en heure, au fil de l'évolution de la situation de vos enfants. L'essentiel est que vous soyez prêt à changer de position – et donc à abandonner votre style naturel dominant – et à procéder différemment. Pour employer une métaphore musicale, vous devez apprendre à danser au rythme de la musique.

Et pourtant, je ne cesse d'être surpris par la capacité des parents à conserver une attitude qui a prouvé son inefficacité. Ils s'obstinent dans le même style ou le même comportement inflexible, continuant à foncer droit dans le mur sans avoir l'air de remarquer que tout ce qu'ils en tirent, ce sont des maux de tête. S'enferrer dans un style ne sera jamais un bon exemple pour un enfant.

Votre style éducatif

Si vous avez l'habitude d'aborder une situation d'une certaine manière et d'obtenir des résultats désastreux, vous devez prendre note précisément de cette attitude infructueuse et faire des recoupements avec votre liste de possibilités. Vous devez être flexible. Vous ne pouvez pas continuer à vivre avec certains comportements, en particulier de la rigidité.

Réfléchissez : vous n'utiliseriez pas une perceuse pour planter un minuscule clou dans le mur et pendre un petit tableau. Pas plus que vous n'emploieriez un petit marteau pour percer le béton. Vous utiliseriez une perceuse. C'est pareil pour l'éducation des enfants. Vous utilisez ce dont vous avez besoin parmi l'assortiment de vos traits de caractère, de vos compétences et de vos styles. Vous devez être souple et faire ce qui marche.

Je ne vous suggère pas d'être ce que vous n'êtes pas. Je vous suggère de devenir caméléon. Quand un caméléon se pose sur une feuille verte, il devient vert ; quand il grimpe sur un rocher marron, il devient marron. Tel un caméléon changeant de couleur pour s'adapter à son environnement, vous devez changer de couleur pour vous occuper de votre enfant. Chacun de nous dispose d'un éventail de comportements à sa disposition. Parfois, vous devez afficher la couleur « directif », parfois la couleur « indulgence », et parfois même la couleur « conflictuel ». Ce n'est pas parce que vous changez pour adapter votre style éducatif que vous changez ce que vous êtes au fond de vous. Un caméléon reste un caméléon, même quand il prend la couleur de son environnement. C'est vrai pour vous. Tout ce que j'attends de vous, c'est que vous utilisiez le meilleur de vous-même pour faire sortir le meilleur de vos enfants.

Toute relation est à double sens. En d'autres termes, vos enfants et vous participez tous à la définition de cette relation. Vous, vous leur avez enseigné les règles et les limites de la relation. Eux, ils ont appris vos scénarios de réaction et les

Ma famille d'abord !

ont intégrés à leurs actes. Ces schémas relationnels sont faciles à repérer. Par exemple, si votre fils vous manque de respect et vous répond sans jamais en subir les conséquences, vous lui apprenez à vous traiter ainsi. Si, pendant des années, vous avez accepté et toléré son manque de respect, vous lui avez appris que vous acceptiez ce comportement. Votre attitude dicte son comportement. Il sait comment vous traiter pour parvenir à ses fins. En laissant faire, chacun a appris à l'autre qu'il acceptait son comportement. Si vous n'aimez pas la situation actuelle, n'en blâmez pas que vos enfants. Vous êtes tout autant qu'eux responsable de cette relation.

Vous allez devoir réapprendre à vos enfants ce qui marche et ce qui ne marche pas. Peu importe depuis combien de temps vous avez laissé le comportement indésirable s'installer, aucun schéma relationnel n'est immuable. Par des concessions mutuelles, vous parviendrez à négocier de nouvelles relations.

Je crois sincèrement qu'il est préférable d'éviter autant que possible les confrontations directes avec vos enfants. Les affrontements, les ultimatums et les défis ne font qu'alimenter les conflits, les luttes de pouvoir et le ressentiment. Au fil des affrontements, vous prenez le risque de transformer ce qui devrait être une relation d'amour et de soutien en une lutte d'influence et de pouvoir. Pire, vous éloignez votre enfant. Faites-en vous-même l'expérience : cessez ces affrontements et vous verrez vos enfants se rapprocher au lieu de s'éloigner de vous. Et si vous ne pouvez absolument pas éviter la confrontation, vous ne devez pas et vous ne pouvez pas perdre.

Le travail que vous faites ici va vous aider à éviter les affrontements et à placer vos rapports sur un registre plus productif. Toutefois, cela exige clairement des efforts de votre part et la volonté de défaire et de refaire les relations que vous entretenez avec vos enfants et votre famille. Mais

Votre style éducatif

en apprenant les nuances de style – et comment changer de couleur –, vous allez considérablement transformer vos rapports avec votre famille.

Quand nous arriverons à la fin de ce chapitre, vous saurez comment susciter habilement et efficacement chez vos enfants le type de réactions qui leur seront bénéfiques. Vos enfants commenceront à vous répondre différemment parce qu'ils sauront qu'ils seront traités équitablement et dignement, et les échanges qu'ils auront avec vous leur donneront le sentiment d'être meilleurs après vous avoir parlé. L'amour que vous ressentez au fond de vous va vous donner l'énergie d'y arriver. Et maintenant, allons-y.

Étape n° 3 : gérez le choc ou la convergence des styles

Voyons maintenant ce qui se passe quand ces styles convergent et s'affrontent en examinant les interactions entre le style éducatif et le type d'enfant. Comme le montre la figure ci-dessous[1], certains styles éducatifs sont complémentaires de certains styles d'enfants.

Mais d'autres s'entrechoquent. Si tel est le cas, prenez le temps de vous demander pourquoi les relations avec un enfant sont difficiles. Certaines de ses réactions et de ses réponses vous disent-elles que vous êtes trop inflexible et trop strict, ou trop indulgent et trop permissif ? Qu'est-ce qui, dans l'attitude de votre enfant ou dans la vôtre, peut être la cause de ce problème ? Devez-vous aborder cette relation différemment – y investir plus d'énergie, par exemple ? Quels comportements

---

1. Cette figure s'inspire des principes de la Figure 10 du livre d'Art Sweeney intitulé *Leadership : Management of Power and Obligation* et édité par Test Systems, Inc. © 1981, Art Sweeney.

Ma famille d'abord !

– relatifs à quel style – devez-vous changer pour éviter ces confrontations, ces conflits ou ces luttes sans merci qui vous vident et vous épuisent ?

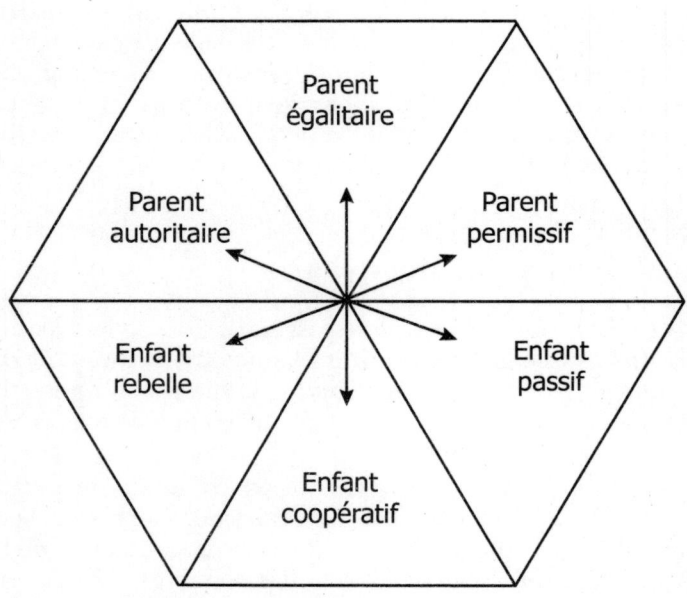

En vous interrogeant sur votre propre style, même s'il est pour vous comme une seconde nature, vous vous donnez les moyens d'encourager et d'éradiquer certains comportements. Nous allons maintenant nous interroger sur les combinaisons interactives qui semblent fonctionner en famille pour vous aider à cerner les dynamiques négatives qui vous empêchent peut-être d'aller de l'avant. Si vous vous reconnaissez dans l'une d'elles, examinez attentivement les stratégies proposées et inspirez-vous-en pour stimuler vos propres réflexions et vos propres efforts de changement.

J'y ai inclus deux scénarios illustrant comment résoudre les problèmes en cas de choc des styles. Exploiter ces informations, et les utiliser comme le suggèrent ces scénarios, vous donnera un formidable coup de pouce sur la voie de la solution.

Autoritaire/Rebelle

Si votre style éducatif est à dominante autoritaire, et que l'un de vos enfants est rebelle, vous êtes en proie à une lutte de pouvoir. Ce duo est indéniablement la combinaison la plus compliquée à gérer en famille. Les conflits portent le plus souvent sur l'exercice du pouvoir, le parent autoritaire et l'enfant rebelle ayant tous deux soif de pouvoir et chacun tentant de dominer les relations en se montrant directif et excessif.

Les enfants rebelles recherchent le pouvoir de différentes manières : ils se conduisent mal, font des comédies, donnent dans le catastrophisme (faisant une montagne d'une taupinière) et attirent l'attention. Ces enfants se sentent importants quand ils contrôlent la situation et qu'ils se font remarquer. Ils aiment entraîner leurs parents dans la bataille, car ils éprouvent alors un sentiment de puissance et d'influence sur eux. Ils ont tendance à s'opposer à leurs parents et à leur autorité (criant, pleurant, crachant la nourriture et autres pour imposer leur volonté). Ils peuvent également être passifs-agressifs et affirmer que tout va bien alors qu'au fond d'eux, ils sont en colère. Leur imposer trop de règles les contrarie et peut les amener à s'en détourner.

Ma famille d'abord !

Entre un parent autoritaire et un enfant rebelle, les disputes prennent vite des allures d'affrontement. Le risque est que vous en sortiez tous deux perdants, car les parents autoritaires et les enfants rebelles ne résolvent pas les problèmes ; ils s'affrontent. Rien ne se fait parce que vous passez votre temps à vous défier. Pendant que vous vous disputez, vous ne résolvez pas les problèmes ; et plus vous insistez, plus votre enfant résiste.

Pour aller de l'avant et résoudre les problèmes, vous devez :

- Éviter les échanges belliqueux, les haussements de voix et les ultimatums.
- Prendre le temps d'écouter et vous assurer que votre enfant est entendu ; la communication bilatérale est vitale (voir chapitre 8).
- Gérer la mauvaise conduite aussi calmement que possible.
- Vous orienter vers un style éducatif égalitaire pour instaurer un esprit d'équipe dans lequel votre enfant pourra être détourné des luttes de pouvoir et canalisé vers des activités plus productives telles que des jeux, des projets, du sport, des devoirs ou de la lecture. Vous n'en parviendrez que mieux à résoudre les problèmes.
- Donner des instructions en fonction du temps et du lieu. Quand mes fils étaient plus jeunes, ils jouaient au baseball et oubliaient toujours de rassembler leur équipement à temps pour que l'on quitte la maison suffisamment tôt afin d'arriver à l'heure sur le terrain tous les samedis. Le matin, j'avais toujours beaucoup de mal à les décoller de la télévision. Jusqu'au jour où j'ai découvert une solution toute simple : après chaque séance, je les chargeai de ranger soigneusement leur équipement dans leur sac sur le terrain, au moment où tout le monde rassemblait ses affaires pour rentrer chez soi. Ils s'acquittèrent de cette tâche sans faute. Je leur confiai

Votre style éducatif

également la responsabilité de remettre dans leur sac tout ce qu'ils en avaient retiré afin que l'équipement soit toujours prêt pour le jour J. J'ai appris que les enfants peuvent assumer la responsabilité d'une tâche ou d'une mission, du moment que la situation leur permet de s'y consacrer. Choisissez le bon moment et le bon endroit, et vous augmenterez vos chances de succès.
- Apprenez à faire des compromis et à instaurer un respect mutuel, une coopération et un partage des décisions.

Prenez patience et persévérez.

Autoritaire/Coopératif

Si vous adoptez un style autoritaire avec un enfant coopératif, attendez-vous à des conflits. Ces enfants aiment partager le pouvoir et participer aux décisions familiales et à la résolution des problèmes. Si, par exemple, vous insistez pour avoir le dernier mot, ils en éprouveront de la frustration. Ils aiment également se voir confier des responsabilités, ce que les parents autoritaires rechignent à faire.

Voici quelques conseils :

- Orientez-vous vers un style éducatif égalitaire et donnez à votre enfant plus de responsabilité dans la prise de décision. Vous pouvez par exemple lui demander s'il préfère prendre son bain avant ou après dîner. Donner à un enfant le choix entre deux options lui accorde plus d'autonomie sans vous priver d'un certain contrôle.
- Impliquez-vous davantage dans la vie de votre enfant. Les enfants coopératifs répondent favorablement à un engagement parental fort dans leur vie. Cet investissement peut prendre différentes formes : assister à leurs matchs, aller ensemble au cinéma, vérifier leurs devoirs,

pratiquer des activités communes et être disponible pour parler. L'essentiel est de réussir à faire des choses en collaboration.
- Écoutez plus souvent l'opinion de vos enfants et laissez-les avoir leur mot à dire dans la résolution des problèmes.
- Abordez vos relations avec votre enfant dans un esprit d'encouragement. Reconnaissez plus souvent ses succès, félicitez-le pour ses progrès et manifestez-lui votre soutien. Vous créerez ainsi une atmosphère beaucoup plus enrichissante dans laquelle l'enfant coopératif pourra s'épanouir.

Autoritaire/Passif

Un parent autoritaire et un enfant passif forment un excellent duo : les enfants passifs ont besoin de parents qui les guident, et les parents autoritaires aiment prendre en charge et guider leurs enfants – une parfaite combinaison de styles. Face à un enfant passif, vous devez être très directif car il n'est pas autonome et préfère une approche directe. Vous devez par exemple vous asseoir avec lui et dresser la liste des choses à faire. Vous pouvez également lui dire : « Tu dois établir un plan d'action et t'y tenir. Voici comment t'y prendre… », et lui expliquer point par point ce qu'il doit faire. Quand vous abordez un problème avec un enfant passif ou que vous lui donnez des consignes, vous devez l'encadrer de près.

Égalitaire/Rebelle

Si vous avez un style éducatif égalitaire, attendez-vous à avoir quelques difficultés de communication avec votre enfant rebelle, qui semble tout simplement ne rien vouloir entendre. Il ne veut pas non plus partager ni céder le pouvoir ; il le veut entièrement. Cet égoïsme apparent peut vous agacer et, à la longue, mettre vos nerfs à rude épreuve.

Voici quelques conseils :

- Ne réagissez jamais de façon excessive. Votre enfant peut juste essayer de vous provoquer. Au lieu de lui faire la leçon, de le gronder ou de vous mettre en colère, expliquez votre point de vue avec calme. Vous éviterez ainsi que vos relations ne dégénèrent.
- Autorisez votre enfant à être en désaccord avec vous sur un sujet. Les divergences peuvent être salutaires si elles s'exercent dans un esprit de respect mutuel des opinions de chacun. En lui montrant que vous respectez son point de vue, vous modifierez la nature de vos relations.
- Laissez votre enfant rebelle prendre la direction des activités familiales qui s'y prêtent : organiser une chasse aux œufs à Pâques, installer les jeux de société ou choisir un loisir familial pour le week-end.
- Impliquez les enfants dans l'instauration de règles de conduite et de sanctions claires. En général, les conflits portant sur les règles et les punitions cessent.

Égalitaire/Coopératif

La relation parent égalitaire/enfant coopératif repose à la fois sur un esprit d'équipe et des principes démocratiques. Les deux forment généralement un bon duo et entretiennent des rapports positifs. Le parent cherche à protéger et à favoriser l'estime de soi de l'enfant, et en retour l'enfant manifeste sa confiance et sa motivation. La coexistence est pacifique car ils s'entendent bien, s'acceptent et ont confiance en eux et en l'autre.

Égalitaire/Passif

Les parents égalitaires attendant généralement des enfants qu'ils aient envie de prendre part aux activités collectives – ils encouragent leurs enfants à s'intégrer et à participer –, ils ont tendance à être déçus, car les enfants passifs rechignent souvent à s'impliquer, que ce soit par timidité ou par manque d'audace.

Voici quelques conseils :

- Encouragez l'enfant passif à s'impliquer dans des activités en petits groupes de deux ou de trois enfants. Cet environnement est moins menaçant et offre à ces enfants l'occasion d'enrichir leurs compétences.
- Exprimez votre admiration et félicitez un enfant passif quand il s'aventure en territoire inconnu et fait preuve de souplesse et d'adaptabilité, car ces enfants ont tendance à se replier s'ils sont poussés trop vite dans un nouveau projet ou une nouvelle situation.
- Adoptez un style plus autoritaire pour procurer à cet enfant le cadre et le calendrier prévisible dont il a besoin pour se sentir en sécurité.
- Donnez toujours à ces enfants des consignes directes et précises : comment faire, quand le faire et pourquoi le faire.

Permissif/Rebelle

Le duo permissif/rebelle fonctionne bien parce que le parent et l'enfant ont tous deux de la sympathie l'un envers l'autre. Ils se soutiennent et s'intéressent à ce que fait l'autre. N'hésitez pas à demander à un enfant rebelle : « Dis-moi ce que tu penses être le meilleur moyen de s'y prendre pour… »

En général, un parent permissif est très bon en soutien, mais un piètre organe de contrôle. Et comme l'enfant rebelle a besoin d'une certaine dose de contrôle, le parent permissif doit apprendre à placer des limites strictes à une conduite inacceptable.

Permissif/Coopératif

Cette combinaison peut aller au-devant de problèmes et de tensions si un parent permissif accorde trop de liberté de décision à un enfant certes habitué à prendre part aux choix, mais qui peut alors se sentir accablé, perdu et incertain de ce qu'il doit faire. Ce duo peut également souffrir d'un manque de communication.

Voici quelques conseils :

- Adoptez un style plus coopératif pour favoriser une écoute mutuelle, une participation à la résolution des problèmes, à la prise de décision et à la définition des objectifs, et une meilleure communication en général.
- Encouragez les enfants et laissez-les parler en leur nom et exprimer leurs sentiments.
- Travaillez ensemble à des projets mutuels : partir en week-end, participer à des projets scolaires ou suivre des cours communs.

Permissif/Passif

Cette combinaison met en lumière et amplifie l'aspect négatif des deux styles. Si vous êtes un parent permissif avec un enfant passif, vous végétez ; vous restez assis à regarder le temps passer. Vous ne résolvez pas les problèmes : vous attendez que votre enfant initie un projet, et votre enfant attend vos instructions. Un enfant passif a besoin que vous lui apportiez une stimulation.

Ma famille d'abord !

Voici quelques conseils :

- Encouragez tout centre d'intérêt ou tout talent que peut avoir votre enfant : cours d'art graphique ou de musique, sport ou danse.
- Adoptez un style éducatif plus autoritaire, car il a besoin de structure et de limites claires pour se motiver.
- Obligez-vous à lui proposer plus de défis et de stimulation, et apprenez à donner des consignes directes sur des activités, des jeux et des missions.

Exemple de dialogue pour améliorer les notes d'un enfant

Dans le scénario suivant, j'ai conseillé une mère désireuse d'aider sa fille rebelle à améliorer ses résultats scolaires en mettant au point sa propre stratégie. Quand un enfant pense qu'une idée vient de lui, il se l'approprie, l'assume et la mène à bien. Si vous faites face à un problème similaire, laissez votre enfant s'approprier la prise de décision, puis assumer la décision.

La mère : Je vois que tes notes ne sont pas à la hauteur de tes espérances. Je suis déçue pour toi. Ces résultats ne risquent-ils pas de t'empêcher d'être admise là où tu voulais aller ?

La fille : Je sais, je sais...

La mère : Que penses-tu devoir faire ? Est-ce que je peux t'aider ? Et comment ? Je veux que tu réussisses.

La fille : Je ne sais pas. Je n'y arrive tout simplement pas.

La mère : Bon, qu'est-ce qui pourrait t'aider à y arriver ? À faire mieux ?

La fille : Je sais ce que je dois faire... je dois consacrer plus de temps à mon travail.

Votre style éducatif

La mère : Est-ce que ça t'aiderait que l'on dîne à une autre heure ? Ou que tes amis cessent de te déranger ?

La fille : Je sais que je passe trop de temps au téléphone.

La mère : Peut-être, oui. Tu as probablement passé dix heures au téléphone la semaine dernière. Je me demande ce qui se serait passé si tu avais consacré tout ce temps à ton travail.

La fille : Je suis sûre que j'aurais eu une meilleure note.

La mère : Et si l'on disait à tes amis de ne pas appeler à certaines heures ou si l'on coupait le téléphone ? Comment t'aider à te concentrer ? Dis-moi, je veux t'aider.

La fille : Eh bien, je vais peut-être débrancher le téléphone de 8 à 10 pour pouvoir travailler.

La mère : Je vais t'aider. Je répondrai au téléphone entre 8 et 10. Et après, tu pourras faire ce que tu veux. Mais, je vais t'aider.

Exemple de dialogue pour une permission de sortie plus tardive

Face à un problème, le simple exposé des faits vous aide à garder le cap et à résoudre le problème.

Le fils : Papa, je veux pouvoir rentrer plus tard – disons à 1 heure du matin. Mes amis ont le droit, et ils se moquent de moi parce que je dois rentrer à la maison avant minuit.

Le père : Nous pouvons en discuter. Tu sais que les bars ferment à 1 heure. La plupart des accidents de voiture se produisent entre 1 heure et 3 heures du matin et un chauffeur sur quatre est ivre. Tu as une voiture et nous ne pouvons nous permettre de la remplacer. Ce n'est pas comme si je te demandais de rentrer à 21 heures. Je n'ai pas de solution, mais nous pouvons essayer d'en trouver une.

Le fils : Mais Papa, tous mes amis restent à s'amuser quand je rentre à la maison.

Ma famille d'abord !

Le père : Je veux bien prolonger tes heures de sortie tant que je sais que tu n'es pas sur la route aux heures les plus dangereuses. Et si tu ramenais tes amis à la maison à minuit ? Ils pourraient même dormir ici.
Le fils : Je peux aussi passer la nuit chez un copain ?
Le père : D'accord, du moment que tu nous appelles à minuit pour nous dire que tu es bien rentré.

Grâce au travail que vous avez accompli jusqu'ici, vous avez fait un pas de géant pour clarifier vos rapports avec votre famille et vos enfants. Continuez de réfléchir à ces informations et prenez-les très à cœur car vous vous y réfèrerez jusqu'à la fin du livre. Souvenez-vous : vous jouez un rôle déterminant dans la vie de vos enfants, et le jour où ils feront leur vie, ce sera très important pour eux. Gardez le cap et ne déviez pas de votre trajectoire. Vous êtes sur la bonne voie.

CHAPITRE 6

COUP DE POUCE

> « Choisir d'avoir un enfant est une décision capitale.
> C'est décider pour toujours d'avoir le cœur
> qui se balade hors de son corps. »
>
> ELIZABETH STONE

Maintenant que vous commencez à mettre en pratique de nouvelles idées et de nouveaux projets de gestion familiale, vous pouvez vous attendre à ce que vos enfants fassent des progrès dans tous les domaines de leur existence, autrement dit dans leur essence même, car ils ne peuvent que profiter d'une famille animée par un objectif plus précis où règnent des rapports et un environnement familial sains.

Vous pouvez également faire des efforts plus ciblés. C'est ce que j'appelle *donner un coup de pouce* à vos enfants. Pour commencer, vous allez stimuler leur intelligence et leur savoir-faire cognitif, puis vous progresserez vers d'autres domaines de leur essence tels que l'estime de soi, la confiance sociale, l'équilibre mental et affectif, et la maturité d'esprit.

Vous souhaitez créer une famille formidable ? Eh bien sachez que les familles formidables sont faites de gens formidables. Comme nous l'avons vu dans le chapitre 3, votre objectif est que vos enfants soient authentiques, qu'ils exploitent tout leur potentiel et qu'ils relèvent le défi d'être le meilleur de ce qu'ils peuvent être. Si vous gardez en tête ce que vous avez appris jusqu'ici et que vous y ajoutez des plans d'action très précis qui ciblent les cinq domaines précédemment cités, vous observerez des progrès considérables dans la vie de vos enfants. Réjouissez-vous : c'est l'un des aspects amusants et gratifiants du rôle de parent.

Intelligence et savoir-faire cognitif

Commençons par nous intéresser au fonctionnement intellectuel de votre enfant, que beaucoup de spécialistes jugent depuis longtemps génétiquement programmé et donc inchangeable. Ont-ils raison ou avez-vous les moyens, en faisant ou en cessant de faire certaines choses, de doper l'intelligence de votre enfant ? Je ne parle pas de les instruire davantage ; je parle d'augmenter leur capacité intellectuelle. La réponse peut vous surprendre, mais les opinions divergent.

D'après une théorie ancienne étayée par des travaux scientifiques pléthoriques mais datés, le quotient intellectuel ne peut être stimulé car il est fixé à la naissance selon les lois de la programmation génétique. Toutefois, les récents progrès des instruments de mesure ont sérieusement remis en question cette théorie ancienne. S'il ne fait aucun doute que les facultés intellectuelles sont *avant tout* une question de génétique, de nombreux experts pensent aujourd'hui que l'intelligence des enfants n'est pas figée et que vous pouvez l'accroître d'au moins dix à vingt points sur une échelle mesurée par des tests normalisés, pertinents et fiables ! Beaucoup pensent qu'il est même possible de multiplier les connexions neuronales, et donc les facultés intellectuelles.

Sachez également que les récentes découvertes américaines de la *UCLA Medical School* et des *National Institutes of Health* ont montré que le cerveau de votre enfant n'est totalement mature qu'à la fin de l'adolescence, voire plus tard. Ce qui signifie que vous avez encore le temps de stimuler ses ressources intellectuelles. D'ailleurs, la partie du cerveau qui met le plus de temps à mûrir est celle qui intervient dans la prise de décision, le contrôle des impulsions et les émotions – ce qui explique que les adolescents soient tellement sujets à un comportement erratique. Il semble même que le cerveau optimise ses capacités en faisant des erreurs, puis en tirant les leçons de ses erreurs. Certains des comportements les plus énervants de nos enfants auraient donc en réalité une explication : leur cerveau « grandit » !

Ni l'une ni l'autre des théories sur l'intelligence ne conteste que vous puissiez améliorer les *performances* intellectuelles de votre enfant. C'est un fait bien établi. Mais augmentez-vous vraiment ce qui a longtemps été considéré comme l'intelligence « innée » de votre enfant, ou ne faites-vous que l'optimiser ? Après avoir analysé les travaux de recherche de l'une et l'autre de ces théories et avoir travaillé avec des psychologues qui traitent exclusivement de la population neuropsychologique, j'ai tendance à penser que vous pouvez bel et bien accroître son intelligence. Cette perspective est enthousiasmante, même si je ne suis pas sûr qu'il soit important de savoir si c'est l'intelligence innée ou juste les capacités intellectuelles qui augmentent. Si je peux aider mes enfants à agir plus intelligemment et à obtenir de meilleurs résultats, je le ferai. Et en fin de compte : si vous pouvez aider vos enfants à obtenir de meilleurs résultats, à mieux raisonner, à mieux fonctionner et à faire mieux, est-il important de savoir si vous avez accru leur intelligence innée ou simplement stimulé les ressources intellectuelles qu'ils possédaient déjà ?

Un meilleur fonctionnement intellectuel et cognitif est important pour différences raisons, notamment pour son impact positif, en particulier sur la stabilité mentale et affective et la confiance en soi – ce qui explique que je commence par là. Je pense sincèrement, et les recherches viennent le corroborer, que quand les enfants accomplissent quelque chose de bien (réussissent un examen, obtiennent de bonnes notes ou accomplissent ce qu'ils ont décidé de faire), ce succès pose les bases de la confiance en soi, de l'estime de soi et de la maîtrise de soi. Si les enfants ont vécu des expériences intellectuelles et scolaires positives émaillées de succès, ils auront tendance à être plus calmes, plus concentrés et plus efficaces quand ils affronteront des défis intellectuels. L'être humain est ainsi fait qu'en général, il aime faire ce en quoi il excelle. Et dans les domaines dans lesquels nous réussissons, nous évoluons verticalement parce que nous aimons tous gagner et que les perspectives de succès dopent nos performances. Chez les enfants, les expériences positives les aident à entrevoir toutes sortes de possibilités. Se voyant réussir, ils ont envie d'atteindre des niveaux de performance qu'ils n'auraient sans cela peut-être pas visés, par manque de confiance. Ce sentiment de maîtrise de soi est une expérience formidablement dynamisante.

Pour aider vos enfants à stimuler leurs facultés intellectuelles, je vous fournirai un peu plus loin une liste d'activités capables de susciter un changement cognitif positif. Ces activités ont une double fonction. Premièrement, elles constituent un programme d'entraînement censé stimuler certains aspects des facultés intellectuelles de votre enfant et maximiser ses ressources intellectuelles. Deuxièmement, parmi ces activités, les exercices de stimulation intellectuelle (de « musculation du cerveau ») peuvent aider le cerveau à établir de nouvelles connexions neuronales. Et qui dit augmentation du nombre des connexions dit amélioration des facultés intellectuelles.

Veillez à ce que votre enfant ne soit pas intimidé par ces exercices et toute autre activité intellectuelle. Faites-en un jeu et amusez-vous. En même temps, évitez d'avoir pour lui des ambitions irréalistes, car en le poussant dans des situations qu'il ne peut gérer, vous risquez de le faire échouer.

Si vous avez l'impression de ne pas avoir une vision claire du niveau intellectuel de votre enfant, soumettez-le à un test d'intelligence. Aucun test, et aucun score, ne mesurera jamais complètement les facultés intellectuelles de votre enfant, mais il vous donnera au moins une idée de leur niveau. Si vous jugez qu'un test peut vous être utile, faites-le et intéressez-vous au concept de QI. Mais si vous n'êtes pas intéressé par ce type d'évaluation, ignorez-le.

Vous devez toutefois comprendre que si une amélioration des compétences intellectuelles est possible et vaut vraiment la peine, aucun programme d'entraînement ni aucun changement des conditions environnementales ne peut faire de votre enfant un génie s'il n'est pas déjà pourvu d'une bonne dose d'intelligence génétiquement programmée. Vous pouvez certes avoir un impact important, mais il y a des limites.

D'ailleurs, les informations qui suivent font depuis des années l'effet d'un blizzard sur les parents. Vous en avez peut-être déjà entendu parler. De toute façon, je ne prétends rien réinventer. Ce que je veux ici, c'est que vous structuriez ces données pour pouvoir les utiliser, que vous développiez un projet clair de mise en œuvre et que vous soyez sûr de l'inscrire dans votre projet de famille.

Créer un dialogue intérieur dynamisant

Les enfants entretiennent dès leur plus jeune âge un dialogue intérieur permanent avec eux-mêmes. J'ai déjà abordé le concept de dialogue intérieur lorsqu'il a été question de surmonter l'héritage familial (chapitre 4). Ce dialogue est fait de messages positifs et négatifs, notamment de jugements, de félicitations, de critiques, d'encouragements, de désapprobation et d'une tendance à voir la vie en rose ou à jouer les Cassandre. Les messages négatifs de peur, de doute, de crainte, d'anxiété et de pessimisme sont très courants.

Ma famille d'abord !

Si les enfants optent pour des pensées qui reflètent une piètre image d'eux-mêmes, ils optent par la même occasion pour la conséquence du doute de soi. En d'autres termes, si les enfants pensent qu'ils vont échouer à un test, ils risquent fort d'échouer. Un dialogue intérieur négatif favorise l'échec. Il fait taire les messages positifs porteurs de réussite. En d'autres termes, il peut pousser les enfants à se projeter dans de mauvaises performances intellectuelles.

N'oublions pas non plus qu'il existe également une relation très étroite entre le corps et l'esprit et que chaque pensée engendre un changement psychologique chez l'enfant. Les cellules immunitaires, par exemple, sont étroitement liées aux cellules nerveuses, avec lesquelles elles sont en communication permanente. Si un enfant pense qu'un test sera trop difficile, il subira un impact psychologique négatif qui pourra prendre la forme de maux de tête ou d'estomac, de nausées, de malaises, de tremblements, de sueurs, de fluctuations de la température corporelle ou autres symptômes de détresse physique qui auront à leur tour un lourd impact sur sa capacité de réflexion. Un enfant peut s'évanouir, s'emballer ou simplement oublier ce qu'il a appris et avoir des difficultés à se concentrer et à faire ses devoirs. Attention : les idées noires nuisent à l'énergie, à l'action et aux idées claires. Elles ébranlent la foi de votre enfant et le font douter de ses réelles capacités.

J'ai rencontré un jour une famille dont le fils âgé de treize ans avait une peur chronique des contrôles. Wayne était un enfant très brillant doté d'un QI de 110 – c'est-à-dire supérieur à la moyenne. À la maison, il faisait bien ses devoirs, mais au moment des contrôles, il paniquait et perdait ses moyens. Il avait des mauvaises notes alors qu'il aurait pu en avoir d'excellentes. Wayne travaillait consciencieusement, mais son anxiété au moment des contrôles battait tous les records. J'en déduisis que son problème n'était pas un manque de préparation, de capacité ou de motivation, mais plutôt un dialogue intérieur envahissant et destructeur. Je lui demandai de se souvenir et de me décrire son dialogue intérieur pendant le dernier contrôle où il avait échoué. Je vous livre le résultat :

> *Je commence à transpirer et à trembler. Et si je rate encore ce contrôle ? Tout le monde va se moquer de moi. Les questions sont trop difficiles. Je ne suis pas capable d'y répondre. J'aurais dû travailler davantage. Je suis tellement nul. Ma mère va être tellement déçue. J'aimerais pouvoir m'en aller. Je déteste l'école.*

Il est évident que Wayne a échoué à son contrôle à cause d'un dialogue intérieur négatif auquel est venue s'ajouter une réaction physiologique – les sueurs et les tremblements. Sans parler de la nature envahissante de ce dialogue intérieur. Wayne est un garçon très intelligent qui est arrivé à son contrôle avec 100 % de ses moyens intellectuels. Mais sous l'effet de son dialogue intérieur, ces moyens ont été divisés par deux : 50 % étaient occupés par la conversation qu'il entretenait avec lui-même, ne laissant que 50 % concentrés sur le contrôle. Au lieu d'exploiter pleinement son QI de 110, il débuta probablement le test avec un QI d'environ 55 ! Dans ces circonstances, pas étonnant que Wayne ait presque toujours échoué aux examens. Son problème était qu'il essayait de faire deux choses à la fois : s'écouter se tourmenter et en même temps faire son contrôle. Une fois le problème diagnostiqué, Wayne apprit à gérer son dialogue intérieur de la même manière que je vais vous apprendre à aider vos enfants à gérer le leur, sa peur des contrôles passa et fut vite oubliée, et il finit par devenir l'élève excellent et régulier qu'il aurait toujours dû être. À chaque fois qu'un enfant consacre une partie de son attention à la peur de l'échec, du jugement et du ridicule au lieu de concentrer toute son attention sur la tâche en cours, ses performances intellectuelles diminuent. C'est comme d'essayer de courir sur une jambe. Vous pouvez le faire, mais vous perdez la course.

À l'opposé de ce qu'a vécu Wayne, un dialogue intérieur positif est réaliste, encourageant et surtout contrôlable, ce qui l'empêche d'interférer pendant les phases où l'enfant doit mobiliser toute son attention. Un dialogue intérieur positif peut donc considérablement augmenter les performances intellectuelles. Plus loin dans ce chapitre, quand nous nous intéresserons à l'estime de soi, je vous indiquerai un excellent exercice pour aider votre enfant à éliminer le dialogue intérieur qui travaille contre lui.

Effectuer des exercices de respiration contrôlée avec son enfant

L'une des méthodes les plus efficaces de stimulation des processus et des performances intellectuelles d'un enfant est la respiration contrôlée. À première vue, cette technique peut paraître dérisoire, mais elle est en réalité très importante. Les études ont montré que les élèves peuvent améliorer leurs notes s'ils font des exercices de respiration avant les examens ou les contrôles, et que ces exercices réduisent également la peur de l'examen. Les participants aux concours nationaux d'orthographe sont encouragés à le faire avant la compétition afin de stimuler leurs capacités de remémoration, et ces enfants ne manquent pas d'intelligence. Les exercices de respiration contrôlée améliorent l'oxygénation du cerveau, ce qui à son tour stimule la mémoire, la concentration et les capacités de résolution de problème. La technique de respiration que je préconise est relativement simple, même pour un enfant, et vous pouvez l'accompagner. Veillez à expirer aussi longtemps que vous inspirez afin d'éviter les vertiges ou l'hyperventilation.

Coup de pouce

Demandez à votre enfant de compter jusqu'à cinq en inspirant, puis à nouveau jusqu'à cinq en expirant, et répétez ce cycle de respiration environ six fois de suite. Le tout prend environ une minute. Votre enfant doit utiliser cet exercice respiratoire avant un contrôle, un examen ou tout devoir sollicitant ses capacités de résolution des problèmes et de remémoration. Mais attention, les techniques de respiration ne s'apprennent pas une fois pour toutes. Il faut les pratiquer régulièrement pour qu'elles deviennent une bonne habitude. Et souvenez-vous : il est indispensable de passer autant de temps à l'inspiration qu'à l'expiration.

Pratiquer une gymnastique intellectuelle

Jouer à des jeux qui stimulent l'esprit, en particulier des jeux de stratégie et pas seulement de hasard (qui se jouent par exemple sur un lancer de dés), va renforcer les capacités de verbalisation, mais aussi de concentration, de perception et de raisonnement de votre enfant. Voici quelques idées de jeux intellectuels à pratiquer en famille :

- Échecs
- Dames
- Mots croisés
- Cryptogrammes
- Mots en vrac
- Scrabble
- Puzzles mathématiques

Multiplier les occasions d'échanges verbaux en famille

Discuter avec vos enfants les aide à développer leur langage et leur vocabulaire, en particulier entre seize et vingt-six mois, à l'âge où le langage se développe très rapidement.

Ma famille d'abord !

Les études indiquent que plus les parents sont bavards, plus le vocabulaire des enfants est étendu. Quel que soit l'âge de vos enfants, vous devez discuter avec eux de sujets tels que l'école, les amis, leurs centres d'intérêt et leurs activités, les projets qu'ils ont, les voyages que vous avez faits ensemble ou les événements en cours. Faites de ces conversations un élément de votre vie. De ces échanges, vos enfants sortiront valorisés, plus intelligents et plus équilibrés.

L'une des activités de verbalisation préférées que je partageais avec mes propres fils quand ils étaient plus jeunes consistait à les faire inventer et raconter une histoire sur un sujet donné. Nous en avions fait un jeu. Ils devaient soit me faire rire, soit me faire peur, soit me surprendre. L'histoire devait intégrer tous les membres de la famille, y compris les deux chiens, le chat, une gerbille et un lézard ! Et l'histoire devait tenir debout. Nous abordions toujours ce jeu avec beaucoup d'humour, voire un grain de folie. Quand Robin participait, mes fils essayaient parfois de la dégoûter. S'ils réussissaient à lui faire faire un mouvement de recul, pousser des cris ou poser la main sur son estomac, la victoire était acquise. Les garçons adoraient ça.

Cette activité ludique exigeait une certaine gymnastique mentale. Jay et Jordan devaient utiliser leur mémoire à court et à long terme, mais également manipuler différents concepts, et faire preuve d'imagination et de compétences de verbalisation. Les événements devaient respecter une chronologie (raisonnement temporel) et les enfants devaient narrer leur récit avec verve et émotion pour obtenir l'effet désiré : des rires ou quoi que ce fût d'autre.

Pour susciter la créativité de mes fils, j'avais également mis au point une activité de vente créative. Ils devaient me vendre un objet en s'appuyant sur deux arguments : son usage réel et un usage fictif ou novateur. Je choisissais un objet au hasard dans la pièce, je le leur tendais et une minute plus tard ils devaient commencer à me le vendre jusqu'à ce que j'aie envie de l'acheter. Par exemple, si je leur tendais un stylo, ils devaient me décrire avec passion ce formidable outil d'écriture en me vantant les nombreuses manières dont je pourrais l'utiliser au cours de la journée. Ensuite, ils devaient lui trouver un usage inhabituel, souvent loufoque mais amusant, transformant par exemple le stylo en un formidable gratte-dos. Et pour pimenter le jeu, j'« achetais » parfois l'objet en payant avec une autre activité amusante.

Là encore, ils devaient faire preuve de compétences multiples : imagination, verbalisation, persuasion, mémoire à court et à long terme, conceptualisation et présentation. Mais ils passaient également un bon moment, et moi aussi, tout en affûtant leurs compétences dans certaines disciplines scolaires : l'apprentissage de la langue, la littérature, la prise de parole en public et la rhétorique. Je suis sûr que ces jeux ont contribué à rendre mes garçons plus brillants aujourd'hui car ils leur ont appris à réfléchir et à raisonner. L'essentiel est de veiller à répéter et à intégrer toutes ces activités à la vie de vos enfants.

> **Info sondage : 28 % des parents disent que leurs enfants ont eu ou ont des difficultés scolaires.**

Encourager la lecture régulière

Chacun sait que faire la lecture à ses enfants favorise l'amour de la langue et crée du lien : deux facteurs optimisant le potentiel intellectuel d'un enfant. On sait même depuis peu que la lecture répétée d'un livre aimé stimule la mémoire du petit enfant, améliore sa capacité d'attention et accroît son vocabulaire.

Amy, neuf ans, est venue me voir un jour avec ses parents pour des difficultés scolaires. Le problème, disait sa mère, était que la fillette n'aimait pas lire car elle trouvait la lecture ennuyeuse. Après un premier test (où elle obtint un résultat tout à fait dans la moyenne), je recommandai plusieurs des exercices mentionnés dans ce chapitre et insistai pour qu'elle lise à haute voix à sa mère au moins trente minutes par jour. Leva-t-elle les yeux au ciel et rechigna-t-elle au début ? Absolument. Mais elle s'exécuta – pour son plus grand bien. Après un mois de lecture à haute voix, les compétences de verbalisation d'Amy passèrent au-dessus de la moyenne, un progrès impressionnant en si peu de temps. Conclusion : faire la lecture à son enfant et l'encourager à lire permettent un développement optimal du langage. Faites la lecture avec et à vos enfants aussi souvent que possible.

Si vous avez des difficultés à inciter vos enfants à lire, essayez une méthode qui a exceptionnellement bien marché pour un père que je connais. Comme condition à l'achat d'un jeu vidéo, il négocia un accord avec ses enfants selon lequel ils ne pourraient y jouer que le dimanche matin, et sous réserve que chacun des enfants ait lu ce qui leur était demandé pendant la semaine. Cet accord s'avéra une excellente motivation et les enfants se mirent même à lire plus que ce qui était exigé d'eux.

Créer un environnement stimulant

Au moment où le cerveau de l'enfant se développe, des milliards de connexions se forment entre les neurones au moyen de stimuli tels que la lumière, la couleur, les odeurs et les sons. Ces connexions sont indispensables à l'apprentissage : plus un enfant a de connexions, plus vite il peut traiter l'information. De nombreux experts pensent qu'en stimulant les sens d'un nourrisson par un environnement riche, on peut augmenter son QI. Comme je ne vois aucun risque à essayer, je vous encourage à proposer à votre bébé des jouets tels que des mobiles qu'il peut toucher et faire bouger, ou des images colorées et autres objets susceptibles de développer ses capacités. Vous trouverez d'autres conseils pour proposer un environnement stimulant et enrichissant à vos enfants dans l'encadré ci-dessous.

Quinze idées pour créer un environnement intellectuellement stimulant pour vos enfants

1. Prenez souvent votre bébé dans vos bras. Une récente étude a montré que plus un bébé est en contact physique avec ses parents, moins il a de risques de développer des problèmes d'attention dans son enfance.

2. Faites des mimiques. Les nourrissons préfèrent les visages les plus expressifs. Une expérience a montré qu'ils se détournent des mères au visage maussade pour se tourner vers celles au visage plus expressif.

3. Faites des jeux de mots en composant par exemple des rimes ou des chansons avec votre enfant. Cette activité encourage le développement du langage.

4. Cachez les légendes des dessins humoristiques et imaginez-en de nouvelles pour stimuler sa réflexion et sa créativité.

5. Faites-le lire à voix haute des histoires de son âge dans les journaux ou les magazines.

6. Au moins une fois par semaine, emmenez vos enfants à la bibliothèque pour qu'ils lisent seuls ou participent à des groupes de lecture. Faites-leur faire leur propre carte de bibliothèque pour qu'ils apprennent à prendre soin des livres et à les rendre dans les délais.

7. Conduisez vos enfants à des événements culturels de leur âge tout au long de l'année, notamment des pièces de théâtre et des concerts.

8. Limitez le temps passé devant l'ordinateur, sauf pour le travail scolaire qui l'exige.

9. Découvrez de nouveaux lieux, y compris les musées locaux. En vacances, emmenez-les visiter des sites intéressants, même s'ils pensent ne pas en avoir envie.

10. Profitez du dîner pour les stimuler et encouragez-les à parler de leur journée et à exprimer leur point de vue.

11. Chantez des berceuses à votre nourrisson ; elles stimulent le développement des connexions neuronales, en particulier dans les trois premières années.

12. Quand vous vous adressez à votre enfant, utilisez des phrases complexes du type : « Je vais à l'épicerie parce que nous avons besoin de céréales pour le petit déjeuner », par opposition à des phrases simples telles que « Bois ton lait ». Les enfants exposés à une structure grammaticale plus complexe affichent un niveau de langage supérieur.

13. Inscrivez vos enfants à des cours de danse (si cela les intéresse), car cette activité nécessite la mémorisation de mouvements spécifiques (une activité mentale qui contribue à la formation de connexions neuronales).

14. Donnez-leur des jouets stimulants de leur âge qui invitent à l'échange et à la réflexion. Pour les nourrissons, trouvez des jouets qui éveillent le plus de sens possible (couleur, texture, son, vision, odorat). Les bébés aiment les balles, les cubes, les voitures, les jouets à tirer, les puzzles simples, les instruments de musique, les peluches et les poupées. Entre trois et cinq ans, lorsqu'ils commencent à utiliser leur imagination, encouragez-les à faire des jeux de construction et donnez-leur des crayons ou des feutres lavables et de la pâte à modeler. Entre six et neuf ans, c'est l'âge de la construction de l'estime de soi. Privilégiez les jeux créatifs, le sport, les jeux informatiques, les jeux de construction et les livres délivrant des messages positifs, ainsi que les jeux éducatifs qui encouragent les compétences de résolution de problèmes tels que le

calcul et les jeux de plateau plus difficiles. De dix à douze, les enfants ont besoin de développer leur indépendance, leur sens des responsabilités et leur expression de soi. Le mieux est de privilégier les jeux de construction complexes, les jeux de plateau de leur âge, les kits scientifiques et les loisirs créatifs.

15. Limitez le temps passé devant la télévision, car les enfants qui regardent beaucoup la télévision en pâtissent à l'école. Et privilégiez les programmes positifs et éducatifs.

Introduire la musique et le rythme dans la vie de l'enfant

Les enfants doivent avoir la possibilité de suivre les activités constructives qui les intéressent. Si c'est la musique, encouragez-les, car en plus de les aider à développer leur talent, vous favoriserez le développement de leur mémoire et de leur langage. Plus l'enfant commence jeune, mieux c'est. Les études menées auprès d'enfants de maternelle montrent que la participation à des ateliers de piano et de chant choral favorise le raisonnement spatio-temporel – une compétence utile pour les puzzles, la géométrie, les fractions et les ratios. La formation musicale aide également les enfants à progresser dans d'autres domaines intellectuels tels que les mathématiques et le raisonnement complexe.

Même si vos enfants ne pratiquent ni le chant ni un instrument, la présence de la musique et du rythme dans leur vie peut avoir des effets positifs sur leurs résultats scolaires. Chez beaucoup d'enfants, par exemple, la stimulation rythmique des percussions les aide à mieux se concentrer sur leurs devoirs (tandis que d'autres seront distraits).

Écouter du Mozart aiderait-il à réfléchir et à raisonner ? C'est ce que ferait le très controversé « effet Mozart ». Rien ne permet d'affirmer avec certitude qu'il existe, mais nous savons toutefois que la musique exige une gymnastique

Alimenter les jeunes esprits

L'importance de l'équilibre nutritionnel et d'une alimentation riche en vitamines et en minéraux ne saurait être surestimée dès lors qu'il est question de favoriser les facultés mentales de son enfant. Les carences en fer, en iode, en vitamines A et B et autres nutriments vitaux sont répandues chez les écoliers d'aujourd'hui et peuvent affecter leur développement intellectuel et leurs capacités d'apprentissage. Des enfants mieux nourris ont tout simplement un raisonnement plus efficace. D'ailleurs, les études menées dans certaines régions du monde montrent clairement qu'une meilleure alimentation se traduit par une amélioration du QI.

Si, au lieu d'apporter à vos enfants une alimentation équilibrée, vous les nourrissez d'aliments riches en sucres et en graisses, vous risquez de nuire à leurs facultés mentales – et par conséquent à leur QI. Une étude très médiatisée menée auprès d'un million d'écoliers new-yorkais a révélé que leur niveau de QI avait augmenté de 14 % après la suppression des additifs, colorants et autres arômes artificiels de leur alimentation !

Les nutritionnistes nous disent que le métabolisme du cerveau humain exige un apport constant de glucose pour son fonctionnement cognitif. Les céréales complètes, les fruits et les légumes sont les meilleurs des stimulateurs de l'activité intellectuelle, d'autant qu'ils sont également riches en vitamines et en antioxydants aux vertus protectrices. Pour éviter le sabotage alimentaire de votre enfant, proposez-lui des aliments qui stimulent son intelligence et sa vivacité intellectuelle. Vous trouverez une liste d'aliments et de leurs bienfaits sur le cerveau dans le tableau ci-dessous.

Les chercheurs ont également découvert qu'un petit déjeuner riche en glucides naturels – des céréales complètes par exemple – accompagnés de protéines maigres telles que des œufs, peut aider les enfants à maintenir un effort intellectuel soutenu toute la matinée. En revanche, les céréales sucrées, les brioches et autres viennoiseries, trop riches en glucides raffinés et en sucres, accélèrent la production de sérotonine. À haute dose, ce neurotransmetteur peut entraîner une somnolence et une fatigue intellectuelle – tout ce dont un enfant n'a pas besoin pour être attentif et performant à l'école ou à un examen.

UNE ALIMENTATION BONNE POUR L'INTELLIGENCE	
Aliments	**Vertus et fonction**
Agrumes	L'orange et le pamplemousse sont riches en vitamine C qui améliore la mémoire et les performances intellectuelles.
Œufs	Les œufs sont riches en choline, la vitamine de la mémoire.
Poisson (au moins deux fois par semaine)	Le poisson contient d'importantes graisses bonnes pour le cerveau.
Fruits et légumes verts, orange, jaunes et violets	Tous sont riches en antioxydants qui protègent les neurones, ainsi qu'en potassium qui combat la fatigue intellectuelle.
Viandes maigres (bœuf et volaille)	Ces aliments sont riches en fer, sachant que les carences en fer nuisent à l'apprentissage et à la mémoire.
Céréales complètes et enrichies en fer	Ce sont d'excellentes sources de glucides nécessaires aux performances intellectuelles.

Ma famille d'abord !

Un esprit actif dans un corps actif

L'activité physique, notamment la pratique d'un sport, favorise la circulation du sang dans toutes les parties du corps, y compris le cerveau. Et un cerveau bien oxygéné permet une meilleure concentration, une plus grande rapidité et une plus grande complexité de raisonnement. Les enfants qui pratiquent une activité physique régulière ont de meilleurs résultats scolaires : une découverte confirmée par plus de cinquante ans de recherches. Chez l'enfant, l'activité physique :

- Clarifie les idées
- Stimule la créativité
- Stimule le cerveau et l'apprentissage
- Dope l'énergie et la concentration intellectuelle
- Produit sur l'organisme des effets positifs propices à l'estime de soi (qui, à son tour, favorise un meilleur apprentissage cognitif)
- Développe la motricité et la coordination
- Aide à gérer le stress et l'anxiété
- Combat la dépression en faisant augmenter des niveaux de neurotransmetteurs souvent en berne dans la dépression

Les activités physiques pour les enfants ne manquent pas, et la plupart sont ludiques, car l'exercice ne doit surtout pas devenir une corvée. Citons par exemple les sports collectifs, les arts martiaux, le vélo, le roller, la natation, la danse rythmique et la randonnée. Ces activités améliorent la respiration et la pulsation cardiaque, enrichissent et consolident à la fois le corps et l'esprit. Bien entendu, l'entraînement doit être adapté à l'âge de l'enfant et à son niveau de maturité physique et émotionnel (pour plus de précisions, reportez-vous au tableau plus bas).

Reste à savoir quand s'arrêter. L'*American Heart Association* recommande pour tout enfant de plus de deux ans une activité physique ludique au moins trente minutes par jour, plus une demi-heure d'exercice plus intense au moins trois ou quatre fois par semaine pour construire et conserver une bonne santé cardiaque et pulmonaire. Pensez à inciter vos enfants à se détendre après l'effort, car la relaxation est indispensable pour reconstituer son énergie mentale et physique.

L'un des meilleurs moyens d'inciter vos enfants à être plus actifs est de l'être vous-même. Les activités telles que la randonnée, le vélo, le roller et certains sports de plein air se pratiquent volontiers en famille. Montrez l'exemple et donnez envie à vos enfants de devenir plus performants et plus actifs. Les enfants calquent leur vie sur des modèles – et leur modèle, c'est vous. Par vos actes et votre style de vie, vous pouvez les orienter là où vous voulez qu'ils aillent.

QUEL EXERCICE POUR QUEL ÂGE ?	
Six ans et moins	Gymnastique, marelle, corde à sauter, natation, karaté, jeu du loup, jeux de plein air, danse, jeux non structurés
Sept ans et plus	Foot, hockey, basket, natation, roller, vélo, sports collectifs, danse
Adolescence	Sports collectifs, course de compétition, musculation et gymnastique

Autres aspects de l'essence de votre enfant

Après avoir étudié les moyens d'améliorer les performances intellectuelles de votre enfant, voyons maintenant ce que vous pouvez faire dans d'autres domaines importants touchant à l'essence même de votre enfant.

Ma famille d'abord !

Estime de soi et valeur personnelle

Une bonne estime de soi passe par une bonne interprétation de soi au travers d'un dialogue intérieur juste, positif et sain. Que les choses soient absolument claires : chez beaucoup d'enfants, l'estime de soi se mesure à l'aulne de ce qu'ils accomplissent ou accumulent extérieurement en provenance du monde extérieur sous forme de notes, de trophées, de reconnaissance ou autres biens matériels. Mais cette forme d'estime peut être indéfinissable, fluctuante et totalement vulnérable aux caprices du monde extérieur. Quand les enfants essaient en permanence de répondre par l'extérieur à des besoins intérieurs qui ne peuvent être réellement satisfaits que de l'intérieur, ils n'obtiennent jamais satisfaction. La véritable estime de soi se définit *à l'intérieur* de soi ; elle vient de l'intérieur. Elle signifie que vous vous aimez, que vous croyez en vous et que vous vous acceptez parce que vous acceptez et appréciez d'être une personne unique, authentique et de qualité. Ce sont de grands mots que les enfants comprennent rarement. Vous devez donc mettre l'accent sur le résultat, et non sur les mots pour le décrire.

Chez les enfants, la véritable estime de soi, de même que la confiance, l'espoir et l'optimisme viennent d'un dialogue intérieur qui leur dit qu'ils sont aimés, appréciés et spéciaux. Un dialogue intérieur positif et réaliste permet également aux enfants d'être à la hauteur de leurs propres ambitions (par opposition à celles imposées par les autres) et favorise une clarté des objectifs et une efficacité cognitive. Cette estime de soi et cette confiance en soi vont ensuite garantir des ambitions personnelles élevées mais réalistes, et pousser vos enfants au maximum de leur potentiel de réussite et de performance.

Attention : n'essayez pas de stimuler l'estime de soi d'un enfant par des éloges incohérents, pompeux, faux ou hypocrites sans rapport avec les résultats réels. Ce n'est pas une bonne idée. L'amour inconditionnel est une chose ; récompenser un enfant pour être arrivé dernier dans une course en est une autre. Quand les enfants sont amenés à penser qu'ils peuvent faire quelque chose alors qu'ils ne le peuvent pas, ils s'exposent plus tard à de grandes déceptions. Il faut donc instaurer un juste équilibre et trouver des encouragements et une confiance réalistes pour les tâches en vue.

Si vous soupçonnez votre enfant de se faire malmener par un dialogue intérieur perturbateur, vous devez l'aider à instaurer un nouveau dialogue intérieur plus juste. Et quand votre enfant commencera à penser différemment et à se comporter de manière plus authentique, il entamera une vie nouvelle plus positive qui ouvrira la voie à un nouvel avenir de projets aboutis dans divers domaines. Voici quelques exercices à faire avec votre enfant. Ils sont précisément conçus pour vous aider à le faire changer intérieurement afin de vous assurer qu'il s'accepte et qu'il vit dans la paix et la confiance intérieures. Voyons maintenant les détails.

Pour commencer, aidez votre enfant à reconnaître certains des pièges de son dialogue intérieur en lui demandant d'écrire ou de vous dire, s'il n'écrit pas encore très bien, les « méchancetés qu'il se dit », comme : « Je ne suis pas bon en maths... J'ai peur d'avoir de mauvaises notes... Je vais rater mon contrôle. » Veillez à tenir compte de son âge quand vous lui en parlez, faute de quoi vous parlerez à vous-même. Les enfants n'entendent que ce qu'ils comprennent.

Puis essayez une technique dite d'« investigation » pour déterminer si ce dialogue intérieur négatif a la moindre validité. Demandez-lui : « Pourquoi penses-tu avoir raison ? » Votre enfant vous répondra peut-être : « J'ai eu de bonnes notes à mon dernier bulletin... J'ai eu une note moyenne au dernier contrôle... Mon professeur me dit que je travaille

Ma famille d'abord !

bien en maths. » L'idée est d'aider votre enfant à identifier si ces pensées sont justifiées ou non.

Au fil de cet exercice, vous découvrirez peut-être que l'une de ses pensées est vraie, par exemple : « Je suis mauvais en orthographe. » Saisissez cette occasion pour en tirer des leçons et posez-lui la question suivante : « Que pourrais-tu faire maintenant pour y remédier ? » Demandez-lui d'établir sa propre stratégie, comme passer plus de temps à travailler et à relire les devoirs à la recherche des fautes d'orthographe. Quand votre enfant s'implique dans la recherche de la solution, il s'approprie le projet, ce qui lui donne envie de le mener à bien.

Pour éliminer tout dialogue intérieur négatif et restaurer la confiance en soi, apprenez à votre enfant à y substituer et à pratiquer un dialogue positif. Voici un exemple :

- Je vais faire de mon mieux et je ferai mon maximum.
- J'ai travaillé dur pour ce contrôle. Je devrais donc avoir une bonne note.
- J'ai bien fait mes devoirs.
- Je sais ma leçon.
- Tout va bien se passer. Je peux y arriver.

Et enfin, au fil de cet exercice, encouragez votre enfant à exprimer ses nouvelles pensées à voix haute. Les études montrent que l'élaboration de solutions à haute voix aide à résoudre les problèmes, notamment en mathématiques et en compréhension de textes.

Un autre élément essentiel au développement de l'estime de soi des enfants est la reconnaissance de sa propre valeur. Cette valeur personnelle est l'idée que nous nous faisons de nous-même. Quand les enfants n'ont pas conscience de leur propre valeur, ils résistent moins bien à l'adversité et ont des difficultés à résoudre les problèmes de la vie. Aider efficacement ses enfants à améliorer leur valeur personnelle exige de les aider à maximiser tous leurs talents et leurs qualités – et de leur faire savoir qu'ils sont importants pour leur famille et la société.

Voici encore un exercice à faire avec vos enfants. Ce questionnaire est destiné à les aider à reconnaître leurs talents et leur importance au sein de la famille. Demandez-leur d'en remplir un chacun et de l'afficher dans leur chambre afin qu'ils aient bien en vue les bases positives et solides de ce qu'ils sont devenus. Ce type d'exercice oblige vos enfants à s'extérioriser et à prendre conscience de leur propre valeur.

- Mes plus grands talents sont :
- Mes matières préférées à l'école sont :
- Mes plus grandes qualités physiques sont :
- Mes plus grands succès sont :
- Ma plus grande qualité relationnelle (par exemple, me faire des amis) est :
- Je résous mieux les problèmes quand :
- Je ne me sens jamais mieux que quand je porte :
- Mes meilleurs amis apprécient chez moi :
- Mes amis pensent de moi que je :
- Ma famille pense que mes talents sont :
- J'excelle dans :
- Les gens peuvent compter sur moi pour :
- Mes contributions positives à la famille sont :
- J'ai fait bonne impression à mes professeurs en...
- Les membres de ma famille qui m'ont exprimé leur amour sont :
- D'autres personnes (par exemple, à l'école, dans la famille élargie, etc.) m'ont dit à quel point ils m'appréciaient, notamment :
- Les personnes qui m'ont dit me respecter sont :
- Je me sens digne d'amour et de respect parce que :

Ma famille d'abord !

La confiance sociale

Comme je l'ai dit dans le chapitre 1, l'une des plus grandes erreurs que font les enfants est de comparer leur réalité intime à la « réalité » qu'affichent les autres. Conséquence : ils finissent par se sentir socialement inférieurs aux autres. Si vous renforcez les liens et la paix au sein de votre famille et si vous limitez les conflits en gérant mieux les combinaisons style éducatif-type d'enfant, votre enfant devrait développer une meilleure confiance dans la vie. En apprenant à se mouvoir en société, en particulier avec les autres enfants, il prend confiance en lui et assimile des valeurs telles que la loyauté, l'entraide, la compassion et l'empathie – autant de puissants atouts dans la vie. Voici quelques idées pour vous aider à encourager la confiance sociale de votre enfant :

- Enseignez-lui les valeurs et les actes socialement acceptables, notamment être patient quand l'attention se porte sur les autres enfants, attendre son tour et partager ses jouets. Les enfants qui prennent les jouets des autres et ne savent pas partager ont souvent du mal à se faire des amis.
- Assurez-vous qu'il sait se débrouiller en société. Discutez et organisez des jeux de rôle en mimant de nouvelles situations : par exemple, comment s'immiscer dans un jeu ou dans une conversation, comment participer à un projet ou comment entamer une conversation. Assurez-vous que votre enfant a une recette pour lancer une conversation, ce qui peut être un outil efficace dans les rapports sociaux.
- Aidez votre enfant à répéter mentalement comment se préparer aux difficultés de la vie en société. Cette technique renforce la confiance en soi et l'assurance. Voici un exemple :

Coup de pouce

Que faire face à une personne agressive ?

- Demandez à votre enfant d'imaginer ce qui serait à ses yeux la pire des expériences avec un individu agressif. Puis demandez-lui de vous la décrire.
- Ayez une discussion créative sur les possibilités qui peuvent se présenter à lui dans une telle situation. Vous pouvez même mimer chaque cas.
- Demandez à votre enfant d'imaginer la même situation, et son issue, avec l'une des possibilités que vous avez envisagées. Puis répétez cet exercice de visualisation avec une autre de ces possibilités et faites-lui exprimer ses sentiments en termes de confiance en soi. Répétez ce processus jusqu'à ce que votre enfant dispose d'au moins trois réactions possibles qui lui procurent un sentiment de maîtrise de la situation.

Ces techniques de répétition et de visualisation peuvent être utiles pour affronter toutes sortes de difficultés, notamment face à une injustice, face à une situation embarrassante avec le sexe opposé, face à une personne plus âgée qui ne le comprend pas, face à une figure d'autorité ou dans le cadre d'une négociation.

- Faites participer vos enfants à des sports d'équipe ou à des activités collectives de leur âge pour qu'ils puissent partager leurs centres d'intérêt avec d'autres enfants et apprendre à fonctionner dans un groupe.
- Autorisez vos enfants à inviter des amis à la maison pour qu'ils puissent faire l'expérience d'échanges et de comportements positifs sous votre surveillance.
- Encouragez les occasions de jeu avec d'autres enfants, car ces expériences aident les enfants à prendre confiance en

eux en société et à développer les compétences de leadership et de coopération.
- Enseignez et montrez à votre enfant ce que doivent être des amitiés et des relations saines.

L'équilibre mental et affectif

La santé affective de l'enfant est un objectif louable, car les enfants dotés d'une force mentale et émotionnelle sont mieux armés pour faire face à tout ce que la vie peut leur infliger. Ils ont tendance à être plus résilients et mieux à même de rebondir après les échecs et les déceptions. Ce sont également les meilleurs garants de leur authenticité. En tant que parent, vous pouvez les aider à embrasser toute la gamme des émotions qu'ils ressentiront, du positif au négatif, et contribuer ainsi à façonner une vision plus positive des choses. Aider ses enfants à reconnaître et à gérer ses émotions n'est autre qu'une nouvelle étape cruciale dans la recherche d'authenticité dont nous avons parlé dans le chapitre 3. Voici donc quelques conseils pour les aider à améliorer leur bien-être affectif :

- Faites savoir à vos enfants que leurs émotions sont légitimes, qu'il est normal de se sentir en colère, triste ou déçu et qu'ils peuvent partager leurs sentiments. Donnez-leur l'occasion de s'exprimer sans crainte d'être jugé ou puni, ce qui favorise l'équilibre mental et affectif car ils y trouvent un exutoire. L'expression des sentiments est saine.
- Dites-leur que leurs sentiments leur appartiennent. Leur tristesse ou leur colère ne vient pas des autres. Ils ne sont pas énervés parce que quelqu'un les a énervés. Ils sont en colère ou tristes parce qu'ils ont choisi de réagir ainsi. Nos réponses émotionnelles sont le fruit de notre interprétation d'une situation – à savoir la signification que nous lui donnons – et de notre réaction à cette interpré-

tation. En d'autres termes, nos émotions viennent du sens que nous donnons aux situations. En aidant vos enfants à comprendre ce lien, vous pouvez leur permettre de mieux assumer leur réaction à des situations de stress et aux problèmes de la vie. Quel que soit le contexte, leur réaction ne dépend que d'eux.
- Respectez le besoin de vos enfants d'avoir de la peine, d'être triste ou joyeux ou de pleurer en privé.
- Comme dans presque tous les aspects de l'éducation réfléchie, vous devez montrer l'exemple d'un bon équilibre émotionnel et mental. Tous les regards se tournent vers vous, en particulier en période de stress et de crise. Soyez un modèle que vos enfants garderont à l'esprit – ils se souviendront que vous étiez fort et résilient et que vous gardiez la situation en main quand la vie semblait se disloquer.
- Encouragez vos enfants à exprimer les différentes émotions qu'ils ont ressenties, et apprenez-leur à gérer ces émotions. Proposez-leur par exemple l'exercice suivant :

Quelles émotions avez-vous ressenties au cours des six derniers mois ?

Colère	Bonheur	Peur	Bien-être	Joie
Angoisse	Enthousiasme	Frustration	Souci	Panique
Contentement	Satisfaction	Plaisir	Irritation	Pression
Regret	Intimidation	Inquiétude	Tristesse	Terreur

Dans quelles circonstances avez-vous ressenti ces émotions ?
_____
_____
_____

Ma famille d'abord !

Comment les avez-vous gérées et que pensez-vous de la manière dont vous vous en êtes sorti ?

Techniques de relaxation ?
Distraction ?
Lecture ?
Négociation ?
Humour ?
Faire une pause ?
Faire des jeux ?
Jouer/écouter de la musique ?
Discuter de sujets de fond ?

- Aidez vos enfants à explorer leur agressivité, notamment le désir de faire mal à une personne ou à un animal. Expliquez-leur qu'il est préférable de canaliser ces sentiments en actes positifs.

Par exemple :

Au lieu de faire mal à quelqu'un…	Imaginer une réaction qui obéit au même sentiment, comme écrire une lettre.
Au lieu de se venger…	Prendre plaisir à faire de l'autosatisfaction.
Au lieu de se sentir victime…	Prendre le contrôle de ses propres sentiments.

La maturité d'esprit

Vous découvrirez qu'une fois instauré un rythme harmonieux et limités les conflits au sein de votre famille, votre enfant retrouvera un calme intérieur et surmontera mieux les tourments de la vie. Vous pourrez alors aborder des sujets plus philosophiques. La maturité est un voyage complexe et délicat qui peut se prolonger toute la vie. Voici toutefois quelques conseils pour aider vos enfants à commencer à développer une dimension spirituelle plus profonde, que votre définition du « spirituel » soit en relation avec Dieu ou toute autre notion de puissance divine, ou transcende simplement l'existence au quotidien.

- Instaurez au sein de votre foyer un symbolisme et une éthique liés à votre spiritualité ou à votre religion en utilisant par exemple des symboles religieux dans la décoration de votre maison et vos méthodes éducatives.
- Pratiquez votre culte en montrant l'exemple à votre enfant ; allez à l'église, au temple, à la mosquée ou dans tout autre lieu naturel d'inspiration spirituelle. La participation aux traditions et rituels spirituels donne à vos enfants le sentiment de faire partie de quelque chose de plus grand et de plus important qu'eux-mêmes.
- Étudiez les principes de votre foi afin que votre enfant puisse comprendre votre rôle et choisir d'appliquer vos valeurs. Montrez-lui que la spiritualité peut être une importante source de paix et de force.
- Priez ou méditez avec votre enfant. Apprendre aux enfants à être calme et à écouter leur cœur ou les voies impénétrables de Dieu renforcera leur sentiment de paix et d'intégrité.

Le lien familial sous-jacent

À tout ce qui vient d'être dit s'ajoute un élément qui ne peut se mesurer ni se quantifier, mais qui doit être pris très au sérieux. Je veux parler de l'amour. Les enfants qui grandissent dans une relation de sécurité et d'amour avec leurs parents ont tendance à être plus intelligents et plus résilients ;

Ma famille d'abord !

cela ne fait aucun doute. Vous pouvez faire tous les jeux que vous voulez avec vos enfants, dépenser des fortunes en cours de musique et travailler sur l'émotion avec eux, rien de tout cela n'aura de sens si ce n'est pas fait dans un bon esprit, à savoir un esprit qui dit que vous aimez et estimez vos enfants et que vous croyez en eux. Quand les enfants sentent cela, ils s'épanouissent.

SECONDE PARTIE
LES 7 OUTILS D'UNE ÉDUCATION RÉFLÉCHIE

Chapitre 7

Outil n° 1 : l'éducation par l'objectif
Définir la réussite

> « Les enfants représentent un tiers de la population mais cent pour cent de notre avenir. »
>
> Commission américaine pour la défense de la santé infantile, 1981.

L'une des décisions les plus importantes et les plus enthousiasmantes à prendre en tant que parent est de définir pour son enfant des objectifs de réussite qui serviront de systèmes de guidage aussi bien aux parents qu'aux enfants. Ces objectifs, à l'aulne desquels se mesurera la réussite de vos enfants, vous aideront à prendre des décisions tout au long de leur parcours vers l'âge adulte.

De la même manière qu'un système de navigation automobile vous indique la route des vacances, les objectifs de réussite vous guident là où vous souhaitez aller et facilitent beaucoup le trajet. Élever des enfants, ce n'est pas juste un travail, c'est une aventure. Dans ce chapitre, nous allons :

1. Vous donner quelques pistes pour identifier vos objectifs et ceux de votre enfant.
2. Vous montrer comment établir un plan pour atteindre ces objectifs.

Ma famille d'abord !

3. Vous aider à prendre la responsabilité d'assumer ces objectifs en tant que parent responsable.

Choisir, communiquer et poursuivre des objectifs clairs et adaptés à son âge donnera à l'enfant le sentiment d'aller quelque part et de maîtriser son univers à mesure qu'il franchira les paliers établis. Et vous en sortirez tous deux plus liés, plus proches et plus dynamiques. Qui n'aime pas la réussite ? Un objectif n'est pas un rêve émerveillé de grandeur et de célébrité. Un objectif est réaliste, il est mesurable et il se poursuit clairement jour après jour. C'est un phare dans des vies parfois un peu tumultueuses. Ces objectifs et les plans d'action pour les atteindre sont un élément important du rythme dont j'ai parlé dans le chapitre 3. En tant que chef de famille, vous devez veiller à éduquer vos enfants avec un objectif. C'est vous qui êtes au volant, et vos décisions doivent être dictées par votre plan d'action et prises dans le meilleur intérêt de l'enfant. Le seul moyen d'évaluer les choix auxquels vous êtes chaque jour confronté est de savoir exactement ce que vous voulez pour votre enfant.

Étant aux commandes, vous devez connaître parfaitement votre objectif et garder en vue votre destination finale, comme si c'était une croix rouge vif sur une carte routière. Une fois engagé sur la route de la vie de votre enfant, vous suivez la direction de cette grande croix rouge car c'est là que vous voulez le conduire et qu'il a été passionnément incité à vouloir aller. Ce devrait être assez facile si vous avez su fixer des objectifs dont vous êtes sûr qu'ils reposent sur les compétences, les capacités et les centres d'intérêt de votre enfant, et pas seulement sur les vôtres.

Pour le reste, chaque virage doit vous rapprocher votre enfant et vous de la destination sur laquelle vous vous êtes mis d'accord. Si votre destination est le Sud, ne prenez pas l'autoroute de l'Ouest. Gardez le cap. Le principe est le même quand vous conduisez votre enfant vers une vision commune de la réussite. En tant qu'adulte responsable assis aux commandes, vous devez rester mentalement et spirituellement concentré sur cet objectif et faire tout votre possible pour guider votre enfant dans cette direction à travers un monde rempli de distractions et de tentations.

Chaque décision, chaque pas doit tenir compte de cette ultime destination, cette vision commune de la réussite. Les parents ne doivent pas s'endormir au volant, au risque de mettre toute la famille en danger. Vous devez rester sur vos gardes et surveiller les obstacles. Vous devez maintenir ceux que vous aimez sur la bonne voie.

Prenez le temps

Il est parfois utile de prendre du recul pour réfléchir à la situation et à votre propre réussite. L'un des meilleurs critères de réussite dans la vie est de savoir si vous avez bien élevé vos enfants. Ce n'est ni un fardeau, ni une croix à porter. C'est l'un des plus grands bonheurs que la vie peut nous offrir. Rien, dans ce bas monde, ne vaut de voir ses enfants réussir leurs premiers pas dans la vie, découvrir leurs talents et s'épanouir dans un domaine qui les comble.

C'est pourquoi il est si important d'avoir dès le départ une vision précise et détaillée de ce que la réussite signifie pour vous et ceux qui vous sont chers. Cette certitude vous évitera une perte de temps et d'énergie. Et surtout, vous aurez une chance que vos enfants s'assoient un jour devant vous et vous déclarent : « Maman, Papa, merci de m'avoir guidé à travers le dédale de la vie. Merci de ne pas avoir cru aux mensonges que je proférais quand j'avais quatorze ans et que j'étais stupide. Merci de m'avoir aidé à faire les bons choix et à exploiter mon potentiel. Merci de m'avoir montré la voie de la passion, de l'engagement, de l'amour et de l'affection. »

Ma famille d'abord !

Si vous n'avez pas de plan d'action, je peux vous promettre avec la même certitude que les choses peuvent et vont rapidement mal tourner. En revanche, si vous gardez toujours une conception claire de l'éducation des enfants, vous ne prendrez jamais la mauvaise direction.

Aidez votre enfant à atteindre ses objectifs personnels

Si vous deviez emmener votre enfant gravement malade à l'hôpital, vous ne vous contenteriez pas de prendre votre voiture et de conduire au hasard dans l'espoir de tomber sur un médecin ou un hôpital avant que le pire n'arrive. Quel parent – ou autre – prendrait un tel risque ? C'est exactement la situation dans laquelle vous vous trouvez maintenant, face à la responsabilité d'élever vos enfants.

Vous devez avoir un plan d'action pour vous orienter parmi les distractions, les tentations et le tumulte de la vie. En tant que parent, l'un de mes objectifs est d'aider mes enfants à atteindre leurs propres objectifs tout en poursuivant leurs passions. Je ne veux pas que mes fils soient un autre moi, et Robin ne veut pas non plus qu'ils soient la copie conforme d'elle-même. Ce sont deux garçons fantastiques et nous nous régalons à les découvrir et à les regarder grandir et devenir eux-mêmes.

Dans certains domaines, je suis tellement différent de mes deux fils que j'ai parfois du mal à croire que nous partageons les mêmes gènes. Parlons de la chasse, par exemple. Je suis du genre pusillanime. Pour moi, « tout le monde il est beau, tout le monde il est gentil ». Je sais que la chasse a une certaine légitimité, mais je n'ai pas envie de chasser et ma conception de la vie à la dure se limite à regarder la télé sur grand écran dans un camping-car tout équipé. Toutefois, j'avais le sentiment que je devais proposer à mes fils d'aller à

Outil n° 1 : l'éducation par l'objectif

la chasse et à la pêche et de camper pour qu'ils puissent décider eux-mêmes s'ils aimaient ça.

Pendant dix ans, je les ai donc emmenés régulièrement chasser. Je n'ai volontairement jamais tiré sur autre chose que sur une canette ou un rocher, mais nous nous sommes bien amusés et, finalement, mon fils aîné Jay a adoré. Il est devenu excellent tireur et chasseur, et il participe chaque année à un grand tournoi de pêche. Jordan, son cadet, en revanche, n'aime pas plus la chasse et la pêche que moi. C'est comme ça. Mon objectif était de les exposer à des activités susceptibles de les stimuler, que ces activités m'intéressent ou pas.

Un parent qui réussit est un parent qui aide ses enfants à découvrir leurs propres dons et talents – ce qui peut vouloir dire assister à des récitals ou à des matchs de foot et s'enthousiasmer pour des collections de timbres et les œuvres complètes d'un groupe de hard rock. Je peux vous garantir que vous allez rire et ressentir une proximité avec votre enfant qui durera toute la vie. Croyez-moi, vous ne pouvez pas faire de plus beau cadeau à vos enfants que de leur faire découvrir leurs passions. Récemment, Jordan a fait une journée en entreprise avec son lycée. Il adore la musique et a eu la chance de visiter un studio d'enregistrement. Le directeur du studio étant un gentil papa, Jordan est reparti avec une pile de CD de groupes qui étaient pour moi d'illustres inconnus. Il était tellement pressé de tout écouter qu'il veilla tard cette nuit-là. Il voulut d'abord que j'écoute un disque, puis un autre, et finit par me passer ses morceaux préférés de chaque CD. Je suis désolé, je *ne veux pas* avoir l'air de ressembler à mon père, mais j'avais l'impression d'entendre des fous taper sur des couvercles de poubelle. Mais pour rien au monde je n'aurais aimé être ailleurs sur terre que dans cette pièce à écouter cette « musique » pendant des heures. Nous avons ri, nous avons parlé, nous avons levé les yeux au ciel et nous nous sommes moqués de nos goûts musicaux. En résumé, il m'a fait partager

Ma famille d'abord !

sa passion et son enthousiasme du moment. Ce fut un privilège, même un honneur. J'espère revivre souvent cette expérience. Je n'étais pas là pour la musique ; j'étais là pour mon fils. (Je dois tout de même confesser que quelques-uns de ces groupes de rock étaient vraiment excellents.)

Le grand peintre américain du XIXe siècle Benjamin West est célèbre pour ses scènes historiques et ses portraits. Quand il était très jeune, un jour que sa mère était absente, il décida de réaliser le portrait de sa sœur. Il sortit des bouteilles d'encre, mais en renversa rapidement partout. Quand sa mère rentra, elle n'était pas contente, mais avant de pouvoir le gronder, elle vit le portrait qu'il avait fait. Le désordre fut vite oublié à la lumière de la beauté créée. La mère prit le portrait et déclara à son fils : « Quel magnifique portrait ! » Puis elle l'embrassa.

Plus tard, Benjamin West écrivit : « Ce baiser fit de moi un peintre. » Peut-être que cette nuit que Jordan et moi avons passée ensemble a fait de lui un musicien. Franchement, ce ne serait pas ma préférence, mais si telle était sa passion, je le suivrais à cent pour cent. Repensez à vos objectifs ; votre définition de la réussite de votre enfant doit refléter ses centres d'intérêt, ses compétences et ses capacités, et pas les vôtres.

Mettez vos projets en pratique

La mère de West perçut instinctivement l'importance du moment. Mais nous ne pouvons pas toujours nous fier à notre instinct. Il m'apparaît de plus en plus évident que les parents d'aujourd'hui sont tellement occupés qu'ils ont besoin d'établir une définition précise de la réussite avec leurs enfants. J'ai été surpris par les résultats de l'étude que nous avons menée auprès de milliers de parents. Beaucoup ont confessé n'avoir aucune idée des objectifs qu'ils devaient fixer à leurs enfants, prétendant être trop occupés pour

Outil n° 1 : l'éducation par l'objectif

s'embarrasser de plans d'action et être accaparés par leur travail et le rythme étourdissant de la vie moderne. Certains disaient même que leurs enfants fixaient leurs propres objectifs. Les uns après les autres, les parents que nous avons interrogés avancèrent toutes sortes d'excuses pour ne pas remplir la plus importante des missions qui leur serait jamais confiée. J'ai également été surpris de voir que 25 % admettaient que leur premier objectif était de créer un adolescent sans problème. 5 % affirmaient avoir des objectifs, mais seulement en termes des plus vagues tels que : « Je veux que mes enfants soient heureux. »

> **Info sondage : Les parents rencontrent deux grandes difficultés : faire appliquer les punitions et améliorer les résultats scolaires.**

À la lecture des résultats de cette étude, j'ai eu envie de partir faire du porte à porte dans tout le pays pour secouer tous ces parents par les épaules et leur crier : « Réveillez-vous ! » Il semble nécessaire de répéter à quel point il est crucial d'instaurer des objectifs éducatifs clairs et des étapes précises pour atteindre ces objectifs. Quand j'étais à l'université, notre entraîneur de football américain nous serinait chaque jour le même type de message avant de quitter le vestiaire : « C'est une chose que de dire que l'on joue bien, mais c'en est une autre que de le faire. »

Gare aux mythes

Avant d'en venir aux objectifs vraiment précis, voyons ce que j'entends par de « vagues objectifs ». Prenons le « bonheur », par exemple, comme dans « Je veux juste que mon enfant soit heureux ». Ces mots, qui reviennent sans cesse dans la bouche des parents, me rendent fou.

Ma famille d'abord !

Le bonheur est un état *émotionnel*. Ce n'est pas un objectif. Les états émotionnels changent avec le temps, les hormones, le compte en banque ou le dernier épisode de votre série préférée. Si vous basez vos objectifs sur un état émotionnel, je vous conseille d'attacher fermement votre ceinture et de garder les bras et les coudes bien à l'intérieur du wagon du grand huit car vous allez vous faire des frayeurs. Votre enfant aussi. D'ailleurs, quelle est votre définition du « bonheur » ? Est-ce une sensation chaleureuse et confuse ? Un éclat de rire ? Un sourire sincère ? Un agréable sentiment du travail bien fait ? Ce sont certes de bonnes expériences, mais elles ne sont pas assez précises pour définir la réussite de vos enfants.

Le bonheur peut être le fruit du succès, mais il peut également naître après un conflit ou un chagrin. Comment une chose aussi ambiguë pourrait-elle constituer un objectif pour votre enfant. Je préfère encore que vous choisissiez la frustration plutôt que le bonheur. Au moins, la frustration est une émotion qui pousse à agir et à aller de l'avant. La colère est même la première source de motivation chez toutes les espèces.

L'autre mythe qui me révolte est le concept effarant d'« enfant sage ». Régulièrement, les parents me disent : « Je veux juste ne pas avoir de problème avec elle. » Avoir un enfant sage qui fait toujours tout comme il faut et ne pose aucun problème est la *dernière* chose que vous devez fixer comme objectif parental. L'enfant sage n'existe pas. Quand des parents me disent que leur enfant ne leur cause jamais aucun problème, deux images me viennent à l'esprit :

- Le robot
- Le démon

L'enfant robot ne prend pas de décision. Il se contente de suivre les règles tout en essayant de fuir le monde. Quel

Outil n° 1 : l'éducation par l'objectif

parent sensé voudrait d'un tel enfant ? Un enfant qui ne franchit jamais les limites n'aura jamais une vie authentique. Les soldats défilent ; les enfants gambadent. Parfois, motiver ses enfants est aussi énervant que d'essayer de garder un troupeau. Ils vont et viennent d'un côté, puis de l'autre. Il peut arriver de vouloir qu'ils se calment. C'est normal. Or qui voudrait d'un enfant sans curiosité ni énergie, mais sage ? Pas vous. Vous voulez un enfant curieux et énergique, un enfant qui colorie en dehors des lignes, mais aussi à l'intérieur. Vous voulez un enfant qui est unique et qui poursuit des intérêts bien à lui.

Le démon, quant à lui, est un enfant qui actionne l'alarme incendie dès que le professeur quitte la classe. Chaque génération et chaque bande d'adolescents a ses démons. Dans la mienne, c'était la fille du pasteur. Elle avait grandi en obéissant aux règles strictes édictées par son père. Elle devait être une enfant sage pour préserver la position de son père au sein de sa communauté. Mais quand les hormones de l'adolescence commencèrent à faire rage, le démon prit le dessus et elle se mit à enfreindre toutes les lois de la bible. L'autre mythe que les parents désemparés ont sur les objectifs de leurs enfants est que « La Nature va suivre son cours » – un mythe qui se traduit également parfois par des propos tels que « Dieu décidera ce qui est le mieux pour mon enfant ». Je vous livre ma propre interprétation : ce mythe concerne en réalité des parents qui refusent de prendre leurs responsabilités. Oui, il est toujours possible qu'un enfant trouve sa voie vers une vie authentique et épanouie. Mais il est de la responsabilité des parents de guider et de protéger chaque enfant sur cette terre. Alexander Hamilton et Abraham Lincoln ont tous deux grandi sans engagement parental fort. Mais c'est aussi le cas de Saddam Hussein et d'Adolf Hitler.

Les parents attentionnés préfèrent prendre la responsabilité de l'orientation de leur enfant. Vous devez déterminer à la fois la voie et la destination de l'adulte que vous élevez, faute de quoi préparez-vous à affronter en chemin des conséquences potentiellement désastreuses. Mieux vous connaîtrez votre enfant, mieux votre enfant se connaîtra, et plus vous aurez de chances de définir ensemble la réussite – et de mettre au point des plans d'action pour y accéder. C'est votre mission et vous devez la remplir.

L'éducation par le projet

Je vais maintenant vous fournir au moins les bases d'un système de guidage éducatif. Ce système repose sur le concept de définition opérationnelle des objectifs. Ce sont de grands mots, mais l'idée est simple : les parents doivent se discipliner avant de pouvoir discipliner leurs enfants. L'une des plus importantes autodisciplines parentales est de se forcer à passer du général au spécifique. Plutôt que de dire : « Je veux juste que la petite Suzie soit heureuse », vous devez définir clairement le type de bonheur dont vous parlez. Être heureux signifie-t-il pour vous passer son temps à rire ou vivre une vie authentique et riche ? Est-ce avoir des amis, une famille unie ou d'excellents résultats scolaires ? Ou tout cela à la fois. Quoi que ce soit, les parents doivent le déterminer afin de tracer un itinéraire et de savoir si Suzie atteint cet objectif. Vous saisissez ? Le Dr Stephen Covey a trouvé un excellent nom pour ce concept. Il parle de « commencer en songeant à la fin ». C'est exactement ce que vous devez faire. Pour commencer, vous choisissez votre destination, puis vous cherchez le meilleur chemin pour l'atteindre.

La seconde étape de ce processus est de pouvoir formuler cette destination et de mesurer votre progression. Quand j'essaie d'enseigner ce concept, il se trouve toujours quelques parents pour décider qu'ils ne vont nulle part avec leur enfant. Leur objectif est apparemment de maintenir le *statu quo*.

Outil n° 1 : l'éducation par l'objectif

Ils ont abandonné toute ambition pour leur enfant et décidé qu'il ne brillerait jamais dans aucune discipline. Ils ont adopté la tactique de la tortue : ils replient tous leurs membres sous la carapace en espérant juste que leur enfant atteindra l'âge de dix-huit ans sans se blesser et sans blesser les autres. En d'autres termes, leur but est le confinement.

Dans ce cas de figure, on parle également d'objectif négatif. L'idée n'est *pas* bonne, car tout objectif qui s'exprime par la négative ne marche pas à long terme. La négation est rarement positive. Ne pas faire quelque chose n'est pas un but en soi. Le cerveau ne perçoit pas les instructions négatives comme un objectif. Voici un exemple : essayez de *ne pas* penser à un éléphant bleu. Étonnant, non ?

Décider de ne pas faire quelque chose est un objectif qui n'a pas de sens, car comment mesurer ce qui n'existe pas ? Ne pas être un ivrogne, ne pas être toxicomane et ne pas se prostituer sont des objectifs négatifs. Mieux vaut affirmer vos objectifs éducatifs en des termes clairs, positifs et objectivement mesurables.

Cette méthode présente un autre avantage. Les consignes claires aident considérablement les enfants à prendre leurs propres décisions et à développer ainsi leur capacité à résoudre les problèmes en utilisant vos critères. Si vous traversiez le désert et que vous vouliez vous assurer que vous suivez le chemin le plus direct pour vous rendre à l'oasis la plus proche sans faire des détours de plusieurs kilomètres, vous prendriez instinctivement un palmier ou un rocher comme point de repère, n'est-ce pas ? Vos enfants feront de même, du moment que vous leur fournissez une destination claire. C'est tout le sujet de l'éducation par l'objectif.

L'éducation par l'objectif est un chemin long et difficile, pas une course folle et effrénée. La question n'est pas de savoir où en est votre enfant dans son développement cet après-midi ou demain. Elle est de savoir quel type d'adulte il sera dans dix ou quinze ans. Devenir un adulte indépendant, authentique et accompli avec une morale et des valeurs saines exige de prendre des décisions sensées pas à pas, heure après heure, sans jamais perdre de vue les consignes ou l'objectif à long terme.

Encore une chose. Cette aventure que vos enfants et vous allez traverser s'appelle la *vie*. Aussi difficile et aussi chaotique que soit le voyage, je vous encourage à savourer chaque instant, à rire dès que l'occasion se présente et à toujours exprimer votre amour l'un pour l'autre dès que vous le pouvez.

Prenez des mesures

La plupart des adultes maîtrisent à peu près le processus de définition des objectifs, mais ont parfois du mal à mesurer et à surveiller les progrès de leurs enfants. J'ai mis au point un rapide audit pour vous aider à réfléchir aux objectifs que vous voulez fixer à votre enfant. Ce bref questionnaire va vous permettre de situer où vous êtes et où vous devez être.

Entourez sur chaque ligne l'affirmation qui vous décrit :

Votre objectif est d'essayer de gérer chaque crise quand elle se présente.	Vous réalisez chaque jour au moins un pas vers un objectif.
Vous vous estimez heureux quand les enfants ne provoquent pas de crise.	Vous éprouvez un sentiment de réussite quand vous faites un pas vers un objectif, même s'il y a une crise, car il arrive qu'une crise permette de faire un pas en avant.
L'un de vos objectifs est d'empêcher que votre enfant ne vienne contrecarrer vos projets.	Vous avez l'impression que si votre enfant ne vous crée pas de difficulté, vous ne remplissez pas votre objectif d'expression et d'authenticité.

Outil n° 1 : l'éducation par l'objectif

Vous voulez juste que votre enfant soit calme et accepte vos règles sans broncher.	Vous encouragez votre enfant à poser des questions, même si elles bousculent vos propres idées.
Votre slogan est : « Les enfants, ça se voit, mais ça ne doit pas s'entendre. »	Votre slogan est : « Les enfants grandissent dans la vie en étant respectés et acceptés. »
Vous pensiez que votre enfant serait un ciment pour la famille.	Vous pensiez que les talents et les centres d'intérêt de votre enfant mériteraient toute votre attention.
Vous vous efforcez de créer et de préserver un environnement qualifié d'excellent selon vos idéaux ou ceux de quelque autre autorité telle que vos parents, votre groupe social ou votre communauté.	Vous vous efforcez de protéger, de socialiser et de favoriser l'authenticité de votre enfant indépendamment des sources extérieures susceptibles de le faire pour vous.
Vous n'avez pas défini d'autres objectifs pour votre enfant que celui de lui faire passer le cap de l'adolescence sans qu'il/elle se drogue, tombe enceinte ou rate sa scolarité.	Vous avez des objectifs précis pour votre enfant, notamment qu'il apprenne l'empathie, qu'il trouve des ressources et des objectifs personnels ou qu'il découvre ses compétences et réussisse.
Au jour le jour, votre objectif est que votre enfant accomplisse sa mission et reste en dehors de vos pattes.	Au jour le jour, votre objectif est que votre enfant se connaisse mieux afin de mieux comprendre le monde qui l'entoure.

Résultat : si vous avez entouré UNE affirmation à gauche, je veux que vous preniez immédiatement la décision d'établir un plan d'action à partir d'objectifs précis. Et pour chaque affirmation de gauche que vous avez entourée, vous pouvez ajouter 10 % à la probabilité de rencontrer de sérieux problèmes quand votre enfant aura dix-sept ans.

Ma famille d'abord !

Si vous remarquez bien, les affirmations de gauche décrivent des comportements qui n'illustrent pas immédiatement et délibérément des objectifs de réussite pour vos enfants. En revanche, les affirmations de droite confirment que vous êtes sur la voie de vos objectifs. Pourquoi ne referiez-vous pas chaque semaine ce petit exercice pour surveiller vos progrès ?

Trouvez des objectifs appropriés

Le choix des objectifs est un processus individuel dans lequel les parents doivent collaborer et se mettre d'accord. Je ne décréterai jamais un plan d'action universel pour tous les parents et tous les enfants du monde. Tout jeune a des besoins, des talents et des idées uniques, et nous devons nous réjouir de cette diversité. Je me contenterai donc de proposer deux objectifs à titre d'exemple en vous recommandant de les intégrer à vos dix priorités, car ils sont primordiaux. Les voici :

- La socialisation
- L'authenticité

La socialisation

La *socialisation*, c'est trouver sa place dans le cours de la vie. C'est apprendre à nager à la fois avec les requins, avec les dauphins et avec les piranhas occasionnels – tous les poissons qui constituent la chaîne alimentaire. C'est apprendre à réussir dans ce monde à la fois fou et merveilleux. Certains y arrivent, d'autres pas. Mais en tant que parent, vous avez la responsabilité d'enseigner à votre enfant ce qu'il peut devenir. L'apprentissage de la socialisation ne se fait pas en une heure à table. Il passe par des étapes objectives et mesurables, par des objectifs mineurs qui servent de tremplin et qui doivent être maîtrisés au fur et à mesure. Examinons-les de plus près.

Apprendre à être un citoyen responsable. Chez le petit enfant, ce processus commence par la triste et choquante découverte que l'univers ne tourne pas autour de lui. Chacun de nous doit, à un moment ou à un autre, accepter avec humilité qu'il fait partie d'un tout qui dépasse sa petite personne. Chez le jeune enfant, l'objectif doit être de comprendre les besoins du groupe. Plus tard, l'objectif des parents doit être de lui enseigner à prendre la responsabilité de participer au bien-être collectif en apportant quand c'est nécessaire sa contribution et sa compétence. Voici quelques activités recommandées pour enseigner les compétences citoyennes :

- Bénévolat. Quel que soit l'âge de votre enfant, il existe des actions de bénévolat telles que nettoyer l'environnement, prendre soin des animaux, rendre service aux personnes malades et mille autres précieux services par l'intermédiaire de l'Église, de la municipalité ou des scouts.
- Participer à une campagne électorale. Peu importe le candidat ou le parti, du moment que l'enfant comprend les responsabilités de notre système politique.
- Parler à des personnes qui essaient de changer le monde ou à des responsables d'organisations humanitaires qui agissent pour la paix, les droits des personnes handicapées, l'écologie, la défense des animaux et toute autre cause qui mérite que l'on s'y intéresse.

Apprendre à travailler en harmonie avec les autres. Tôt ou tard, nous devons tous apprendre à nous entendre avec les autres, à partager nos jouets et à attendre notre tour. Les parents entament ce processus de socialisation en apprenant à leurs enfants à partager le tapis de jeu et à ne pas manger tous les biscuits. Ils peuvent également demander à leur enfant de penser aux autres et de leur proposer à leur tour des biscuits. Viennent ensuite d'autres étapes pouvant inclure la participation à des activités collectives et à des processus démocratiques et la mise au point de stratégies en coopération avec les autres pour atteindre ses objectifs (tant qu'il n'est pas question de savonner les vitres de la maison du proviseur). Inquiet de voir certains enfants submergés d'activités par des parents désireux de les occuper pour qu'ils ne restent pas dans leurs jambes, j'accompagne ces recommandations d'un avertissement aux parents. Ils doivent eux aussi s'impliquer et laisser à l'enfant tout le temps qu'il faut pour pratiquer cet art si important qui est celui d'être un enfant. Voici quelques idées d'activités pour votre enfant :

- Former un club informel ou un groupe d'enfants pour jouer ensemble, aller au zoo, faire une sortie éducative et assister à des événements culturels. Ces activités enseignent à votre enfant le partage et la coopération.
- Monter un projet de quartier tel qu'organiser un concours de jeunes talents ou un spectacle ou mener à bien un projet de nettoyage du quartier uniquement avec des jeunes.
- Monter un orchestre. Aussi étrange que cela puisse paraître, vous serez surpris par ce que l'on peut faire avec quelques percussions telles que des bidons et des boîtes de conserve. Étonnant tout ce que l'on en apprend.

Développer des relations de proximité et de confiance.
Heureusement, votre enfant apprend très tôt à faire confiance aux membres de la famille proche et élargie, mais il est également important de lui montrer qu'il existe différents

niveaux de proximité et de confiance entre les cercles d'amis, les simples connaissances et les inconnus croisés dans la rue. Les parents peuvent commencer par montrer aux enfants que même les jeux de plateau reposent sur la certitude que chaque joueur fait confiance aux autres pour respecter les mêmes règles. Plus tard, les enfants doivent se sentir libres de partager leurs émotions personnelles quand le moment s'y prête, et apprendre à respecter les sentiments des autres.

Voici quelques activités qui peuvent être utiles pour commencer dans ce domaine :

- Allez camper, en particulier dans le cadre d'un projet organisé. Dans un environnement non protégé loin de la ville, les enfants comprennent que la confiance est une question de survie.
- Établissez des contrats simples avec vos enfants afin de leur permettre de comprendre ce que sont la confiance et l'engagement.
- Parlez, parlez, parlez. Plus il y a de dialogue dans une famille, plus l'enfant peut comprendre les motivations et les projets des autres. Ne sous-estimez pas la valeur de l'écoute des discussions et des opinions. Les enfants peuvent ne pas en saisir les complexités, mais ils comprennent les attitudes.

Apprendre à observer. Observer et apprendre des autres est un objectif primordial de socialisation de votre enfant. En observant les efforts que déploie un enfant pour tenir convenablement un crayon ou construire un puzzle, le vôtre apprend à améliorer sa propre courbe d'apprentissage par l'observation. Le parent peut aider à développer cette compétence de socialisation en présentant les réussites et les

Ma famille d'abord !

erreurs des autres comme autant de leçons à tirer. Voici quelques activités utiles dans ce domaine :

- Présentez à votre enfant des héros réels. Les grands sportifs et les vedettes des médias aiment le regard des autres, en particulier celui des enfants et des adolescents. Et pour les enfants, ce sont de véritables exemples de réussite.
- Parlez, lisez et écoutez des biographies de grands hommes et femmes, y compris d'ancêtres, notamment de grands-parents ou d'arrière-grands-parents qui ont réussi dans leur domaine.
- Emmenez-les voir des gens travailler et laissez-les observer : un concessionnaire de voitures d'occasion, une pharmacie et un bureau de poste... Apprenez-leur à observer les personnes et à parler à toutes sortes d'interlocuteurs. Enfant, j'avais un ami que l'on taquinait souvent parce qu'il était capable de parler à des adultes comme aucun autre d'entre nous. À l'époque, ce n'était pas à nos yeux un don, mais plutôt une bizarrerie. Pourtant, tout lui réussissait parce qu'il avait la capacité de parler aux gens de tous milieux et de tous âges. Encouragez cette qualité chez vos enfants en les faisant rencontrer des gens différents et montrez-leur l'exemple en discutant vous-même avec toutes sortes de personnes.

L'authenticité

Comment cultiver l'*authenticité* d'un enfant ? En fixant des objectifs adaptés à ses centres d'intérêt, à ses capacités et à ses talents. Quand il chasse, Jay est comme un poisson dans l'eau, alors que Jordan n'apprécie absolument pas les loisirs de plein air. Nous avons vu très tôt qu'il était attiré par la musique. D'où lui venait cet intérêt ? C'est

Outil n° 1 : l'éducation par l'objectif

aujourd'hui encore un mystère. Non seulement je n'ai pas l'oreille musicale, mais en plus je suis nul en musique. À l'église, le prêtre invite tout le monde à chanter « sauf Phil, naturellement ». Avant d'offrir une guitare à Jordan, je n'en avais jamais tenu une dans mes mains. Mais lui, quand il l'a prise pour la première fois, je le jure, des étincelles en ont jailli et les anges se sont mis à jouer de la harpe. Il est vraiment doué. Aujourd'hui, il a un orchestre. L'étincelle est devenue une flamme. Tout est une question d'objectif : nous devons aider nos enfants à découvrir et à poursuivre leurs propres passions en étant sensibles à leurs besoins et à leur identité. Voici quelques étapes simples et objectives qui vous serviront en outre à mesurer leurs progrès.

Apprendre aux enfants qui ils sont. Pour pouvoir comprendre les talents et les capacités de votre enfant, vous devez lui ouvrir de nombreuses portes. Exposez-le à différents types de musique, d'événements sportifs, d'art, de science, de lectures, de voitures et de gastronomies. Sortez avec lui, loin de la télévision, de l'ordinateur et des jeux vidéo. Deux ou trois week-ends ne suffiront pas, mais l'entreprise sera exaltante aussi bien pour vous que pour lui, car à un moment donné, une lumière va s'allumer et, ensemble, vous commencerez à découvrir ses talents et ses centres d'intérêt. Préparez-vous à quelques surprises.

En tant qu'ami des animaux dénué de toute oreille musicale et père d'un fils chasseur et d'un autre rocker, j'ai moi-même eu mon lot de surprises. Pour forger un adulte authentique, vous devez encourager votre enfant à découvrir et à écouter ses talents et ses centres d'intérêt.

Apprendre à son enfant que la vie finit toujours par récompenser l'authenticité. L'une de vos grandes responsabilités parentales – et l'un des plus beaux cadeaux que vous pouvez faire à vos enfants – est de leur apprendre à développer pleinement leurs talents et à construire leur vie autour de ce qui les comble. Vous n'avez peut-être aucune envie d'aller à l'opéra, mais si votre petite fille a une diva qui sommeille en elle, je vous conseille d'aller écouter *Madame Butterfly*. Apprenez à votre enfant que dans le monde, il y a de la place pour tous types de centres d'intérêt, de talents, de connaissances et d'expériences. Il est important de montrer à nos jeunes tous les moyens d'épanouissement. Être payé pour faire ce que l'on aime est certes une forme de réussite, mais il y a d'autres récompenses. L'acceptation de soi, l'approbation de ceux que vous respectez et la possibilité de changer la vie des autres sont autant de récompenses affectives qui valent un compte en banque, voire davantage. Un enfant doit savoir que ses passions peuvent ou non être récompensées ou acceptées par le monde extérieur et que ne pas se mentir à soi-même finit un jour par payer.

Autoriser son enfant à se fixer des objectifs personnels au sein du cadre des objectifs que vous lui avez fixés. Vous ne voulez pas que votre enfant devienne en grandissant un missile non guidé. Il est important que votre adulte en devenir apprenne à fixer ses propres objectifs. Que ce soit apprendre un nouveau morceau à la guitare ou rouler un peu plus vite en vélo, laissez-lui se donner des objectifs personnels pour cultiver à la fois l'authenticité et la confiance et développer des critères de référence internes.

Libérer la voie qui encourage la découverte de soi. Si votre ultime objectif éducatif est de permettre à votre enfant d'explorer et de développer pleinement ses talents, il vous appartient également de l'équiper de filtres pour faire barrage aux stimuli extérieurs. Le monde est plein de distractions. Les fabricants de biens de consommation dépensent des milliards pour essayer de convaincre votre enfant que la vie n'a pas de sens sans Nintendo, sans le câble et sans ordinateur. Vous devez l'aider à faire taire les sirènes de la publicité, de la télévision, de la radio, de la musique et du cinéma. Apprenez-lui que ce n'est vraiment pas pour lui. Aidez-le à analyser les messages pour qu'il apprenne à distinguer le mirage médiatique de la réalité. Apprenez-lui à défendre ses propres intérêts. Les requins prennent toutes les formes. Des organismes de prêt qui facturent des taux exorbitants aux concessionnaires automobiles qui glissent des frais cachés dans la facture finale, ils sont tous là à nager autour de lui.

Les objectifs revisités

Il est indéniable que tous les parents veulent que leurs enfants soient tendres, attentifs, motivés et honnêtes. Tout parent sensé souhaite que ses enfants deviennent des adultes qui font preuve d'intégrité, d'éthique au travail, de grand cœur et de personnalité. Mais comme je l'ai déjà expliqué, il vous appartient de fixer des objectifs beaucoup plus précis et d'élaborer un plan d'action. J'ai établi pour vous une feuille de route qui vous aidera à démarrer. Inscrivez-y au maximum trois objectifs compris et approuvés par les deux parents. Partez de la destination et progressez vers le point de départ en déterminant d'abord le résultat final ou le projet que vous envisagez pour votre enfant. Puis réfléchissez à des objectifs mineurs plus précis qui rapprocheront votre enfant de cet ultime objectif et découpez-les en comportements observables. Enfin, pour clore ce chapitre, notez quelques-unes des mesures à prendre aujourd'hui, dans une semaine et dans un mois, pour atteindre ces objectifs.

Ma famille d'abord !

1. Résultat final ou projet pour votre enfant : ─────
Objectifs pour atteindre ce résultat ou ce projet :─────
Étapes vers cet objectif : 1. ─────────
                                    2. ─────────
                                    3. ─────────

2. Résultat final ou projet pour votre enfant : ─────
Objectifs pour atteindre ce résultat ou ce projet :─────
Étapes vers cet objectif : 1. ─────────
                                    2. ─────────
                                    3. ─────────

3. Résultat final ou projet pour votre enfant : ─────
Objectifs pour atteindre ce résultat ou ce projet :─────
Étapes vers cet objectif : 1. ─────────
                                    2. ─────────
                                    3. ─────────

Check-list

Fixer des objectifs, ce n'est pas prendre ses désirs pour des réalités. C'est un processus de surveillance quotidienne auquel votre enfant et vous participez tous les deux. Vous vivrez de grands moments de frustration quand vous manquerez certaines cibles, mais aussi des moments d'intense bonheur pendant lesquels vous vous délecterez des succès et des progrès de votre enfant. Et vous serez surpris de voir à quel point vous progresserez vous aussi dans votre rôle de parent fixateur d'objectifs et totalement impliqué dans le projet de réussite de son enfant. Sa réussite est votre réussite.

Chapitre 8

Outil n° 2 : l'éducation par la clarté
Parler, écouter et apprendre

> « Si vous ne parlez pas à votre enfant des petites choses,
> il ne vous parlera pas des choses importantes. »
>
> Jay McGraw

La plupart d'entre nous avons appris l'importance de la communication de la bouche de nos parents. Quand ils nous disaient : « Le ciel t'a donné deux oreilles et une seule bouche », le message était clair : il est deux fois plus important d'écouter que de parler. Comme tant d'autres, ce bon vieux slogan parental sonne juste, autant du point de vue pratique que du point de vue scientifique, et suggère un outil indispensable à votre objectif de création d'une famille formidable. Je veux parler de la communication – y compris, mais pas seulement, la communication instructive qui sert à enseigner, à résoudre les problèmes et à élever ses enfants pour en faire des adultes accomplis. Cet outil repose sur le principe que la communication entre les parents et leurs enfants est essentielle pour construire et entretenir une relation affectueuse et productive.

Comment communiquer au mieux sur la communication ? C'est un véritable défi, car la « communication » est probablement le concept le plus éculé et le plus mal compris

Ma famille d'abord !

de tout le fonctionnement humain. C'est devenu ce que j'appelle un slogan fourre-tout. Peu importe le problème qui divise deux personnes, on parlera toujours de « rupture de la communication ». Je ne suis pas vraiment sûr de ce que cela signifie exactement, mais je suis absolument certain que vous ne voulez pas que votre famille en souffre. Comme je l'ai dit, l'une de nos missions de parent est de socialiser notre enfant. Si vous ne réussissez pas à trouver des mots qu'il entende – ni à entendre les mots qu'il dit – vous échouerez dans ce processus de socialisation. Mon objectif, ici, est de vous enseigner concrètement comment établir un lien avec votre enfant en commençant par recenser les pièges à éviter et par vous montrer précisément comment établir un lien essentiel grâce à des méthodes de communication spécifiques et concrètes. Mais d'abord, avant de débuter quoi que ce soit, vous devez vous ressaisir et aborder ceci avec une attitude ouverte et positive, faute de quoi nous perdrons notre temps en vaines tentatives. Une attitude ouverte exige avant tout une bonne écoute. Que votre enfant ait trois ans, dix-sept ans ou n'importe quel âge entre les deux, vous devez avoir envie de réagir à son point de vue d'une manière qui le conforte dans sa décision de s'être ouvert à vous.

Comment faire ? Il suffit d'apprendre à être réellement à l'écoute et à recevoir les messages transmis. Et comment convaincre son enfant que l'on est à son écoute ? Songez un peu : parler, tenter de transmettre un message et communiquer d'une certaine manière est un comportement, et tout comportement est motivé. Quand un enfant communique par des mots ou des actes, il le fait pour une raison. Alors au lieu de n'écouter que les paroles prononcées, vous devez « écouter » le besoin qui motive la communication. Votre enfant ne communiquera avec vous que si ce comportement est récompensé par une réaction qu'il juge conforme à son besoin. Il est inutile d'être forcément d'accord avec ce qu'il

Outil n° 2 : l'éducation par la clarté

exprime, car votre approbation n'est très probablement pas le premier objectif de ses confidences. En fait, aussi étrange que cela paraisse, quel que soit leur âge, les enfants disent souvent qu'ils n'attendent pas, voire ne veulent pas, de leurs parents qu'ils soient d'accord, cèdent, résolvent leur problème ou accordent leur permission. Parfois, ils veulent juste se confier, avoir l'impression de pouvoir défendre leur point de vue ou juste vous entendre sur des sujets qui les intéressent. Quel que soit le contenu, ils veulent savoir que vous pensez qu'ils sont suffisamment importants pour que vous les preniez au sérieux. D'ailleurs, cela est vrai à tout âge.

Prenons un exemple : pendant ma première année de lycée, mon ami John devait venir me chercher un soir vers 18 heures pour assister à un match de basket qui se déroulait à 50 km de chez nous. C'était en plein hiver et une tempête de neige venait de s'abattre sur la région. Il souhaitait partir tôt car les routes étaient mauvaises. Ses parents lui avaient dit d'être prudent. Quand j'annonçai nos projets à mes parents, mon père me fit un grand signe pour m'arrêter. « Attends », me dit-il. « Tu ne vas nulle part sur ces routes verglacées. Pas question que je te laisse prendre le volant dans ces conditions. Rien à faire, tu n'iras nulle part. Fin de la discussion. » En fait, je pensais qu'il avait raison, mais comme mon copain était déjà là, prêt à partir, je me défendis avec vigueur. Je suis content que mon père n'ait pas cédé. Quand nous sommes remontés dans ma chambre en retirant nos manteaux, je vis que John était vraiment en colère. Je lui dis que j'étais désolé de réduire nos projets à néant et que je comprendrais qu'il veuille y aller sans moi. Il m'a regardé les yeux pleins de larmes (fait étonnamment rare chez le grand gaillard qu'il était) et m'a dit : « Si seulement mes parents tenaient assez à moi pour me dire de ne pas y aller. Je pourrais tomber d'une falaise qu'ils s'en moqueraient. » En fait, John avait demandé la permission à ses parents d'aller au match, alors que ce qu'il voulait vraiment, c'est qu'ils lui imposent des limites et décident pour lui. Moi-même, j'avais tenté de convaincre mes parents, mais j'avais été soulagé qu'ils refusent.

Les enfants ont avant tout besoin de sentir qu'ils ont un certain pouvoir et une certaine influence au sein des limites que vous avez instaurées dans votre famille. Ils ne souhaitent pas vraiment prendre la situation en main ; ils veulent juste sentir qu'ils ont leur mot à dire et espérer avoir parfois gain de cause. Le premier moyen de favoriser ce sentiment est de leur accorder toute votre attention et d'évaluer très soigneusement ce qu'ils tentent de dire. Là encore, l'écoute, la véritable écoute, est essentielle.

Il est extrêmement important de s'assurer que vos enfants voient qu'*ils* sont entendus pour vous assurer que *vous* serez vous aussi entendu. Il est essentiel d'écouter pour être entendu. Les enfants ne sont à l'écoute des messages de leurs parents que s'ils pensent que ceux-ci les écoutent réellement et comprennent leurs soucis et leurs besoins. Sachez que si vos enfants pensent que vous les comprenez réellement parce que vous les avez écoutés, quelle que soit la réponse que vous y apporterez, elle sera très pertinente car elle sera directement liée à leur message. À l'inverse, s'ils pensent que vous ne les avez pas vraiment écoutés, quoi que vous disiez, ce ne sera pas pertinent. Autrement dit : les enfants n'ont pas envie d'entendre une litanie de sermons bien ficelés que vous débitez avant même qu'ils aient ouvert la bouche. Ce qu'ils veulent entendre et ce qu'ils sont prêts à entendre, c'est votre réaction à *leur* situation et à leur message. La *conséquence* d'une absence de réaction à leurs propos, ou plus précisément au besoin qu'ils expriment, sera la frustration, la colère et des relations marquées par du ressentiment et de l'indifférence. Les cris et les portes qui claquent ou le silence sont assez révélateurs de ce genre de situation. La

Outil n° 2 : l'éducation par la clarté

bonne nouvelle est que le besoin humain fondamental d'être écouté est si fort qu'une meilleure communication peut permettre de renouer des relations. Si vous vous êtes coupé de votre enfant, il n'est pas trop tard. Le secret, c'est de l'écouter, de l'entendre et de réagir à ce qu'il dit. Ne faites pas juste semblant. Prenez la décision d'écouter et de considérer vraiment votre enfant et son opinion avec dignité et respect. Éteindre la télévision, cesser toute autre activité et accorder à votre enfant votre attention calme et entière lui en dit long sur l'importance qu'il a à vos yeux. Les enfants savent faire la différence entre la réalité et les faux-semblants.

À vous d'instaurer – ou de réinstaurer – une relation enrichissante et ouverte. Mais ne vous attendez pas à ce que votre enfant change du jour au lendemain. Au début, vos efforts risquent de rencontrer la suspicion, mais vous devez être patient et persister. Il ne suffit pas de se résoudre à adopter une nouvelle ouverture d'esprit ; vous devez le faire savoir, puis en faire étalage dès le premier échange. Les enfants ont souvent le sentiment que leurs parents ne reconnaissent pas ou n'accordent pas d'importance à leur maturité intellectuelle et affective. Ils ont également l'impression que s'ils ont trahi la confiance d'un parent un jour, ils sont condamnés à le payer à vie. Si vous souhaitez qu'ils se rapprochent de vous, vous devez leur assurer qu'une nouvelle ère a sonné. Dites-leur qu'ils ont là une chance de vous donner une nouvelle image d'eux. Vos relations ne seront pas faciles à apaiser, mais les enfants sont à la fois résilients et avides d'obtenir votre acceptation, alors vous *pouvez* y arriver.

Rappelons les conseils que je vous ai donnés jusqu'ici :

- Adoptez une attitude véritablement ouverte et jugez légitime ce qu'expriment vos enfants.
- Accordez-leur une attention entière et patiente quand ils la réclament.

- Écoutez vraiment ce qu'ils disent pour que vos réponses soient pertinentes et donc dignes d'intérêt.
- Entendez le *besoin* sous-jacent qu'exprime votre enfant.

J'y ajouterai quelques conseils supplémentaires qui se sont révélés utiles pour inciter les enfants à communiquer :

- Entamez votre conversation dans le cadre d'une activité quelconque afin de les aider à ne pas se sentir sur la sellette. Parlez en jouant au ballon, en jouant à la poupée, en vous promenant ou en voiture. Mais souvenez-vous, votre attention doit se concentrer sur eux, pas sur l'activité « porteuse ».
- Quand vous le pouvez, faites les devoirs avec eux. Si votre enfant a envie de parler d'un dessin animé ou d'un musicien, prenez le temps de regarder ou d'écouter pour alimenter la conversation.
- Si vous êtes en désaccord, ayez le courage de formuler leur position avec honnêteté et équité en disant par exemple : « Ta position est donc que… et tu penses que tu devrais avoir le droit de faire ce que tu veux. » Veillez à ne pas être sarcastique mais juste. Vous ne dites pas que vous êtes et que vous serez d'accord, mais il saura au moins qu'il a été entendu.
- Admettez rapidement toute erreur ou faille de votre part.
- Quelle que soit la situation, trouvez quelque chose de positif à dire sur votre enfant. Par exemple : « Je vois que tu y as vraiment réfléchi soigneusement, ce qui est bien. »
- Demandez-lui de l'aide pour résoudre une situation donnée. Faites-en votre partenaire ; vous aurez plus de chances qu'il adhère au processus.

Outil n° 2 : l'éducation par la clarté

Tous ces conseils vont vous aider à vous rapprocher de lui car ils disent que vous comprenez et appréciez ses sentiments et que vous éprouvez de l'empathie, une qualité que vous possédiez déjà ou que vous pouvez développer pour être plus accessible et mieux communiquer avec votre enfant. L'empathie est un trait de caractère qui reflète la maturité, l'attention et la générosité. Ce n'est pas la même chose que la sympathie, pas plus que cela signifie que vous êtes d'accord avec sa position ou son point de vue. La sympathie est la pitié ou la commisération que l'on éprouve à l'écoute d'un problème, alors que l'empathie, c'est prendre le temps de réellement comprendre ce que ressent l'autre en se mettant à sa place. La volonté de se mettre dans la peau de son enfant est un formidable cadeau du cœur, en particulier s'il se sent seul, malheureux et incompris, et peut l'aider à se sentir en sécurité.

La véritable empathie va bien au-delà du « Je comprends » ou « Je sais exactement ce que tu ressens ». Pour avoir et exprimer réellement de l'empathie, vous devez entendre le point de vue de votre enfant et lui exposer clairement ce que vous pensez qu'il ressent. C'est ce que le célèbre psychologue américain Carl Rogers a appelé le reflet des sentiments. Voici quelques types de phrases qui peuvent aider :

- Tu dois te sentir vraiment triste (effrayé, heureux, enthousiaste, exclu, soucieux, etc.).
- Tu as dû te sentir blessé et en colère.
- Tu as dû te sentir seul.
- Tu dois être tellement enthousiaste que tu as du mal à rester calme.
- Tu dois avoir vraiment peur de ce qui va arriver.

Ma famille d'abord !

Toutes ces déclarations peuvent ensuite être suivies de paroles de confirmation et de validation indiquant bien à l'enfant que quelqu'un le comprend. Il n'est pas question de régler les choses, ni de revenir sur le sujet, ni d'être d'accord ou pas sur les vertus de la situation, ni de proposer une solution toute faite, si tant est qu'elle existe. L'empathie, c'est vraiment faire l'effort de comprendre et de prendre la peine de montrer que l'on comprend.

L'important est de se focaliser sur l'*expérience* de l'autre face à la situation en cours afin de valider la légitimité de ses sentiments. C'est primordial pour votre enfant, car une reconnaissance empathique de votre part lui rappelle qu'il compte et que vous avez pris le temps de vous intéresser à ce qu'il vit. Ce type de connexion peut vraiment l'encourager à communiquer sans peur d'être jugé.

Se mettre dans la peau de son enfant obéit également à une motivation égoïste, car en comprenant son état émotionnel, vous pouvez découvrir ses besoins. Et si vous pouvez y répondre, vos échanges seront pour votre enfant une expérience très positive – ce qui renforcera votre relation. L'empathie est le contraire de l'automatisme affectif. Elle exige prévenance et sang-froid. Elle n'oblige pas à être d'accord avec le comportement de son enfant ou de valider ses choix. Une fois qu'il saura que vous avez compris la raison de ses actes, le moment viendra de ne pas être d'accord, voire de sanctionner son comportement.

Le dialogue qui suit illustre l'empathie et le reflet des sentiments, ou leur absence, d'une mère après la fugue et la garde à vue de sa fille.

La fille (en pleurs) : Je suis tellement désolée, Maman. Je veux rentrer à la maison et recommencer à zéro. Cette nuit a été un vrai cauchemar. Je me sens perdue. Tu m'as blessée quand tu as lu mon bulletin et je me suis juste dit que je voulais fuir tout cela.

Réponse non empathique de la mère : Tu devrais avoir honte. Tu ne peux pas imaginer à quel point j'étais inquiète pour toi...

Réponse empathique de la mère : Tu devais être très en colère contre moi, voire contre toi [elle serre sa fille contre elle]. Pour que je m'enfuisse comme ça, il aurait fallu que j'aie le sentiment de ne pas pouvoir m'exprimer et de vouloir m'échapper. Est-ce que c'est ce que tu ressens ? Dis-moi : qu'aurais-tu pu faire de plus utile que de t'enfuir ? Je comprends que tu aies été bouleversée, mais ne crois-tu pas que tu aurais pu avoir une attitude plus constructive ?

Si vous faites savoir à votre enfant que le message est passé, il sera plus disposé à accepter l'aide et l'intervention que vous lui offrirez plus tard. Et par votre attitude, vous lui montrez une qualité majeure qu'il pourra développer en grandissant.

Les règles du jeu

Une communication efficace n'est pas une mêlée ouverte, et encore moins une lutte où tous les coups sont permis et où l'irrespect des enfants est toléré dans un effort de montrer que l'on est un parent affranchi et moderne. Il est important d'imposer des règles, des lignes de conduite ou des limites à vos échanges. La règle de base de mon père était que je pouvais parler tout mon saoul tant que je ne lui manquais pas de respect. Je pouvais discuter pendant des heures pour essayer de le faire changer d'avis ou de le convaincre. Il me laissait parler jusqu'à en perdre la voix, mais si mes paroles, mon ton ou mon attitude montraient le moindre irrespect, il m'arrêtait rapidement. Sa décision était alors

Ma famille d'abord !

sans appel. J'appris rapidement à plaider ma cause tel un avocat devant un juge pragmatique. Je pense même qu'il lui est arrivé de céder juste pour me récompenser d'avoir défendu ma position avec respect, même s'il n'était pas totalement convaincu.

De la même manière que mon père a policé mon ton et mon attitude, vous devez policer votre ton et votre attitude. Vous n'obtiendrez pas toujours de vos enfants la réponse que vous attendez, mais vous devez vous obliger à essayer de bien transmettre votre message. La timidité des grands enfants face aux adultes peut les faire paraître inattentifs ou indifférents. Ne vous laissez pas intimider ou exaspérer par des haussements d'épaule ou des soupirs appuyés. Si l'enfant reste assis et refuse de parler, cela ne veut pas dire qu'il n'écoute pas. Vous seriez surpris de savoir à quel point vos paroles lui reviendront à l'esprit plus tard.

Souvent, les adolescents refusent tout simplement d'admettre que leurs parents ont peut-être raison. Mais ils écoutent. Vous devrez parfois vous en contenter. Le simple fait qu'un adolescent reste à un endroit suffisamment longtemps pour recevoir un message peut ultérieurement produire des dividendes. Voici quelques conseils qui vous seront particulièrement utiles quand vous essayerez de communiquer avec votre enfant. Ces suggestions se sont révélées très efficaces pour extraire des enfants de tous âges de leur coquille et établir un dialogue :

- Abordez toute discussion avec l'idée de préserver ou de favoriser l'estime de soi de votre enfant, même quand il est question de discipline. Pas question, par exemple, de commenter une mauvaise note en ces termes : « Tu es fainéant et irresponsable, et j'en ai assez que tu ne fasses pas ce que tu es censé faire. » Mieux vaut dire : « Toi et moi, nous savons que tu es capable de faire

Outil n° 2 : l'éducation par la clarté

beaucoup mieux. En tant que parent, je te trahirais si je t'autorisais à ne pas mieux exploiter ton esprit et ton intelligence formidables. Trouvons un moyen pour que *tu* puisses obtenir des résultats dont tu puisses être fier. »

- Ciblez le plus possible la communication. Déterminez au préalable votre objectif et ne vous laissez pas entraîner ni par vous ni par votre enfant sur toutes sortes d'autres sujets. Les digressions ne font que créer la confusion et vous empêchent d'atteindre votre but. Si vous sentez que vous déviez, dites tout simplement : « Nous aurons cette discussion une autre fois, mais aujourd'hui, je veux que l'on reste sur le sujet qui nous préoccupe. »
- Employez vos échanges à trouver des solutions plutôt qu'à ressasser les problèmes, car nul ne peut changer le passé. Les efforts de résolution des problèmes doivent dépasser ce qui s'est passé hier et viser ce que vous voulez qui se passe demain. Formulez avec précision les changements de comportement ou les résultats que vous attendez de votre enfant. Vous contenter de lui enjoindre de faire mieux ne l'aidera pas. Voici quelques questions susceptibles de vous aider à rester concentré sur la solution : « Comment pouvons-nous éviter que ce problème ne se reproduise ? » ; « Qu'avons-nous appris qui nous permettra de faire différemment la prochaine fois ? » ; « Quelle approche ou quelle solution aurait été meilleure face à cette situation ? »
- Concentrez-vous sur la question du jour et évitez les attaques et les critiques personnelles. Restez concentré sur les comportements et les conséquences de ces comportements, plutôt que sur l'enfant et ses traits de caractère tels que l'honnêteté et l'intégrité. Ceux-ci sont certes extrêmement importants, mais mieux vaut s'interroger sur les comportements qui en découlent.

Évitez les commentaires du type : « Tu es un menteur et tu n'es pas digne de confiance », et préférez-leur : « Ce type de comportement ou de choix donne une mauvaise image de ton honnêteté et de ton intégrité. Si tu agis différemment, les autres pourront voir tes qualités. Je tiens à ce que tu fasses des choix différents dans l'avenir. Voyons ensemble lesquels. »
- Restez dans le présent. Lancer des comportements ou des situations passés au visage de votre enfant n'est pas productif et lui donnera un sentiment d'impuissance. Concentrez-vous exclusivement sur la situation présente. Si vous résolvez des problèmes aujourd'hui, le passé semblera de plus en plus lointain et hors de propos.
- Gardez pour vous vos réflexions et vos tentatives de résolution de problèmes. Ne blâmez jamais votre enfant en présence de pairs, de membres de la famille ou de frères et sœurs, à moins qu'ils ne soient directement impliqués dans la situation. Passer un savon à son enfant devant les autres sera une source d'humiliation, d'embarras et de ressentiment. Ce ne sera peut-être pas votre impression, mais votre enfant pourra le vivre très différemment. Faites-le en privé et gardez-le pour vous.
- Concluez par une note positive. Il est important que votre enfant sente qu'il a la possibilité de se racheter et qu'il a devant lui la recette de la réussite.

Avec les plus jeunes, il est parfois encore plus difficile de communiquer parce qu'ils ont peu de vocabulaire et contrôlent moins leurs impulsions. Ils peuvent en outre ne pas être encore très bien socialisés et s'intéresser très peu à tout point de vue autre que le leur. Communiquer avec un enfant en pleine crise de colère, par exemple, peut s'avérer très difficile, mais c'est possible. Là encore, les personnes en général et les enfants en particulier veulent être entendus. C'est une

Outil n° 2 : l'éducation par la clarté

vérité universelle, même chez les jeunes enfants. Si un enfant pleure, crie et hurle – parce que vous ne faites pas ce qu'il veut ou qu'il ne peut pas avoir le jouet qu'il souhaite –, le moyen le plus rapide de soulager sa peine et de mettre un terme à sa colère est de lui faire savoir que vous comprenez ce qui le révolte, même si vous ne cédez pas. Les colères commencent souvent pour une raison et durent pour une autre. Une colère peut commencer parce qu'un enfant ne peut satisfaire son désir, mais la frustration initiale est généralement vite oubliée. L'enfant est ensuite en colère d'être en colère. Si vous entrez en contact avec lui à ce moment-là, et s'il voit que vous reconnaissez sa douleur et sa frustration, il réalise vite qu'il n'a plus besoin de pleurer, de crier et de hurler pour que vous le compreniez. Il suffit parfois de dire : « Bon sang, tu te sens blessé, n'est-ce pas ? Tu es vraiment en colère de ne pas avoir obtenu ce jouet. » Réitérer ce type de message réflectif peut rapidement désamorcer une colère parce que le véritable besoin de l'enfant est d'être entendu. Je parie que vous ne me croyez pas. Mais la prochaine fois que vous essayez d'apaiser une colère enfantine, essayez cette technique. Vous serez surpris du résultat.

Tout est une question de timing

Trop souvent, les discussions entre votre enfant et vous se limitent aux moments de crise, alors qu'il est important de parler des questions essentielles en dehors des situations de stress. Par exemple, ce n'est pas au moment où votre enfant rentre à la maison avec une demi-heure de retard qu'il faut discuter des horaires des autorisations de sortie. Les règles doivent être établies avant que l'enfant ne sorte. S'il rentre en retard, préférez parler calmement des conséquences le lendemain matin, quand vous aurez tous deux les idées claires. Crier et hurler dans le feu de l'action sont la pire forme de communication que vous puissiez pratiquer. Parfois, en matière de communication, tout est une question de timing.

En outre, ne limitez pas vos efforts de communication aux seuls problèmes. Comme je l'ai dit, si les problèmes sont les seules choses dont vous parlez dans une relation, vous risquez d'avoir une relation à problème. Il est tout aussi essentiel de parler de choses *sans importance*. C'est une sorte d'entraînement qui instaure une confiance très utile au moment où vous aurez besoin d'aborder des questions sérieuses. Les enfants sont beaucoup plus ouverts sur des sujets qui ne présentent aucun risque pour eux, comme le cinéma, le sport et ce que leur cousin a fait le week-end dernier. Mais si votre enfant a l'habitude de vous parler, c'est tout naturellement qu'il abordera les sujets vraiment importants. S'il vous parle souvent, il vous connaîtra mieux, et cette familiarité sera très rassurante. S'il apprécie certains aspects de votre personnalité tels que l'humour, la compassion, l'engagement et la vulnérabilité, il se sentira beaucoup plus à l'aise pour entamer une discussion sérieuse et anticiper la tournure qu'elle peut prendre.

Vous recevez ce que vous donnez

La règle de la réciprocité est primordiale. Si vous êtes respectueux, sincère, ouvert et franc avec votre enfant, vous aurez beaucoup plus de chances qu'il vous réserve le même traitement, car on obtient généralement ce que l'on donne. Je sais ce que l'on peut endurer parfois. Il arrive que nos enfants tiennent des propos ou prennent des positions tellement outrancières que nous sortons de nos gonds. Ne mordez pas à l'hameçon, au risque de rompre la communication et d'inquiéter les voisins. Je suis toujours surpris de voir des parents crier, hurler, jurer ou lancer des objets à travers la pièce pendant une dispute avec leurs enfants. Et plus encore

Outil n° 2 : l'éducation par la clarté

d'observer ces mêmes parents me regarder droit dans les yeux en me disant : « Mon enfant me manque tellement de respect ! Il crie, il hurle, il jure et jette des objets en l'air. » Eh bien ! Que croient-ils ? Ils reçoivent tout simplement la monnaie de leur pièce.

Souvenez-vous. Votre objectif est de communiquer, pas de dominer. Il est plus important de convaincre son enfant que d'en prendre le contrôle. Réfléchissez : si vous exercez sur lui votre domination et votre dictat, vous n'aurez le contrôle plein et entier que tant que vous serez à côté de lui. Mais que se passera-t-il le lendemain, quand votre enfant de six ans sera à l'école et que vous serez chez vous ou à votre travail ? Ou le lendemain soir, ou le week-end suivant, quand vos adolescents seront seuls et que vous ne serez pas là, dans toute votre splendeur dominatrice et dictatoriale ? N'auriez-vous pas beaucoup plus de chances d'influer à long terme sur vos enfants si vous pouviez les *persuader* de se rallier à votre point de vue plutôt que de les obliger à acquiescer sur le moment pour vous faire taire ? La vérité, c'est que s'ils ne sont pas convaincus et s'ils n'intériorisent pas vos valeurs et vos convictions, votre éducation et votre contrôle se limiteront aux moments où ils seront sous votre coupe. Vous n'aimez peut-être pas l'idée de devoir les rallier à votre point de vue, mais que vous le vouliez ou non, c'est votre seule véritable chance d'influer réellement sur leur comportement en votre absence. Au cas où vous ne l'auriez pas remarqué, plus ils grandissent, moins vous les avez sous la main et plus leurs propres décisions sont importantes.

Pour preuve ce triste fait divers : un soir, un adolescent était sorti boire après une série de violentes disputes avec sa mère qui avait poussé de hauts cris en s'apercevant que ses amis et lui achetaient de l'alcool. Sans même tenter de les dissuader de le faire, elle se contenta de décréter qu'elle lui ferait vivre un enfer si elle découvrait un jour qu'il ne faisait

Ma famille d'abord !

ne serait-ce qu'imaginer boire de l'alcool. Hélas, il sortit boire – en partie, je suis sûr, uniquement parce qu'elle ne lui avait pas fourni de raison rationnelle de ne pas le faire. Sa mère ne lui avait jamais dit pourquoi ce n'était pas un bon choix ; elle n'avait jamais discuté avec lui des inconvénients potentiels de l'alcool, se contentant de le prévenir que sa vie serait un enfer s'il en consommait. Il avait donc fait son choix, et une fois ivre, il fut terrifié à l'idée d'appeler sa mère pour lui demander de venir le chercher tellement elle avait déclaré avec clarté et véhémence que jamais une goutte d'alcool ne devait franchir le bord de ses lèvres, quel courroux il encourrait s'il s'y risquait. Il préféra donc prendre le volant pour cacher sa transgression et fuir ses responsabilités. Le drame est qu'il provoqua un terrible accident où il perdit la vie et où une femme et son bébé de dix mois furent grièvement brûlés. Ce n'est qu'après cette issue fatale que sa mère comprit que si elle avait été moins rigide et dominatrice, et si elle avait plutôt essayé de convaincre son fils de se rallier à sa position, il aurait eu moins de chances de boire et de conduire. Il aurait été plus disposé à lui exprimer son besoin d'aide. Doit-on la blâmer ? Absolument pas. Son fils fit un choix et provoqua une issue fatale. Mais aurait-elle pu éviter ce drame et y apporter une solution ? Une communication moins dictatoriale, plus coopérative et plus persuasive, aurait-elle pu aboutir à un résultat différent ? Nous ne le saurons jamais, mais je peux vous dire que je vais m'efforcer d'augmenter les chances de ma famille en essayant de persuader mes enfants et de les faire adhérer à une ligne de conduite plutôt que de leur en imposer une que je ne peux pas faire respecter.

> **Info sondage :** Les parents disent que leurs deux plus grandes erreurs sont d'être trop indulgents et de passer leur stress sur leurs enfants.

Outil n° 2 : l'éducation par la clarté

L'autorité démesurée et sans aucun garde-fou que l'on a sur ses enfants est une immense responsabilité et la manière d'exercer ce pouvoir et de communiquer est déterminante. Il arrive *parfois*, même chez des parents bien intentionnés, qu'au moment où ils sont en âge de marcher, les enfants aient entendu un nombre considérable de phrases négatives du type : « Tu es un vilain garçon ! Non, non, non ! Ne lance pas tes jeux sur ta sœur ! » – leur bon comportement n'ayant en revanche jamais suscité autant de commentaires. Il est rare que les enfants en déduisent eux-mêmes ce que devrait être leur comportement. Pire encore, beaucoup trop de parents continuent à donner des fessées, voire des claques à leurs enfants, alors même que les études ont montré que les châtiments corporels ne favorisent en rien l'apprentissage constructif à long terme. Au contraire, ils suscitent la honte, le ressentiment, l'amertume et l'indifférence. Mettez-vous à la place des enfants. Pour eux, vous êtes supposé les aimer, les protéger et être une oasis de sécurité dans un monde qui peut paraître considérablement intimidant. Puis, tout d'un coup, vous les attaquez et vous leur infligez une douleur physique. Ils ne peuvent pas comprendre. Et franchement, moi non plus. Cette souffrance a-t-elle pour effet de supprimer un comportement indésirable ? À court terme, oui. Mais elle contient peu, voire aucun message digne d'être intériorisé. Quand votre enfant a un comportement inacceptable, vous avez besoin de faire passer un message beaucoup plus complexe que celui que peut transmettre la moindre fessée.

Beaucoup de parents adeptes de la fessée me disent ne jamais en donner sans l'accompagner d'explications. Désolé, mais cela ne marche pas. Demandez-vous si vous seriez prêt à écouter quelqu'un qui vient de vous tirer par le bras d'un coup sec et de vous taper à plusieurs reprises. Les châtiments corporels ne sont ni un mal nécessaire, ni le moyen le plus efficace de modifier le comportement de votre enfant. Et même si vous pensez que vous avez raison de donner des fessées et que ça marche, vous ne pouvez nier qu'il existe des moyens plus efficaces de parvenir au même résultat sans effets secondaires.

Donner une fessée, c'est comme creuser un grand trou avec une cuiller à soupe. Vous pouvez le faire, mais une bonne pelle solide, aiguisée et équipée d'un long manche, fera le même travail bien plus vite et bien mieux parce que cet outil est beaucoup plus adapté. C'est vrai pour les outils de changement de comportement dont je parle dans ce livre : ils sont beaucoup mieux que la fessée et véhiculent un message radicalement différent. (Sachez que des millions de parents et de nombreux pédagogues défendent le contraire avec passion. N'hésitez pas à lire leurs arguments afin de vous forger votre propre opinion.)

Je suis inquiet et surpris du nombre de parents qui continuent à employer des moyens physiques pour maintenir leurs enfants dans le droit chemin, mais ce n'est rien à côté des résultats de mon enquête nationale sur l'éducation, dans laquelle 44 % des personnes interrogées ont affirmé que le seul moyen de motiver leurs enfants était de leur crier dessus.

Inutile de dire que ces cris n'étaient pas des cris d'encouragement. Trop de parents ne savent absolument pas comment communiquer avec leurs enfants pour stimuler leurs talents, leur confiance en eux et leur dignité. Je demande souvent aux parents, même à ceux qui ne crient pas, de faire leur autodiagnostic en notant sur une feuille de papier le nombre de commentaires positifs et négatifs qu'ils font à leurs enfants au cours d'une journée. Parfois, pour plus d'objectivité, je demande à un membre de la famille de tenir les comptes. Il suffit de noter un signe plus (+) à chaque échange positif, et un signe moins (-) à chaque échange négatif ou critique. Même les parents attentionnés enregistrent souvent un déséquilibre stupéfiant, et il n'est pas rare

Outil n° 2 : l'éducation par la clarté

qu'un parent d'un enfant de quatre ans ou plus enregistre zéro échange positif et plus d'une centaine d'échanges négatifs par jour ! J'ai même comptabilisé plus de deux cents remarques négatives en deux heures passées au supermarché – et encore, un jour où ce parent était de *bonne* humeur. Votre objectif doit être d'avoir chaque jour deux fois plus d'échanges positifs que d'échanges négatifs avec votre enfant. Multipliez par deux le nombre de vos commentaires agréables et vous augmenterez vos chances que votre enfant devienne un adulte sûr de lui, confiant et accompli. Si, comme la plupart des parents, vous pensez que vous n'êtes sûrement pas aussi négatif, je vous suggère d'essayer cet exercice et de demander à l'un de vos aînés ou à votre conjoint de compter les points sans modifier votre comportement habituel. Il semble parfois difficile de trouver un moment où son enfant se comporte bien, et donc d'avoir l'occasion de le récompenser par des paroles positives, alors qu'il suffit de se donner la peine de bien l'observer.

Démystifier la communication

Après avoir parlé de l'état d'esprit que vous devez adopter pour communiquer avec vos enfants, j'aimerais maintenant aborder plus en détail certaines des compétences et des objectifs nécessaires pour bien communiquer. Le moment est donc venu de décomposer la communication en différentes catégories, à commencer par les cinq types de communication que j'ai recensés :

1. **L'échange d'information :** il consiste tout simplement à essayer de transmettre ou de collecter de l'information. Ces échanges sont très factuels et directs. Ils vont de la discussion informelle à l'interrogatoire pointu.

Ma famille d'abord !

2. **La communication persuasive :** il s'agit d'essayer de convaincre quelqu'un de changer d'avis ou de position. Cette catégorie contraste fortement avec le scénario factuel de partage de l'information, car elle se caractérise par la passion, l'émotion et, souvent, la persévérance.
3. **La communication motivationnelle :** elle consiste à essayer de motiver quelqu'un à s'engager ou à travailler plus, ou simplement à être plus attentif. Elle se distingue de la communication persuasive en cela que vous ne cherchez pas nécessairement à inciter la personne à changer d'avis ou de position, mais à s'investir davantage. En revanche, les échanges sont là aussi généralement empreints d'émotion et très animés. Ils peuvent aller de l'entretien informel à l'interrogatoire pointu.
4. **La résolution de problèmes :** dans ce scénario, vous faites face à un problème ou à une crise, en étant éventuellement soumis à la pression du temps. Pour votre enfant et vous, bien gérer un problème, c'est l'affronter ensemble et s'épauler, même si le problème est celui de l'enfant ou vient de lui.
5. **La communication relationnelle :** il s'agit d'essayer tout simplement d'entrer en contact ou en relation avec quelqu'un dans le cadre d'échanges sensés et marqués par un engagement affectif. Comme le dit le vieil adage : « Si vous voulez vous faire un bon ami, soyez vous-même un bon ami. »

Soyez conscient à tout moment des scénarios de communication dans lesquels vous entrez avec votre enfant afin d'avoir toujours un objectif à l'esprit et de savoir où vous en êtes et où vous allez lors des échanges importants.

À ces cinq catégories, j'ajouterai deux grands schémas de communication : la communication unilatérale et la communication bilatérale. Selon moi, la communication unila-

Outil n° 2 : l'éducation par la clarté

térale est trop répandue et très dangereuse. J'en ai eu des exemples criants à chaque fois que Robin et moi avons acheté à nos enfants des vélos, une balançoire ou une cage à écureuil. Le tout est vendu en kits immenses « faciles à assembler », accompagné de deux cents pages d'instructions à peine déchiffrables par un utilisateur lambda et sans aucun numéro de téléphone où joindre un être humain susceptible de répondre à vos questions à 2 heures du matin le jour de Noël. La communication unilatérale n'est rien de plus que ce qu'elle semble être : la diffusion d'un message, un point c'est tout. Il n'y a ni réponse, ni réaction, ni question, ni précision possible.

L'autre, la communication bilatérale, est exactement ce que j'espère que vous apprendrez, adopterez et pratiquerez au sein de votre famille. Contrairement à la communication unilatérale, elle repose sur le principe d'une boucle de communication dans laquelle émetteurs et récepteurs échangent et ajustent leur message pour plus de précision et de clarté. Ce schéma de communication bilatéral comprend quatre étapes :

1. **La communication initiale :** l'émetteur formule le message dans sa tête, l'évalue, le valide puis l'envoie. Un bon émetteur n'applique pas la règle du « prêt, feu, partez ».
2. **La boucle de feed-back :** le récepteur dit à l'émetteur ce qu'il entend. Pour solliciter le feed-back soit l'émetteur pose une question simple du type : « Dis-moi ce que tu as compris », soit le récepteur annonce tout simplement : « J'ai compris que… », ce qui permet à la fois à l'émetteur et au récepteur – dans votre cas le parent et l'enfant – de vérifier l'exactitude et la clarté du message transmis. Si votre intention est d'envoyer un message A et que votre enfant reçoit le message B, c'est un problème qui peut entraîner des méprises et

des conséquences très négatives. La vérification des messages envoyés et reçus est essentielle. Si vous êtes dans une situation où vous ne pouvez pas risquer d'erreur de communication, cette boucle de feed-back vous apporte la solution.
3. **La reformulation et la clarification :** dans cette étape, l'émetteur initial affine le message pour répondre plus précisément au feed-back et/ou aux questions posées par le récepteur.
4. **La boucle de confirmation :** dans cette étape, le processus de feed-back, de reformulation et de clarification est répété jusqu'à ce que l'émetteur et le récepteur soient d'accord sur le message envoyé et reçu. Cela n'implique pas que le récepteur réagira au message, comme le souhaite l'émetteur, mais seulement que les deux parties sont d'accord sur la teneur du message.

Voici maintenant un dialogue bref mais très représentatif entre une mère de quarante et un ans, Rebecca, et sa fille de dix-sept ans, Sloan, qui souhaite se rendre à une fête qui se déroule l'après-midi dans une maison au bord d'un lac voisin. Avant cette conversation, j'ai passé un temps considérable avec Rebecca à discuter des règles de la conversation bilatérale.

Rebecca (message initial) : J'ai décidé que je ne peux tout simplement pas t'autoriser à aller à cette fête car il n'y aura aucun adulte pour vous surveiller. Pour que tu ne te méprennes pas sur mes raisons, dis-moi ce que je viens de dire.
Sloan (feed-back) : Tu ne me fais pas confiance ; tu penses que je vais boire, avoir des rapports sexuels et me conduire de manière complètement stupide.
Rebecca (reformulation et clarification) : Sloan, ce n'est pas du tout cela. Je te fais confiance, et je ne pense pas que

Outil n° 2 : l'éducation par la clarté

tu irais là-bas avec le projet de boire et d'avoir des rapports sexuels, mais je suis assez intelligente pour savoir que c'est ce qui risque de se passer. Je ne veux pas qu'il y ait des problèmes et que tu y sois mêlée. Si tu y vas, que tout le monde boit et que quelqu'un se blesse ou se noie dans le lac ou que la maison subit des dégâts, tu souhaiteras ne pas y avoir été. C'est mon travail d'évaluer les risques et de t'éviter de te mettre dans une situation dont l'issue me semble hasardeuse. Maintenant, dis-moi ce que je viens de dire.

Sloan (boucle de confirmation) : D'accord Maman, j'ai bien compris que tu penses que c'est la situation qui pose problème, et pas moi. Mais je suis suffisamment intelligente pour partir si les choses tournent mal. Je pense que tout va bien se passer et que tu devrais me laisser y aller.

La conversation s'est poursuivie et Sloan n'a pas obtenu gain de cause. Mais vous voyez que cette communication bilatérale a permis à Rebecca d'éviter une grave méprise – dans laquelle l'enfant voulait jouer la victime – et de fournir de plus amples informations. Si elle avait traité la question de manière unilatérale en disant simplement : « Tu n'iras pas parce que je suis ta mère, un point c'est tout », elle n'aurait eu aucune idée de ce que sa fille pensait et des pensées qu'elle lui attribuait. Ce schéma bilatéral et cette écoute mutuelle leur ont permis à toutes les deux d'être d'accord sur le fait de ne pas être d'accord. Sloane n'a pas obtenu ce qu'elle voulait, mais elle n'est pas non plus restée sur la fausse impression que sa mère la voyait comme une enfant irresponsable.

Soyez attentif et fort à l'intérieur comme à l'extérieur

Pour bien communiquer, vous ne pouvez pas vous dire : « On ne va jamais y arriver », et en même temps délivrer à votre enfant un message d'espoir et de pardon. Pour être forts, les échanges extérieurs doivent être compatibles avec les échanges intérieurs. Comment espérer courir à la rescousse de qui que ce soit si vous vous sabotez en chemin. Ce n'est pas le moment de douter de soi, ni de s'incriminer, ni de faire son autocritique. Bien sûr, même les adultes ont des doutes et des incertitudes. Les parents peuvent eux aussi craquer. En période de crise, nous devons donc être attentifs à nos pensées profondes et bannir de notre cerveau les messages suivants, qui ne font que se mettre en travers de nos tentatives de sauvetage :

- Tout est de ma faute.
- Nous n'avons aucun moyen de nous sortir de là.
- J'ai toujours su que les choses tourneraient ainsi.
- Je ne peux rien faire.
- Je ne peux pas faire face.
- Je n'y arriverai pas.

Quand ces phrases surgissent, mordez-vous intérieurement la langue et neutralisez les pensées défaitistes avec des messages plus positifs qui vous aideront à traverser la crise, à insuffler de la confiance et à vous donner de l'énergie. Dites des choses telles que :

- Nous pouvons résoudre ce problème.
- Nous allons le surmonter.
- Je vais faire de mon mieux et ça suffira.
- Je sais que je peux y arriver.

Toutes les études montrent qu'en période de crise, les pensées intérieures positives sont beaucoup plus efficaces que les messages négatifs. Si vous vous dites que vous pouvez faire quelque chose, vous avez plus de chances d'y parvenir que si vous dépensez toute votre énergie à vous dire que

Outil n° 2 : l'éducation par la clarté

vous allez échouer. Ne vous en prenez pas à vous-même au beau milieu d'une crise, car il est inutile de rajouter du négatif et de la pression. Au lieu de cela, affrontez le problème ; n'en devenez pas une partie en contribuant au stress.

Et veillez à ne pas orienter le dialogue intérieur de votre enfant dans une direction négative. Par exemple, vous devez faire extrêmement attention de ne pas lui coller des étiquettes, même si vous pensez qu'elles sont justes. Les étiquettes peuvent s'avérer particulièrement dangereuses parce que les jeunes ont tendance à les intérioriser. Souvent, ils agissent ensuite selon cette attente. Un père qui présente l'un de ses fils comme « mon athlète » et son autre fils comme « mon rat de bibliothèque » enferme inconsciemment ses deux enfants dans des boîtes qui peuvent les limiter en cours de route.

Sachez aussi que même une étiquette qui se veut positive peut être très dommageable. Par exemple, je rencontre souvent des parents qui qualifient leur enfant de génie en pensant que c'est un qualificatif très positif. Mais en entendant cela, l'enfant risque de négliger l'école en ayant le sentiment que le travail quotidien est indigne de lui, et de commencer à avoir des problèmes à l'école et dans ses relations avec ses professeurs et ses camarades. Étiqueter un enfant hyperactif, lent ou maladroit peut tout naturellement lui greffer des messages et des images de soi qui le restreignent ou le handicapent. De telles étiquettes risquent de diminuer son envie de saisir des opportunités et d'anéantir la très importante faculté à dépasser les échecs et les déceptions.

Pendant que nous examinons le pouvoir du langage dans la communication et son impact sur la réussite de votre enfant en tant qu'adulte, jetons un coup d'œil à un problème vraiment *catastrophique*, à savoir l'utilisation d'un langage catastrophiste ou l'exagération de situations et de circonstances par l'utilisation de l'hyperbole et de l'outrance.

- La nuit dernière a été la pire nuit de toute ma vie !
- Tu as commis une erreur incroyable et fatale que je ne pourrai vraiment jamais te pardonner !
- Tu es le pire cauchemar qu'un parent peut imaginer et tu as brisé mon cœur !

Le langage catastrophiste est facile à utiliser, mais les dommages qu'il peut causer sont très difficiles à réparer. Il sert à émouvoir l'auditeur et peut avoir d'immenses effets psychologiques sur ceux qui le prennent au pied de la lettre. La tension explose. Le rythme cardiaque s'accélère. Les muscles se tendent. L'emploi d'un mauvais mot peut entraîner toutes sortes de mauvais effets. Parents, ne vous amusez pas à ce jeu-là. N'exagérez pas les erreurs ou les mésaventures de votre enfant. Soyez l'adulte et le guide attentionné que les parents sont censés être. Si vous devez exagérer quoi que ce soit, faites-le en décrivant les actes positifs de votre enfant ou les qualités admirables qu'il possède. Soyez un supporter, pas un oiseau de malheur.

Communiquer pour préparer et anticiper l'avenir

Discutez avec vos enfants des tentations et des difficultés qu'ils risquent d'affronter. Organisez des jeux de rôle pour qu'ils répètent et faites-les imaginer des scénarios face à des situations difficiles. Naturellement, aucun parent ne souhaite que sa fille de seize ans se retrouve un samedi soir à minuit seule avec un garçon sur la banquette arrière d'une voiture. Mais si ça devait lui arriver, nous voulons qu'elle soit préparée à faire face à cette situation. Si le garçon tente de la convaincre de faire ce qu'elle n'a pas envie de faire en lui répétant « Si tu m'aimais vraiment, tu... », il lui serait utile d'avoir des réponses toutes prêtes et de savoir que c'est un chantage qui a toujours existé entre garçons et filles. Si

Outil n° 2 : l'éducation par la clarté

elle est préparée, elle saura que le garçon tente de la manipuler et pourra lui répondre : « Tu es stupide et tu essaies de m'avoir au chantage. »

Les scouts ont raison quand ils disent « Toujours prêts ». Parents, ayez à cœur de parler avec vos enfants. Regardez en avant et préparez-les aux scénarios typiques qui peuvent se produire, à l'instar des avocats, qui n'entament jamais un procès sans anticiper ce que la partie adverse va produire comme surprise ou témoignage.

Tirer les leçons des succès autant que des échecs

En tant que parent, vous devez être là pour aider vos enfants à reconnaître et à renforcer leurs succès, leurs bonnes décisions et leurs bons choix. Vous ne pouvez pas savoir à quel point il est fort et encourageant pour un enfant d'entendre son père dire : « Je crois que tu peux être fier de ton comportement cette saison. L'entraîneur ne te donnait pas beaucoup de chances, mais tu t'es accroché et tu as amélioré ton jeu, et quand tu en as eu la possibilité, tu as montré que tu avais du talent. »

Aidez vos enfants à tirer les leçons de leurs succès. Saisissez toutes les occasions de revoir avec eux ce qu'ils ont fait de bien, dites-leur pourquoi vous pensez qu'ils ont réussi et soulignez leurs qualités. Chaque fois que vous éprouvez le besoin de critiquer, atténuez vos critiques par un élément positif. Il est essentiel que les enfants apprennent à s'appuyer sur leurs points forts plutôt que de toujours essayer de compenser leurs points faibles. Aidez-les à les cerner pour qu'ils puissent s'en inspirer et développer leurs talents. Quand les enfants apprennent à mettre à profit leurs points forts, ils ont plus de chances de faire preuve de détermination plutôt que de peur face aux difficultés.

Ma famille d'abord !

L'humour à la rescousse

« Aïe », vous dites-vous probablement, « non seulement ce type a perdu ses cheveux, mais il a aussi perdu la tête. En plus d'assurer la discipline et de faciliter les grandes décisions de toute ma famille, je dois aussi être drôle ? »

Laissez-moi vous expliquer. Je ne vous demande pas de devenir le clown de la famille. Je suggère plutôt que si vous voulez élever des enfants capables de rire de l'absurdité du monde, vous devez les aider à voir le bon côté de la vie. Êtes-vous drôle dans la vie ? Faites-vous toujours tout marcher à la baguette ? Sachez que l'humour est lui aussi parfois très efficace. Être parent signifie prendre des décisions difficiles et être sérieux quand la situation l'exige, mais cela ne signifie pas ne jamais se détendre, s'amuser ou rire de soi.

Le rire est une composante humaine importante, et rire avec son enfant renforce les liens. Le rire est également un formidable moyen de diminuer le stress, et votre enfant a besoin de connaître son pouvoir de guérison. Dans les semaines qui suivirent son déménagement et son arrivée dans sa nouvelle école, la fille d'un ami, âgée de quatorze ans, dut raconter sa vie en chanson seule debout devant un groupe d'inconnus en cours de chant. Elle était tellement nerveuse que tout son corps tremblait, donnant à sa voix des airs de vibrato coincé. Ce soir-là, en rentrant chez elle, elle pleura d'humiliation et d'embarras. Mais quand son père alla lui parler dans sa chambre, il la trouva assise en train de rire toute seule.

« Que se passe-t-il ? Je croyais que tu étais triste après ce qui s'est passé aujourd'hui », dit-il.

« Oh, je me disais juste que, demain, tous les élèves de mon cours de chant viendront sûrement me voir pour en rire. »

Son père lui dit plus tard qu'à dater de ce jour, il sut qu'elle réussirait dans la vie parce qu'elle avait le don de rire des situations difficiles. Le rire est un excellent remède. Plus vous rirez, moins vous vous sentirez stressé. Cette fillette a réussi à soigner sa blessure et son embarras en prenant du recul et en riant de la situation. La vie est un véritable feuilleton, mais c'est aussi de la téléréalité. Conclusion : riez dès que possible ; vous serez moins énervé et plus accessible que si vous êtes renfrogné et que vous êtes un papa ou une maman grognon. Même quand tout va de travers – le chien fait ses besoins par terre, le dîner brûle et votre enfant renverse du lait sur le tapis – au lieu de sortir de vos gonds, essayez de rire du ridicule de la situation. Nettoyez et reprenez le cours de votre existence, mais, avant cela, riez un bon coup du saugrenu de la situation.

Il y a une différence, naturellement, entre rire d'une situation et rire aux dépens de son enfant. La jeune fille de tout à l'heure a réussi à rire de son embarras et de sa réaction, et ses parents ont ri avec elle, pas d'elle. Aidez votre enfant à avoir de l'humour, mais ne faites pas de lui la cible de vos plaisanteries. Quand les enfants peuvent rire de leur situation, ils risquent moins d'être sur la défensive ou stressés.

L'une des marques de fabrique d'une famille réussie est qu'elle partage toutes sortes d'anecdotes familiales. Que vos enfants et vous puissiez raconter nombre d'histoires sur l'époque où papa habillait son bébé à l'envers, où maman pensait qu'un nouveau groupe était une marque d'aliments pour chiens et où les enfants avaient préparé une omelette violette au déjeuner, c'est bon signe. Faites revivre les événements familiaux drôles en les répétant et en en riant de bon cœur. Ces moments tissent un lien commun et rappellent à chacun que vous avez tous un petit grain de folie, mais que vous vous aimez et que vous vous respectez. Rire ensemble est un signe d'humanité et de communion. Riez avec vos enfants et la vie vous sourira.

Ma famille d'abord !

Audit

Voici un questionnaire sur les occasions de communiquer. Pour chacune des déclarations suivantes, répondez par Toujours (T), Souvent (S), Rarement (R) et Jamais (J).

	T	S	R	J
Je reconnais quand mon enfant a un comportement positif et je l'en félicite.	4	3	2	1
Je reconnais quand mon enfant a un comportement négatif et j'essaie de comprendre ses sentiments.	4	3	2	1
Quand mon enfant réussit quelque chose, j'aime revoir avec lui l'idée, l'intention et le comportement qui ont abouti à ce résultat.	4	3	2	1
Quand mon enfant agit mal, j'aime revoir avec lui l'idée, l'intention et le comportement qui ont abouti à ce résultat négatif, mais sans le critiquer.	4	3	2	1
Votre enfant peut-il nommer cinq de ses qualités ? Pouvez-vous les confirmer ?	4	3	2	1
Pouvez-vous décrire les sentiments de votre enfant ?	4	3	2	1
Votre enfant et vous comprenez-vous vos intentions et vos comportements ?	4	3	2	1
Votre enfant et vous parlez-vous quotidiennement ?	4	3	2	1
Votre enfant et vous connaissez-vous vos sentiments et vos objectifs respectifs ou quelqu'un qu'il considère comme un exemple de réussite ?	4	3	2	1
Reconnaissez-vous la définition de la réussite de votre enfant ?	4	3	2	1

Résultat : si vous avez réagi à l'un de ces comportements en entourant le nombre 3, il doit être placé en tête de vos priorités. Et si, pour l'un d'eux, vous avez entouré un nombre inférieur à 3, il doit devenir une priorité absolue.

Au cours de ce chapitre, nous avons beaucoup avancé. J'espère maintenant que vous allez laisser le temps à toutes ces informations sur la communication de faire leur chemin. Réfléchissez à l'importance du dialogue avec vos enfants et, plus important encore, à la nécessité d'écouter ce qu'ils disent pour comprendre qui ils sont. Vous aurez ainsi beaucoup plus de chances d'influer sur l'adulte qu'ils deviendront. Oh, une dernière chose : n'oubliez pas de rire avec vos enfants, même si VOUS êtes parfois la cible de leurs plaisanteries. L'humour est guérisseur !

Chapitre 9

Outil n° 3 : l'éducation par la négociation
Devenez partenaire de votre enfant

> « Vous savez que vos enfants grandissent
> quand ils cessent de vous demander d'où ils viennent
> et refusent de vous dire où ils vont. »
>
> P. J. O'Rourke

Que vous en ayez conscience ou non, vous menez chaque jour d'innombrables négociations. D'ailleurs, la vie n'est pour moi qu'une longue série de concessions mutuelles qui commencent dès la naissance. Quand, bébé, vous pleuriez pour attirer l'attention puis arrêtiez quand votre mère vous prenait dans ses bras, vous meniez à bien votre première négociation. Plus tard, à la maternelle, vous avez dû négocier votre place dans la cour de récréation. À l'école, il a fallu négocier pour attirer l'attention de votre premier béguin. Puis, au lycée, votre premier rendez-vous amoureux ou votre premier(ère) petit(e) ami(e) ont probablement fait l'objet d'une négociation un peu plus complexe. Vous avez également négocié vos tarifs de baby-sitting et tout autre service rendu dans le quartier. Et une fois adulte, votre première voiture, votre premier job, votre premier salaire et votre première maison ont tous fait l'objet d'une négociation.

Ma famille d'abord !

Vous ne vous êtes peut-être jamais vu comme un négociateur et vous n'avez peut-être jamais utilisé le terme « négociation » pour décrire ce que vous faisiez. Pourtant, en tant que parents, nous devons avoir conscience de l'importance de la négociation dans les relations familiales. L'objectif est toutefois que tout le monde sorte gagnant. Pour que les relations se poursuivent, les deux parties doivent être satisfaites. Un accord qui penche totalement en votre faveur et ignore les besoins de votre partenaire ou de vos enfants peut sembler être une bonne affaire sur le moment, mais il ne dure jamais.

Toute relation est mutuellement définie au terme de négociations mutuelles. Vous vous dites peut-être : « Je n'ai pas négocié cette relation, j'en ai juste hérité. » Ce n'est pas vrai, car vous enseignez aux autres comment vous traiter, y compris à vos enfants. Si vous n'aimez pas votre relation avec un enfant, à vous de la *re*négocier.

Quelle que soit la définition de vos relations familiales, que ce soient les enfants, le papa, la maman ou vous tous qui en ayez le contrôle, chacun a négocié son rôle au sein de la famille – même le chien, dont les battements de queue et les aboiements sont de puissants outils de négociation. Dans toute relation et dans toute famille, nous menons tous consciemment ou non des négociations. Le processus est permanent, que ce soit sur les règles, la répartition du pouvoir, les normes, les objectifs, les habitudes, la pratique et les rythmes de la famille.

Herb Cohen, expert international en négociation, nous rappelle qu'à chaque fois que nous essayons d'influencer, de persuader, de manipuler ou de diriger une personne ou un groupe, nous négocions. Concilier les différences, gérer le conflit, résoudre les différends et modifier des relations relève là aussi du même processus. Soyons clair : la négociation est le véritable moteur des relations. Alors, sachant que les capacités de négociation jouent un rôle essentiel dans notre réussite, comment expliquer que la plupart d'entre nous n'y soient absolument pas formés ? Puisque personne ne vous enseigne cet outil inestimable, je vais m'en charger, et tout de suite.

Des stratégies de négociation

Dans le chapitre 5, nous avons déjà observé qu'en tant que parent, vous devez négocier avec différents styles d'enfants. La première étape consiste donc à évaluer la personnalité et le style de vos enfants, qui dicteront le type d'approche que vous adopterez. Si vous avez un enfant très rebelle, vous n'aurez pas nécessairement envie d'aborder les négociations sur le mode « C'est moi le chef », qui ne fera que susciter une opposition. Vous préférerez rechercher le consensus, car vous voulez que votre enfant y adhère et se l'approprie, comme si l'idée venait de lui. Il est également important qu'il comprenne les règles si importantes de la négociation.

À partir du jour où notre fils aîné Jay a eu dix ans, il m'a accompagné dans bon nombre de mes négociations quotidiennes – en particulier quand j'achetais une voiture ou une tondeuse à gazon ou que j'essayais de résoudre un différend avec des voisins. Parfois, je le laissais même mener la négociation pour qu'il prenne confiance en lui. Un jour, sur un coup de tête, nous avons décidé d'essayer d'avoir des places au dernier moment pour assister à un match de basket. Devant le stade, plusieurs revendeurs proposaient des billets. J'envoyai Jay négocier avec l'un d'eux, non sans avoir au préalable négocié un accord avec lui : « Nous voulons être bien placés. Voici deux cents dollars, ce qui est assez pour acheter deux billets. Mais je veux que tu en obtiennes le meilleur prix. Alors voici notre accord : si tu négocies le prix

Ma famille d'abord !

à deux cents dollars, c'est bien. Mais si tu le fais baisser, TU gardes la différence. Si tu négocies une réduction de cinquante dollars, ces cinquante dollars sont à toi. »

Ce jour-là, Jay s'est bien débrouillé, et le vendeur était lui aussi satisfait. Mon but était d'apprendre à Jay à être à l'aise dans les négociations et à prendre l'avantage. Les négociations suscitent souvent une certaine appréhension car elles sont souvent tendues et conflictuelles, alors que ce n'est pas automatique et qu'elles peuvent tout aussi bien être amicales et fructueuses. Considérez-les d'abord comme un processus de collaboration à la recherche d'une solution.

> **Info sondage : 46 % des parents ont déclaré que le plus gros problème affectif de leurs enfants était de gérer le stress et de lutter contre la dépression.**

Dans toute négociation familiale, il est important de favoriser le respect mutuel en se traitant mutuellement en individus responsables et intelligents. Je pense que mes enfants sont vraiment des personnes formidables, et je veux qu'ils sachent que c'est ainsi que je les vois pendant les négociations. Dans les cas de dysfonctionnement familial, il n'est pas rare que les parents et les enfants stressés se perçoivent comme ennemis. Les portes claquent, les méchancetés fusent et les émotions restent en surface, où elles s'enflamment facilement. Quand l'environnement est explosif, parents et enfants oublient qu'ils s'aiment et qu'ils ont besoin les uns des autres. Quand vous négociez avec vos enfants, n'essayez pas de les intimider, car l'accord que vous devez conclure avec eux est un accord à long terme.

Dans les négociations familiales, l'objectif n'est pas de faire des concessions à la va-vite, mais de travailler sur le

Outil n° 3 : l'éducation par la négociation

long terme. Vous devez être à l'écoute des sentiments des autres membres de la famille, ce qui n'est pas le cas dans une négociation avec le revendeur de billets du coin de la rue (même s'il est important de se conduire là aussi avec dignité et respect). Négociez toujours la tête haute, surtout avec vos enfants, pour préserver leur respect de soi.

Si la négociation est un succès, vous adhérerez tous deux à la solution parce que chacun de vous se l'appropriera. Dans l'accord conclu, vous devez tous deux pouvoir y trouver les points qui vous tiennent le plus à cœur et vous dire : « Si je soutiens ce que tu veux, ce n'est pas parce c'est ton accord, mais parce que c'est *notre* accord. »

Abordez la négociation dans un bon état d'esprit. Pour plus d'efficacité, cherchez au préalable à comprendre les objectifs de vos enfants et assurez-vous que le vôtre est bien le meilleur intérêt de chacun des membres de la famille et pas seulement votre confort personnel. Soyez le serviteur bienveillant de votre pouvoir et de votre contrôle. Il est si facile d'être inéquitable quand on a tous les atouts en main. Sachez toutefois que vos enfants peuvent ne pas totalement saisir où se situe leur intérêt. Essayez de leur faire comprendre vos motivations, qui sont la protection de la famille, mais ne vous sentez pas coupable s'ils ne les comprennent pas. Et une fois ces vérifications faites, ne culpabilisez pas de poursuivre votre objectif.

N'hésitez pas à négocier

Parents et enfants refusent souvent de s'asseoir à la table des négociations en présence du fantôme qui hante les lieux et qui n'est autre que le souvenir des échecs passés. Si les précédentes tentatives ont été menées avec maladresse sur un coup de tête, on peut comprendre que les protagonistes aient du mal à reprendre les négociations.

Ma famille d'abord !

Quand Frances et son fils Sean vinrent me voir, ils étaient dans l'impasse : l'utilisation de la voiture familiale était devenue entre eux une source de conflit, comme très souvent dans les familles. Depuis sept ans, Frances élevait seule son fils qui lui en voulait de l'absence de son père. Les conflits ne manquaient pas, mais la question de la voiture avait mis le feu aux poudres, surtout depuis que Sean avait commencé à sortir.

À l'instar de tous les parents, Frances arriva à ces négociations avec son propre bagage, cet héritage familial dont nous avons parlé dans le chapitre 4 et qui peut se manifester dans tous les aspects de votre relation avec vos enfants, son impact sur votre faculté de négociation n'en étant que l'un des nombreux exemples. Si, dans votre enfance, vos négociations avec vos parents furent des expériences conflictuelles, vous devez éviter de revivre et d'occulter cette situation et décider de faire mieux avec votre propre enfant. N'abandonnez pas en cours de route. Vous pouvez faire mieux. Le père de Frances était un tyran qui la maltraitait physiquement. Depuis l'enfance, elle avait appris à éviter à tout prix tout face-à-face avec lui et n'aurait jamais tenté de le persuader de faire ce qu'il n'avait pas envie de faire. Son fils ressemblait à son père. Mais il avait aussi le tempérament de sa mère. Il ne connaissait pas bien son passé, mais le peu d'expérience qu'il avait lui disait que le processus de négociation relevait davantage de la manipulation et du conflit que de la recherche d'un consensus par le dialogue.

Pour mettre Frances et Sean sur la voie, je leur ai présenté une nouvelle définition de la négociation, dont vous lirez les détails plus loin dans ce chapitre. La mère et le fils ayant toujours soigneusement évité tout conflit, l'un et l'autre avaient laissé toute une série de questions en suspens. Le type de négociation que je leur offrais leur procurait enfin un environnement sûr pour aborder les sujets. Dans le cas de la voiture, leur intérêt à tous les deux était de résoudre ce problème. C'était déjà un bon début, car le désir commun de trouver une solution est la première des conditions à toute négociation. Si l'une des parties ou les deux se moquent de trouver une issue, l'affaire est mal engagée.

Une fois réunis dans un climat de négociation sécurisant, Frances et Sean réussirent à se mettre d'accord sur un calendrier établissant à chacun la jouissance de la voiture au moment où il en avait le plus besoin. Au titre de créancière, Frances réclama le droit de savoir où Sean allait et ce qu'il faisait quand il prenait la voiture. Quant à Sean, le privilège d'utiliser la voiture fut assorti de contreparties. Tous deux se déclarèrent assez satisfaits de cet accord, bien que Frances se réservât le droit de pleurnicher et que Sean affirmât clairement qu'il préférerait pouvoir utiliser la voiture en permanence. Impossible de chasser le naturel et de refréner la soif d'indépendance des jeunes. En somme, tous deux se sentirent juste bien, sans avoir toutefois le sentiment d'avoir obtenu entière satisfaction, car il leur avait fallu faire des concessions, autant de signes assez révélateurs d'un accord équitable.

Le pouvoir des enfants

Au fil des ans, le grief que j'ai le plus souvent entendu dans la bouche des enfants est qu'ils se sentent impuissants dans les négociations avec leurs parents. Beaucoup ont également le sentiment que leurs parents se montrent arbitraires dans leur discipline et leurs décisions. Personne, que l'on soit enfant ou parent, n'aime être traité ainsi. Nous voulons tous que nos voix soient entendues et que nos sentiments soient pris en compte, sans aller jusqu'à vouloir posséder les clés de la voiture, tenir les cordons de la bourse ou faire la loi à la maison. Pour leur épanouissement, les enfants ont

Ma famille d'abord !

besoin d'ordre, de limites et de situations prévisibles. Mais en même temps, ils aiment avoir un sentiment d'autodétermination au sein de ce cadre. Ils veulent pouvoir jouir de certains droits et privilèges s'ils font ce que l'on attend d'eux. Ils veulent avoir un sentiment de pouvoir et une certaine capacité à créer ce qu'ils aiment. S'ils sentent que votre position est verrouillée et qu'ils n'ont aucune chance d'influer sur vous quoi qu'ils disent ou qu'ils fassent, je peux vous garantir qu'ils se désintéresseront de vous et trouveront un autre moyen d'obtenir ce qu'ils veulent, coûte que coûte. Les enfants qui se sentent incompétents ou impuissants en famille décident parfois qu'il est plus facile de demander pardon que de demander la permission. S'ils pensent que vous vous êtes dit depuis longtemps qu'ils n'obtiendront pas ce qu'ils veulent et que vous les tenez tels des otages impuissants, ils risquent de penser qu'ils n'ont rien à perdre à ignorer les règles et à prendre ce qu'ils veulent. Ils se disent alors : « De toute façon, je vis déjà en cage, alors quelle différence ? » Les enfants me déclarent souvent que leurs parents ont des idées préconçues sur leur comportement et qu'il n'y a aucun espoir de leur faire changer d'avis. Ils pensent que s'ils ont un jour fait des erreurs, s'ils ont fait preuve d'irresponsabilité ou s'ils ont menti ou déformé la vérité, ils sont condamnés à vie sans espoir de pardon ni de liberté conditionnelle. Ils se sentent condamnés à être suspects et à ne pas être dignes de confiance. Il est important que les enfants perçoivent que vous vous asseyez à la table des négociations dans un esprit d'ouverture avec la volonté de regarder l'avenir et non le passé. Il est important qu'ils aient le sentiment d'avoir un certain pouvoir de persuasion et d'influence dans une famille large d'esprit. Quand les enfants sentent que leurs parents écoutent et prennent leurs soucis en considération, cela stimule leur confiance en eux et leur estime d'eux-mêmes. Votre job de parent est de fixer des limites, de guider les choix décisifs et d'insuffler des valeurs que vous jugez importantes pour vos enfants. En même temps, dans toute négociation, vous devez toujours chercher à écouter leurs soucis. Ainsi, qu'ils gagnent, qu'ils perdent ou qu'ils soient *ex aequo*, ils sauront au moins qu'ils ont été entendus. Quand ils sentent qu'ils ont voix au chapitre, les enfants ont le sentiment d'avoir du pouvoir. Et les enfants qui ont le sentiment d'avoir du pouvoir se sentent en sécurité.

La clarté de l'objectif

Qui ne l'a jamais fait ? Quand les parents imposent une décision à leur enfant, tous, que ce soit vous ou moi, oublient à un moment ou à un autre – et probablement à différents moments – de donner le « pourquoi » (pourquoi il ne peut pas commander un milk-shake géant ou avoir une Ferrari comme première voiture), même s'il est vrai que les enfants exigent souvent des explications dans l'espoir d'user la résistance de leurs parents. Je vous conseille de les leur donner, car en leur expliquant les raisons de vos décisions, vous les aidez à apprendre à se forger leur propre jugement. Vos règles auront plus de sens et plus de poids si vous les étayez. À l'inverse, elles auront très peu de pouvoir durable si vous vous contentez de suivre aveuglément un modèle éducatif.

Prenons l'exemple de l'éternelle exhortation parentale : « Mange tes légumes sinon tu seras privé de dessert. » Bien sûr, la plupart des enfants s'exécuteront si vous rôdez autour d'eux telle une mante religieuse. Mais la fois suivante, quand vous ne serez *pas* là, qu'est-ce qui va les obliger à manger les légumes verts avant de passer au dessert ? Sans motivation personnelle ni objectif, vous pouvez être sûr qu'ils vont avaler la tarte aux fruits et laisser le chou. Parlez à vos enfants et donnez-leur des consignes en en expliquant les raisons.

J'ai observé que plus les parents parlent à leurs enfants au quotidien et les aident à comprendre pourquoi ils veulent qu'ils suivent leurs consignes, et plus ils leur expliquent les choses, moins il y a de conflits. Parler aide également votre enfant à traiter avec d'autres figures d'autorité telles que les enseignants, les employés et même la police. Vous pouvez même dire que le dialogue parent-enfant épargne des vies, ou du moins beaucoup d'angoisse. Le père qui dit à son fils qu'il ne peut pas emprunter sa voiture de société pour se rendre à la fête d'un copain ne fait qu'attiser les conflits si, à l'inévitable question « Pourquoi pas ? », il se contente de répondre : « Parce que je suis ton père et que j'ai dit non ! »

L'enfant qui entend régulièrement cette réponse est prédestiné à s'opposer toute sa vie à l'autorité. Il serait préférable de répondre : « Je vais te dire pourquoi : tu n'es pas couvert par l'assurance car c'est une voiture de société, ce qui signifie que moi seul suis supposé la conduire. Si tu l'abîmes – que tu sois en tort ou pas –, non seulement je ne pourrai pas aller travailler, mais en plus j'aurai des ennuis avec ma société. Et si je perds mon travail, nous pouvons dire adieu à la voiture. »

Un enfant peut ne pas être impressionné par cette réponse, mais il ne peut en nier la pertinence. Et une fois qu'il en a compris le raisonnement, il a les moyens de prendre sa propre décision en votre absence. Imaginons que vous partiez en voyage d'affaires en avion et que vous laissiez votre voiture de fonction dans l'allée et les clés à la maison. Votre fils peut être tenté de défier votre autorité et de prendre votre voiture pour faire un tour si vous vous êtes toujours contenté de lui dire : « Parce que j'ai dit non ! » Mais si vous lui avez expliqué vos raisons, il a les moyens de pren-

Outil n° 3 : l'éducation par la négociation

dre sa propre décision. « Si quelque chose arrive et que je casse la voiture, je nous mettrai, mon père et moi, dans une situation très difficile. »

Les parents doivent comprendre qu'expliquer une décision n'ouvre pas nécessairement la porte à une discussion, même si la discussion est un excellent exercice intellectuel pour les enfants. En revanche, après une conversation sur le « pourquoi » d'une décision qui menace de tourner à une discussion que vous ne jugez ni bonne ni à propos, la conclusion qui s'impose consiste tout simplement à dire : « J'ai pris ma décision sur la base de ce que je t'ai dit. Un point c'est tout. »

La répétition

S'il est vrai que votre enfant vous connaît mieux que vous ne vous connaissez vous-même, vous avez tout de même un avantage : votre expérience. La plupart du temps, vous savez quelles seront ses requêtes ou ses demandes et vous pouvez vous y préparer. Souvenez-vous que dans toute négociation, mieux vaut convaincre que contraindre. Mieux vaut collaborer à une décision que de dicter une décision. Pour préparer vos réponses, je vous suggère de vous entraîner mentalement en répétant ce que vous allez dire la prochaine fois que votre enfant voudra quelque chose que vous ne voulez pas lui donner. Une fois qu'il aura adhéré à votre point de vue ou à un compromis, vous n'aurez plus à ressasser la même discussion. Voici un exercice simple à méditer. Dans la colonne de gauche, dressez la liste des requêtes probables, et dans la colonne de droite, notez la réponse et les explications que vous voulez pouvoir avancer. Obligez-vous à dialoguer et résistez aux jeux de pouvoir :

Ma famille d'abord !

Probable requête excessive	**Réponse et explication**
1. Puis-je prendre la voiture pour sortir avec mes amis ?	
2. Puis-je regarder la télévision jusqu'à 21 heures ce soir ?	
3. Puis-je aller à une soirée-pyjama avec les filles de ma classe de CM1 ?	
4. Je peux rater l'école ? Personne n'y va demain !	
5. Est-ce que je peux aller au cinéma à la séance de minuit ?	
6.	
7.	
8.	
9.	
10.	

Les conséquences et les choix

Dans son domaine, un joueur de tennis professionnel possède une panoplie de moyens et d'armes – un coup droit, un revers, une volée, un smash, un service puissant et une panoplie de services et de retours tout en finesse – qui lui permettent d'affronter ses adversaires, quel que soit leur style, en restant à son plus haut niveau.

Pour ma part, je suis un joueur de tennis amateur mais passionné et ma panoplie d'outils est infiniment plus limitée. Mais je sais ce qu'ils vont me permettre de faire et de ne pas faire. Je joue avec ce que j'ai et je fais de mon mieux sans espérer faire de miracles face à chacun de mes adversaires. Le

Outil n° 3 : l'éducation par la négociation

même principe s'applique dans les négociations. Vous êtes aussi bons que le sont vos outils, et vos enfants aussi. C'est pourquoi vous devez maîtriser l'art de la négociation, puis transmettre cet outil capital à votre enfant. En négociant bien votre relation avec lui, non seulement vous obtiendrez de bons résultats, mais en plus vous lui montrerez l'exemple, faisant ainsi d'une pierre deux coups.

L'une des premières mesures à prendre pour enseigner à son enfant les bases de la négociation est de s'assurer qu'il peut prévoir les conséquences de ses actes afin d'avoir le sentiment d'être responsable de ce qui lui arrive. Si, en partant pour l'école le vendredi matin, votre fille vous lance un juron, il vaudrait mieux qu'elle puisse prévoir de devoir passer le week-end à ranger sa chambre et à plier le linge au lieu de se prélasser à la plage avec M. Muscle.

Il faut que les choses soient claires : si vous choisissez un comportement, vous en choisissez aussi les conséquences. Mais comment savoir que vos enfants ont compris ce principe fondamental ? Quand vous les entendrez dire, par exemple : « Je suis allé trop loin, n'est-ce pas ? », ou « Ce n'est pas ma mère qui m'a privé de sortie ; je me suis puni moi-même », ou encore « Si j'avais fermé mon clapet, je serais à la plage avec vous à l'heure qu'il est ». Si les deux parties ne se sentent aucune obligation, il ne peut y avoir négociation, faute d'enjeu.

Une fois clarifiées à la fois vos attentes et les conséquences de leur non-respect, votre enfant se fera une idée précise de la situation. De là découlera le reste de la négociation. Votre enfant doit savoir qu'il existe des motifs de rupture absolue des accords et qu'en les violant, il rompt la négociation et sort perdant : une règle qu'il apprendra et qu'il respectera pour pouvoir maintenir le dialogue. Il faudra peut-être quelques galops d'essai, mais, croyez-moi, la plupart des enfants comprennent assez vite.

Ma famille d'abord !

Cette règle du choix à la fois du comportement et de ses conséquences dans le processus de négociation leur enseigne le sens des responsabilités et leur permet ainsi de s'approprier ce qui se passe dans leur vie. Les parents devraient toujours insister sur des règles d'engagement telles que :

« J'espère que tu choisis de profiter des vacances de printemps en ayant de bonnes notes cet hiver. »

« Tu connais la loi et tu connais nos règles. J'espère que tu choisis de garder ton permis de conduire en roulant toujours en deçà des limitations de vitesse. À toi de décider ; la loi est la loi. »

Qui dit cohérence dit appropriation

Là encore, pour que la règle du choix à la fois du comportement et de ses conséquences puisse fonctionner, elle doit être maniée avec cohérence. Une fois que vous avez négocié les règles fondamentales, vous ne pouvez pas agir à votre convenance. Vous devez respecter le droit de votre enfant. S'il choisit de mal se comporter, vous devez être prêt à infliger les conséquences que vous vous êtes engagé à appliquer. En revanche, ce n'est pas parce que vous avez passé une mauvaise journée ou que vous êtes énervé que vous avez le droit de le punir sans raison. Les sanctions arbitraires entachent non seulement les négociations existantes, mais aussi toutes les tentatives ultérieures de négociation. Vos enfants doivent pouvoir prévoir vos réactions afin d'éprouver ce sentiment de pouvoir tout puissant de créer leur propre vie. Si votre enfant respecte sa part du marché, vous devez respecter la vôtre.

Impliquez-les et ils adhéreront

Le processus de négociation est là pour donner à votre enfant un plus grand sentiment d'autodétermination, de

Outil n° 3 : l'éducation par la négociation

sécurité et d'appartenance. S'il est bien mené, votre enfant se verra plus comme un partenaire que comme un pion. Si vous impliquez vos enfants dans le processus d'élaboration des règles, des consignes et du comportement en famille, ils adhéreront davantage à votre plan d'action et vous obtiendrez les effets suivants :

- Si quelqu'un est fier d'être l'auteur d'un plan d'action, il a beaucoup moins de chances de s'y opposer.
- Ceux qui s'approprient un plan d'action ont beaucoup moins de risque de le faire échouer, ce qui équivaudrait pour eux à un aveu d'échec.
- Chez les enfants en particulier, le sentiment de pouvoir s'accompagne d'un sentiment de sécurité. Ils n'aiment rien moins que contrôler ou du moins apporter leur contribution à leur plan d'action.

Il est formidable pour les enfants de savoir que ranger leur chambre, faire leurs devoirs et assurer certaines tâches tout en respectant leurs parents leur donne le droit à la récompense qu'ils attendent, notamment une soirée pyjama avec des amis. Une fois que vous aurez appris à vos enfants que la vie est une succession de contreparties, le jour où ils ne rempliront pas leurs obligations et que leur soirée sera annulée, ils auront du mal à se plaindre. Au lieu de déclarer « Je déteste ma mère. Elle est méchante », ils diront plus probablement : « Je pense que je suis allé trop loin ».

En général, les enfants ne cherchent pas à faire la loi. Ils aiment surtout pouvoir faire ce dont ils ont envie. Ils savent qu'ils sont petits et qu'ils ont des lacunes, et ils seraient par conséquent bien embarrassés de devoir assumer toutes les responsabilités. Ils veulent juste autant de contrôle que ce qu'ils peuvent exercer et juste assez de pouvoir pour prendre les décisions qui les concernent directement. C'est dans l'ordre naturel des choses, tout comme il fait partie de la vie de dompter la bête féroce qui est en eux, ce qui signifie ici que vous conservez l'autorité en vous assurant toutefois que vos enfants sentent que leur contribution et leur influence sont les bienvenues. Vos enfants et vous devez travailler ensemble et par étapes sur le partage du privilège du pouvoir. De la même manière que nous ne leur délivrons pas de permis de conduire sans leur apprendre à conduire et sans leur faire passer des tests de code et de conduite, il est sage de faire preuve de la même prudence quand on leur donne le permis de prendre les décisions de leur vie.

Les compétences de négociateur

Il est important de rappeler que la négociation est une forme d'échange monétaire dans le meilleur sens du terme. Elle répond à deux critères. Premièrement, le processus doit être manifeste et non insidieux. Deuxièmement, les méthodes doivent être motivées par la poursuite du meilleur intérêt de l'enfant, que ce dernier soit d'accord ou non.

Voici les étapes critiques pour une négociation réussie :

1. Cernez les points de désaccord. Il peut s'avérer très utile de commencer par identifier tous les terrains d'entente. Souvent, nous faisons l'erreur de penser que nous sommes en totale opposition avec l'autre partie, alors qu'en réalité les points de désaccord sont plutôt isolés. En identifiant vos terrains d'entente, vous injectez une énergie positive et vous créez du lien. Supposons par exemple que votre enfant veuille pouvoir rentrer à 1 heure du matin au lieu des minuits habituels. Vous pouvez vous contenter de dire : « Non, parce que je suis ton père/ta mère et je dis non. » Ou vous pouvez en discuter ouvertement en identifiant les points sur lesquels vous êtes tous les deux d'accord. Je suppose que votre enfant serait d'accord pour dire que la sécurité est une priorité. Pourquoi ne pas commencer par là : « Sommes-nous d'accord pour dire que la priorité numéro un est que tu sois en sécurité et que tu ne prennes pas de risques déraisonnables ? » Cet accord peut ensuite servir de point de départ à votre négociation, qui se résume à savoir si l'un de vous parvient à persuader l'autre qu'il est prudent ou imprudent de prendre la route après la fermeture des bars, à l'heure où toutes les personnes ivres rentrent chez elles. Si vous avez bien fait votre travail, je parie que c'est une bataille que vous ne pouvez logiquement pas perdre.

2. Découvrez ce qu'ils veulent vraiment. Notez que je n'ai pas dit : « Découvrez ce qu'ils veulent faire et ne pas faire. » Ce qui importe, c'est de savoir ce que *veut* l'autre partie. Si votre enfant vous déclare : « Je veux pouvoir rentrer à 1 heure du matin », quel besoin ou quel désir cache cette requête ? Que veut faire votre enfant jusqu'à 1 heure ? C'est peut-être que tous ses copains ne rentrent qu'à 1 heure et qu'il ne veut pas se sentir exclu. Quelles que soient ses raisons, vous devez trouver un moyen plus sûr et acceptable de répondre à son désir. Dans l'exemple qui nous intéresse, vous pourriez trouver d'autres moyens d'aider votre enfant à s'intégrer sans pour autant prendre le volant à une heure aussi dangereuse. Il existe plus d'une manière de plumer un canard, dit-on, et, avec un peu d'imagination, vous trouverez bien un moyen d'aider votre enfant à obtenir ce dont il a vraiment envie.

J'ai justement connu une famille où la mère et la fille avaient trouvé un compromis sur la question. Il fut décidé que la fille pouvait sortir jusqu'à 1 heure du matin si elle était chez un ami du quartier et si elle pouvait rentrer à la maison sans emprunter de route très fréquentée. Ou qu'elle pouvait inviter des amis à la maison entre minuit et 1 heure.

Ma famille d'abord !

La mère, dans un étonnant élan de générosité pour trouver une solution, accepta même qu'ils puissent mettre la musique à fond pendant cette heure sans que les parents ne protestent. Cette formule marcha pour la mère et pour la fille. Négociation réussie. Certaines personnes ont tendance à se montrer égoïstes et trop ambitieuses dans les négociations et à penser que si elles obtiennent tout ce qu'elles veulent sans rien céder, elles ont conclu un excellent accord. L'éducation est un marathon, pas une course de vitesse. Il est donc vraiment important que vous fassiez preuve de tact et de générosité. À chaque fois que j'entame une négociation, je m'y consacre tellement que je finis par œuvrer autant pour l'autre que pour moi-même. Mais l'expérience m'a appris que si l'autre partie obtient ce qu'elle veut ou ce dont elle pense avoir besoin, elle a plus de chances de me donner ce que je veux ou ce dont j'ai besoin. Vous devez essayer de trouver le plus de moyens possible de donner à vos enfants ce qu'ils veulent sans pour autant aller à l'encontre de ce qui vous tient à cœur.

Au sein de mon équipe de production de télévision, j'ai établi ce que je pense être une excellente règle : nous devons « aimer » toute nouvelle idée pendant un quart d'heure. Quand l'un de nous propose une idée, même si les autres pensent qu'elle ne marchera pas, au lieu d'être négatifs, ils passent un quart d'heure à essayer d'imaginer comment la faire fonctionner. Le but est d'essayer de trouver un moyen d'intégrer cette idée à la somme de travail que nous produisons chaque saison, ce qui permet au producteur de faire une bonne émission de télévision qui a des répercussions sur la vie des gens et d'avoir le sentiment d'apporter sa contribution. En refusant de rejeter une idée de but en blanc, je suscite une réflexion très fructueuse qui a déjà donné naissance à des émissions étonnamment intéressantes.

3. Efforcez-vous de trouver un compromis dans lequel les deux parties donnent et obtiennent chacune un peu. Il existe peut-être des risques limités que vous êtes prêt à prendre et des concessions que votre enfant est prêt à faire. Le danger des négociations est de dégénérer en ultimatums et en blocages, et de ne vous mener nulle part, si ce n'est à des réactions de ressentiment et de révolte. Mieux vaut chercher un compromis, comme dans le dernier exemple, où une sortie tardive devient beaucoup plus acceptable dès lors que l'enfant reste dans le quartier.

4. Précisez votre accord et l'issue des négociations. Si vous attendez certains comportements de la part de votre enfant, décrivez-les en détail afin qu'il lui soit facile de vérifier s'il s'y conforme. Ne vous contentez pas de déclarer à votre adolescent : « Je veux que tu me montres plus de respect. » Prenez des exemples précis tels que « Quand je te demande de sortir les poubelles, ne dis pas "Plus tard" ou "Quand j'aurai téléchargé telle ou telle chanson". Dis "D'accord" et fais-le immédiatement. »

5. Négociez des accords à court terme pour commencer, puis à plus long terme après une période d'ajustement. Vous pouvez négocier une nouvelle autorisation de sortie pour deux semaines et vous mettre d'accord pour faire le point tous les quinze jours afin de voir comment évoluent les choses. Si tout s'est bien passé pendant quelques cycles, vous pouvez vous mettre d'accord pour refaire le point dans un mois, puis dans six mois. De cette manière, votre enfant et vous établissez un schéma de réussite. Le moyen le plus efficace d'enrôler vos enfants dans la négociation est d'en appeler à leur cupidité. Les enfants ne voient généralement pas très loin. Souvenez-vous : ils veulent ce qu'ils veulent au moment où ils le veulent, et ils le veulent tout de suite. Si vous souhaitez les inciter à changer, faites appel à cet élan hédoniste. Mais attention, leur cupidité ne fait pas d'eux des êtres mauvais. Ils ne sont juste pas assez socialisés pour faire passer l'intérêt des autres avant le leur. Dans les négociations, utilisez cet argument à votre avantage en satisfaisant leur vision à court terme et en construisant des schémas comportementaux à long terme.

L'autocorrection

Vous voici donc maintenant à la tête d'un plan de négociation en cinq étapes. Reste à le pratiquer pour en maîtriser les compétences. C'est comme le vélo : le premier jour, il ne faut pas placer la barre trop haut. Le processus peut s'interrompre rapidement si vous ne vous corrigez pas au fur et à mesure que vous avancez. Dans le cas des négociations, cela signifie vérifier à chaque étape que vous comprenez pleinement la position de l'autre partie. Vous pensez peut-être que vous savez ce que demande votre enfant parce que vous avez été jeune vous-même et que vous vous souvenez comment vous vous comportiez et même à quel point vous mentiez. Mais, en réalité, il y a seulement 25 % de chances que vous sachiez réellement ce qui passe dans la tête de votre enfant.

Voici quelques méthodes d'autocorrection pendant les négociations :

Revoyez votre vision de la position de votre enfant. Pour ce faire, vous pouvez adopter une approche cybernétique de la communication, ce qui signifie vérifier ce que vous entendez avant de supposer que vous comprenez. Je demande souvent aux deux parties de coucher par écrit ce qu'elles cherchent à obtenir de la négociation. L'étape suivante consiste à faire lire à l'une des deux la description de l'autre, et vice versa, puis à essayer de traduire les désirs de l'autre partie avec ses propres mots. La personne qui a formulé la requête peut alors corriger l'interprétation qu'en a l'autre si elle est incorrecte. En procédant ainsi par alternance, on a l'assurance que toutes les parties parlent de la même chose.

Dans le cas de Frances et de Sean, tous deux avaient au départ une interprétation très différente de ce que disait l'autre. Pour Frances, ce que voulait Sean, c'était une nouvelle voiture, mais elle ne pouvait pas se permettre de lui en acheter une, pas plus qu'elle ne pouvait lui faire cadeau de la sienne. Sean la rectifia en lui expliquant que ce n'était pas là son besoin. Ce qu'il voulait, c'était pouvoir utiliser la voiture à certains moments en attendant de pouvoir s'en offrir une.

En se livrant au même exercice de « traduction », Sean déclara que sa mère n'avait pas confiance en lui malgré ses bonnes notes et sa réussite au permis de conduire. Il voulait lui prouver qu'il était responsable mais ne le pouvait pas. Frances le rectifia en expliquant qu'elle ne savait pas comment s'y prendre pour trouver une solution, mais qu'elle lui faisait confiance.

Lors des négociations parent-enfant, je laisse souvent à la disposition des membres de la famille une pile de formulaires tels que ci-dessous pour entamer le processus. Je vous invite à les recopier et à les utiliser comme point de départ des négociations et outil d'autocorrection.

- Personne 1   Description de ce qu'il/elle attend des négociations
- Personne 2   Interprétation de la description de la personne numéro un
- Personne 1   Corrections
- Personne 2   Description de ce qu'il/elle attend des négociations
- Personne 1   Interprétation de la description de la personne numéro 2
- Personne 2   Corrections

Gardez le cap. Restez concentré sur le résultat final et ne vous laissez pas distraire. En cours de négociation, il arrive que la discussion dévie si vous ne gardez pas l'œil sur votre système de navigation. En fait, l'être humain a naturellement tendance à quitter la route quand l'émotion monte. Il arrive même que l'un des interlocuteurs interrompt prématurément la discussion de peur de faire de la peine à l'autre ou pour des raisons personnelles quelconques. Le but des négociations n'est pas de blesser l'autre ou d'étendre son pouvoir. La condition numéro un au succès d'une négociation est la sécurité, et le meilleur moyen d'instaurer ce sentiment de sécurité est de former un partenariat dont la mission consiste à trouver des solutions satisfaisantes pour les deux parties. Répéter l'objectif final, voire le coucher par écrit et l'afficher bien en vue, va clarifier la situation et favoriser l'aboutissement des négociations. Pour avoir foi dans le processus, il est indispensable de garder à l'esprit les objectifs finaux.

Concluez. Pour que votre enfant et vous ayez un sentiment de réussite et de compréhension mutuelle, résumez le fruit de la négociation dans un contrat qui peut tout à fait se limiter à une affirmation aussi simple que : « Tu fais ceci, je fais cela. » Ainsi, le jour où vous serez en désaccord, vous pourrez vous y référer et revoir les points sur lesquels vous vous étiez mis d'accord. Si ce n'est pas ce que vous pensiez, ce sera du moins ce que vous avez dit. Vous pourrez ainsi repérer tout malentendu ou idée fausse et opérer une nouvelle correction. Gardez à l'esprit que les individus interprètent certains mots différemment. Le mot « débat » est un bon exemple. Certains lui trouvent une connotation vaguement négative avec un côté ludique et provocateur. D'autres y voient un synonyme de combat. Tous parlent la même langue, et pourtant leurs perceptions diffèrent. Patience et

Outil n° 3 : l'éducation par la négociation

engagement sont donc indispensables pour acquérir un langage commun. Sachez toutefois qu'un contrat a uniquement une fonction correctrice et n'a aucune valeur juridique.

Comme je l'ai dit au début, ces outils de négociation sont universels et peuvent être utilisés en toutes circonstances. Parents, gardez à l'esprit que l'objectif d'une vraie négociation est de sceller un accord qui profite aux deux parties. Vous ne devez pas essayer de faire céder vos enfants ; vous devez essayer de les faire adhérer à l'idée de la réussite que vous avez pour eux et toute la famille. Vous scellerez alors un accord de toute une vie.

CHAPITRE 10

OUTIL N° 4 : L'ÉDUCATION PAR LA MONNAIE D'ÉCHANGE

PERFORMANCE ET RÉCOMPENSE

> « Peu importe le calme dont vous faites preuve dans vos arbitrages, l'éducation finit toujours par produire un comportement bizarre, et je ne parle pas des enfants. »
>
> BILL COSBY

Je ne compte pas le nombre de parents désemparés qui viennent me voir, certains que quelque chose ne tourne pas rond chez leurs enfants et qu'ils sont fichus parce qu'ils ne réagissent pas aux méthodes éducatives classiques. Impossible de les motiver. Les punitions ne marchent pas, la mise à l'écart et les privations de sorties n'ont aucun effet sur eux, pas plus que les menaces de confiscation, disent-ils, parce que les enfants se moquent de tout. Et contrairement aux autres enfants, ils ne réagissent ni aux sermons ni aux fessées.

Croyez-moi, ces parents ont autant, voire plus besoin d'aide que leurs enfants. Mais quand j'essaie de les guider, ils répondent invariablement : « Désolé, j'ai déjà essayé et ça ne marche pas. » Ce qui me rappelle le vieil adage : « À mauvais ouvrier mauvais outil. »

Si le comportement de votre enfant doit changer, ce chapitre est l'occasion ou jamais. Modeler le comportement est

Ma famille d'abord !

une science qui comporte des principes et des techniques spécifiques et précis. En les apprenant, vous pourrez devenir un puissant acteur du changement. Ces principes sont bel et bien efficaces, et si vous suivez mes instructions, vous pourrez modifier activement le comportement de votre enfant. Dans les pages qui suivent, vous apprendrez comment amener vos enfants à faire ce que vous voulez qu'ils fassent et à cesser de faire ce que vous ne voulez pas qu'ils fassent.

La vérité, c'est que la plupart des parents connaissent juste ce qu'il faut de psychologie pour être dangereux, voire extrêmement dangereux. Vous pensez peut-être : « Hé, j'ai suivi des cours sur le comportementalisme. Je sais qu'il faut récompenser le bon comportement et punir le mauvais comportement. Ce n'est pas sorcier. »

Vous n'avez pas tort : c'est facile à partir du moment où l'on sait comment faire. Mais il y a des chances que vous ne le sachiez pas – du moins pas encore. Si vous avez passé votre vie à étudier le comportement humain, mon approche ne vous paraîtra pas nouvelle. Mais si ce n'est pas votre cas, vous verrez qu'elle est beaucoup plus complète que ce que vous avez appris en regardant des souris de laboratoire. Il faut toutefois posséder les bons outils. Ensemble, nous allons donc examiner les détails pratiques qui vous permettront de modifier et d'ajuster les habitudes comportementales de votre enfant. Vous allez apprendre à vous débarrasser des comportements qui vous empêchent de dormir la nuit, et à inculquer ceux qui vont aider votre enfant à devenir un adulte authentique et accompli.

Cette démarche repose sur des principes issus des domaines de la psychologie comportementaliste et cognitive, de la sociopsychologie et autres approches scientifiques de la nature humaine. J'ai puisé le meilleur de chacune de ces disciplines pour vous apprendre à établir une solide stratégie de

Outil n° 4 : l'éducation par la monnaie d'échange

changement comportemental durable dans le but d'élever votre enfant avec efficacité et amour.

Je dois toutefois vous mettre en garde : si vous utilisez mal cet outil – si vous en jouez au lieu de vous engager sérieusement à apprendre et à appliquer ces principes – vous risquez de créer davantage de problèmes que vous n'en résoudrez.

Mais bien utilisés, les principes que vous êtes sur le point d'acquérir ont prouvé leur efficacité dans l'élimination de comportements indésirables et l'instauration de comportements attendus. Sachez toutefois qu'il n'est pas question ici de les appliquer aux problèmes complexes qui peuvent être à l'origine d'un comportement inacceptable de votre enfant. Si vous pensez que ces causes sous-jacentes ont besoin d'être traitées, je vous conseille de vous adresser à un thérapeute. Le plus souvent, ce n'est pas nécessaire, mais la décision vous appartient. Dans la plupart des cas, le changement de comportement est un bon objectif prioritaire. À moi de vous dire précisément ce que vous devez faire pour changer le comportement à problème de votre enfant.

Deux approches sont à envisager : certaines fois, il est important de chercher la solution dans les causes du mauvais comportement ; d'autres, il est préférable, voire indispensable de faire cesser immédiatement ce comportement. Par exemple, j'ai travaillé avec des enfants qui se cognaient sans arrêt la tête contre les tables ou les murs quand ils étaient sous pression. Était-il important de chercher les causes de ce trouble ? Absolument. Mais, en attendant, pour protéger la santé et la vie de l'enfant, il était indispensable de modifier le comportement tout de suite, que la cause soit connue ou non.

Le mode d'emploi de ces outils est d'une simplicité trompeuse, et les nuances d'une importance critique. Les principes reposent sur des décennies de recherche scientifique et leurs applications sont universelles. Je l'affirme avec d'autant plus de conviction que ces outils s'appuient également sur des lois du comportement humain aussi inébranlables que les lois de la physique. La première est que tous les êtres humains – et en particulier les enfants – ont tendance à chercher le plaisir et à fuir la douleur. Attention, je ne parle pas de modifier le comportement par la douleur physique. Je préconise de connaître les monnaies d'échange de votre enfant et de les contrôler pour créer les schémas comportementaux voulus.

Si vous vous demandez si vous avez le droit de modeler aussi fortement le comportement de votre enfant, faites-moi confiance, vous en avez non seulement le droit, mais aussi la responsabilité. La vérité est que les forces qui façonnent et programment le comportement de votre enfant sont déjà en action et opèrent à chaque instant. Ce processus ne doit pas être laissé au hasard et vous êtes le mieux placé pour aider votre enfant, car personne d'autre au monde ne veut aussi passionnément que vous le meilleur pour lui. C'est une énorme responsabilité, et vous devez vous appliquer. Vous devez rester focalisé sur la découverte de son moi authentique et être déterminé à l'aider à devenir le meilleur de ce qu'il peut devenir. Vous devez éviter de poursuivre des buts irréalistes ou de lui imposer vos propres goûts et dégoûts, compétences et facultés. Vous devez le façonner, mais dans le cadre de ce qu'il est authentiquement censé devenir.

Je suis impatient de commencer car j'ai beau savoir que vous êtes bien intentionné, il est probable qu'à ce moment précis, vous enfreigniez certaines de ces lois comportementales faute de les comprendre complètement, elles et leurs effets. Si vous avez des problèmes tenaces avec votre enfant, tenez bon car il n'est pas trop tard. Si vous êtes prêt à apprendre à employer ces techniques (et, surtout, à les employer correctement), je parie que vous serez heureux de

Outil n° 4 : l'éducation par la monnaie d'échange

découvrir que votre enfant n'a rien de terriblement grave après tout. Et vous serez heureux de voir qu'il réagit bel et bien aux consignes.

Je sais que vous pouvez avoir des doutes, mais vous devez avoir confiance. Votre enfant ne fait pas exception car les exceptions n'existent pas. Quel que soit son problème de comportement (énurésie, enfantillages, impertinence ou mensonge), vous pouvez y remédier. Colères, rébellion, mauvais résultats scolaires, consommation d'alcool ou de drogue, bagarres, pleurnicheries, dépendance excessive ou pire, tout comportement peut évoluer. Vous devez croire en votre enfant et en votre capacité à apprendre ce que vous avez besoin de savoir pour être un parent efficace. Sauf véritable anomalie pathologique ou de développement affectant les facultés d'apprentissage de votre enfant, vous allez découvrir que vous avez le pouvoir de modeler très efficacement son comportement.

Susan, quatre ans, fut l'une des premières enfants que j'ai aidées grâce aux méthodes que je suis sur le point de vous enseigner. Susan ne parlait pas à sa mère, qui vint me voir pour elle-même, pensant qu'il y avait quelque chose qui n'allait vraiment pas parce que Susan ne faisait que grogner après elle. L'enfant était la plus jeune de trois filles et monopolisait l'attention en faisant le bébé. Mais elle refusait de parler. « Je lui donne des biscuits, je la supplie, je lui donne des fessées, je me moque d'elle, j'ai tout essayé, mais je n'obtiens que des grognements », me déclara sa mère. « Je suis gênée quand je dois l'emmener chez des amis. J'ai l'impression d'avoir un petit singe avec moi. »

Les remarques de la mère donnaient plusieurs indices sur ses propres problèmes personnels et il suffisait d'observer la fille quand sa mère parlait pour voir qu'elle avait trouvé un moyen de la manipuler pour attirer son attention. Je voyais son regard s'illuminer quand sa mère parlait de ses difficultés avec elle en les comparant à sa réussite avec ses deux premières filles. La mère était tellement submergée par ses propres émotions que la première séance s'acheva sans que j'aie eu le temps d'échanger le moindre mot avec l'enfant. Et pourtant, j'étais impressionné par la passivité avec laquelle la petite Susan était restée assise sur sa chaise surdimensionnée pendant toute la séance. Apparemment, cette enfant n'avait rien de très grave.

Avant la séance suivante, j'achetai une boîte de biscuits et un joli petit sac. Je demandai à la mère de patienter dans la salle d'attente pendant que je recevais la fillette dans mon bureau. Susan entra dans le bureau, grimpa sur une grande chaise et se mit à l'aise sans un mot. Elle fut très intéressée quand je sortis les biscuits, grognant pour indiquer qu'elle en voulait une poignée. J'en profitai pour entamer le processus de modification du comportement. « Voici le contrat : je veux avoir une bonne conversation avec toi sur le sujet que tu veux, mais je sais que tu veux être récompensée de tes efforts. Je te paierai en biscuits », proposai-je. « Tu pourras les manger ou les emporter dans ce petit sac que j'ai acheté. D'accord ? »

Susan comprit parfaitement ce que je disais, mais ne dit rien. Pour elle, c'était un jeu. Je lui posai la première question oui/non. « Es-tu confortablement installée dans cette chaise ? » lui demandai-je.

Elle acquiesça et grogna pour avoir un biscuit.

Je lui dis que j'avais besoin d'entendre un oui ou un non.

Une voix cristalline de fillette prononça : « Oui ».

Et un biscuit ! Je lui en donnai un, pas plus, qu'elle avala rapidement. La série de questions qui suivit n'exigeait que des réponses oui/non. Susan n'eut aucun problème pour répondre. Puis je commençai à poser des questions appelant des réponses sous forme de phrases complètes. Là encore, elle parla clairement en faisant preuve d'une intelligence

Outil n° 4 : l'éducation par la monnaie d'échange

manifeste, commençant par là même à accumuler les biscuits. Elle les empilait comme des jetons de poker. À la fin de la séance, Susan discutait comme n'importe quelle enfant de quatre ans et je détectai même des similitudes avec les habitudes de langage de sa mère. La fillette avait également un sac plein de biscuits qu'elle utilisait pour illustrer les histoires qu'elle me racontait.

En quittant le bureau pour rejoindre sa mère, Susan montra fièrement son sac plein, mais elle recommença à grogner au lieu de parler. J'observai que Susan reprit rapidement son comportement indésirable devant sa mère, qui eut du mal à croire que sa fille et moi avions conversé pendant une heure. Mais elle fut rassurée de savoir que Susan était très bavarde et très équilibrée.

Nous eûmes deux autres séances du même type. Susan me parlait pour avoir des biscuits, mais ne faisait que grogner avec sa mère. Sa mère put voir et entendre les échanges verbaux entre sa fille et moi derrière un miroir sans tain, mais ne nota aucun changement à la maison. Quand je lui demandai si elle voulait essayer la méthode des biscuits à la maison pour susciter le langage chez sa fille, elle me répondit qu'elle n'avait pas de temps à perdre avec ces petits jeux.

D'un point de vue professionnel, ce fut une réussite car j'obtins de Susan le comportement désiré. Mais d'un point de vue familial, ce fut un échec car elle ne parlait pas à la maison. Le refus de sa mère de prendre le relais doit servir d'exemple aux autres parents. Vous devez comprendre et adopter les principes de changement comportemental si vous voulez espérer réussir avec votre enfant. Vous aurez beau l'envoyer chez le thérapeute jusqu'à ses dix-huit ans, tant que vous ne relaierez pas ces principes à la maison, votre enfant n'adoptera probablement pas le changement de comportement désiré.

Ma famille d'abord !

La suite de ce chapitre est divisée en deux parties. Dans la première, vous apprendrez à identifier, préciser et créer des comportements souhaitables. Dans la seconde, je vous aiderai à identifier, préciser et éliminer les comportements indésirables. Au fil des pages, vous risquez de repérer des erreurs que vous avez faites par le passé avec vos aînés. Ne vous chagrinez pas. Vous pourrez en profiter pour les corriger.

Première partie : les étapes d'identification et de création des comportements souhaitables

Si vous voulez que votre enfant se conduise bien, vous devez commencer par établir les règles comportementales que vous souhaitez voir appliquer. Vous devez spécifier avec précision le comportement que vous attendez de lui, sachant qu'il doit être adapté à son âge. Par exemple, vous ne pouvez pas demander à un enfant de cinq ans de se tenir à table comme un adulte. Et vous devez présenter un front uni. Il est important que les parents se concertent et soient très clairs sur le comportement qu'ils attendent de leurs enfants. Puis vous devez mettre au point des stratégies pour instaurer ces comportements. Pour cela, je vais vous fournir de nombreux conseils car je veux que vous vous concentriez sur le positif.

Trop souvent, les parents ne regardent que les comportements indésirables, leurs styles éducatifs se perdent en remarques et en récriminations, et le salon se transforme en véritable champ de bataille. C'est comme essayer de conduire une voiture en regardant dans le rétroviseur : vous ne voyez que ce qui est derrière vous au lieu de regarder ce qui est devant vous. La liste des bons comportements n'est ni longue ni compliquée. On attend au minimum des enfants qu'ils suivent les règles, respectent les adultes, s'en tiennent aux horaires et se tiennent bien en public. Si vous vous focalisez sur le développement de comportements positifs chez votre enfant, les comportements négatifs vous paraîtront moins écrasants et vous aurez une vision positive de votre éducation et de vos enfants.

Étape n° 1 : identifier des comportements cibles précis

Se concentrer sur le positif est toujours ce qu'il y a de mieux à faire avec un enfant. Nous commencerons donc par cibler les comportements que vous voulez que votre enfant se mette à adopter, ce qui peut aussi inclure des comportements que votre enfant affiche occasionnellement et dont vous souhaitez augmenter la fréquence, l'intensité ou la durée. Vous pouvez par exemple attacher de l'importance à la lecture et, si votre enfant prend rarement un livre, vous pouvez souhaiter l'encourager à le faire davantage. Souvenez-vous que vous devez être sûr de viser des comportements adaptés à son âge. Lire peut être un excellent objectif pour un enfant de cinq ou six ans, mais pas pour un enfant de deux ans. De même, ne faites pas l'erreur de cibler une émotion plutôt qu'un comportement. Un père m'a dit un jour : « Je voulais que mon fils mange des épinards, et il a fini par les manger. Maintenant, je veux qu'il aime ça et qu'il se *sente* heureux d'en manger ! » Attention, Monsieur ! Vous pouvez influencer son comportement dans l'espoir qu'il l'adopte, mais vous ne pouvez pas dicter ses émotions.

Ce père confondait émotions et comportements. Voici de quoi vous aider à bien différencier les deux. Pour qu'un comportement soit une cible appropriée, il doit :

1. Être dans les cordes de l'enfant. Évitez de viser trop haut et assurez-vous que ce que vous demandez à l'enfant cadre avec le contexte précis dans lequel cela doit se produire. L'enfant doit être en âge et avoir

toute latitude de le faire. Il serait par exemple abusif de demander à un enfant de dix ans de lire calmement et de comprendre *Guerre et Paix*, surtout si vous le consignez dans le salon, véritable zone d'activités multiples, avec la télévision à fond, le téléphone qui sonne et les allées et venues des autres enfants.

2. Être soigneusement délimité. Il doit porter sur une action précise plutôt que sur de multiples sujets. Si un enfant rechigne à faire sa toilette, n'abordez qu'un ou deux comportements à la fois parmi les suivants :

   Se brosser les dents pendant deux minutes sans souffler.
   Prendre une douche après avoir joué dehors et avant de passer à table et de faire ses devoirs.
   Se brosser ou se peigner les cheveux le matin avant de commencer la journée.

3. Être sans ambiguïté. Le comportement cible doit être clair non seulement pour l'enfant mais aussi pour toute la famille, surtout si un membre de la fratrie est susceptible de prendre le relais en votre absence. Faites-en une affaire de famille. N'attendez pas de l'enfant qu'il devine ce que vous voulez. Utilisez le mode de communication bilatéral pour vous assurer que votre enfant sait et peut formuler exactement ce qui lui est demandé. « Sois bon ! » n'est pas une instruction suffisante. Vous devez décomposer votre comportement cible en ce que l'on appelle des définitions opérationnelles, à savoir que vous devez décomposer le produit fini cible en opérations qui le définissent. Qu'entendez-vous par « sois bon » ? Est-ce que cela signifie s'asseoir calmement, regarder la télévision, effectuer certaines tâches, jouer à un jeu de société ? Que voulez-vous dire exactement ? Soyez précis.

4. Être mesurable. Le comportement cible doit autant que possible être quantifiable. Si vous pouvez le comp-

Outil n° 4 : l'éducation par la monnaie d'échange

tabiliser ou le mesurer de manière objective, il sera beaucoup plus facile d'en suivre les progrès ; il est également plus facile pour l'enfant de reconnaître sa propre progression, ce qui peut créer une dynamique de maintien du comportement positif.

Voici quelques exemples de comportements cibles quantifiables et utilisables comme critères d'amélioration :

- Nombre de fois où l'enfant se montre souriant (un véritable défi pour les adolescents)
- Nombre de mots correctement orthographiés
- Temps passé à étudier (après avoir défini le travail à faire)
- Nombre de fois par semaine où il a rangé sa chambre

Un comportement cible positif est une conduite soigneusement définie que vous espérez introduire ou renforcer chez votre enfant. Un enfant peut trouver déroutant qu'on lui demande juste de *ne pas* se comporter d'une certaine manière, ce qui va à l'encontre de ce que les comportementalistes appellent « la règle de l'homme mort ». Ne cherchez jamais à imposer à votre enfant une chose qu'un mort pourrait faire ! Un mort *ne* peut *pas* traverser la maison en courant, être grossier ou être insolent. Chez un enfant bien vivant, vous préférerez susciter un comportement *actif* et positif. Cela peut vous sembler idiot, mais les parents le font sans arrêt. Réfléchissez : si vous dites à votre fils d'arrêter de taper sa sœur, vous ne ferez probablement aucun véritable progrès, même s'il obéit. Il peut immédiatement commencer à lui donner des coups de pied, à la pincer ou à la bousculer, car vous ne lui avez pas dit de ne pas le faire. Les enfants adorent couper les cheveux en quatre. Dites-lui plutôt de faire quelque chose qu'un mort ne peut pas faire, comme : « Paul, dis à ta sœur que tu es désolé de l'avoir tapé et aide-la à ranger ses jouets. » Vous venez de lui donner une instruction comportementale très précise qui appelle un comportement approprié et souhaité. Dire uniquement à un enfant ce qu'il ne doit pas faire n'est pas une approche efficace.

Ne jugez jamais de la réussite ou de l'échec de votre éducation à l'aulne de l'absence de difficultés avec votre enfant. Comme je l'ai dit, un enfant facile n'est pas nécessairement un enfant qui réussit. Ce que vous voulez, c'est un enfant qui se lance activement dans la vie avec une attitude positive, productive et génératrice de résultats. Et pour l'obtenir, vous devez le demander. En tant que parent, vous devez conforter et récompenser ces comportements pour les encourager. Conclusion : ne perdez pas votre temps à vous contenter de dire à votre enfant ce qu'il *ne* doit *pas* faire. Consacrez plutôt vos efforts et votre énergie à conseiller votre enfant sur ce qu'il doit *faire*.

Étape n° 2 : trouver une monnaie d'échange

Il doit bien exister une récompense qui incitera votre enfant à adopter activement des comportements plus souhaitables. Ce qui ne veut pas dire qu'il soit indûment égoïste. C'est simplement dans la nature humaine. Dans toute situation donnée, chacun se dit plus ou moins : « Qu'est-ce que j'y gagne ? » Les enfants ne font pas exception, car ils n'ont pas encore appris à faire attention aux pensées, aux sentiments ou aux besoins des autres.

Les enfants peuvent être à la fois égoïstes et en quête de pouvoir. Je ne dis pas que ce sont des monstres. Ce sont juste des enfants cherchant à survivre et à satisfaire leurs besoins et leurs envies. Il est important de parler de leur nature car si vous voulez pouvoir vous entendre avec quelqu'un, vous devez comprendre ce qui le fait avancer. Vous devez aller sur

Outil n° 4 : l'éducation par la monnaie d'échange

son terrain. Si les enfants sont cupides, faites donc appel à leur cupidité. Comme nous l'avons déjà dit, *les enfants veulent ce qu'ils veulent quand ils le veulent, c'est-à-dire maintenant*. À vous de faire en sorte qu'ils obtiennent ce qu'ils veulent moyennant un comportement approprié.

Chacun de nous travaille à un niveau ou à un autre en vue d'une récompense. C'est dans la nature humaine. Cette récompense n'est pas la même pour tous et comme le dit le proverbe : « Le malheur des uns fait le bonheur des autres. » C'est pour cette raison que vous devez définir *empiriquement* si un résultat donné est vraiment positif pour votre enfant. En d'autres termes, vous ne pouvez tout simplement pas décréter qu'un résultat est une récompense parce que *vous* pensez que c'en est une ou que cela devrait en être une. Vous devez trouver une monnaie positive aux yeux de votre enfant à partir de ce qu'il aime ou déteste et de ce qu'il est prêt à faire pour l'obtenir. L'une des monnaies les plus puissantes pour un enfant est l'acceptation et l'approbation de ses parents. Si votre enfant *ne* réagit *pas* quand vous dites « Excellent travail ! » ou « Tu me déçois ! », c'est qu'il se moque de ce que vous pensez, ce qui en dit long sur votre relation. Vous devrez alors entreprendre de gros travaux de réparation car vous avez été rayé de la carte. La plupart du temps, c'est ce qui arrive quand les enfants pensent qu'un parent ne s'intéresse pas vraiment à eux. Ils le bannissent, lui et son influence. Ainsi, s'il les blesse, ils peuvent dire « Je m'en moque ».

Comme je l'ai dit précédemment, je ne compte plus le nombre de parents d'enfants dits « à problème » qui me disent que leur enfant n'aime rien, ne réagit à rien et ne veut pas travailler. Ces parents ont tort. Ils n'ont tout simplement pas encore trouvé sa monnaie d'échange ou ils ont décidé de manière arbitraire la récompense qui marche pour lui. Tous les enfants ont une monnaie d'échange et des points sensibles. Si vous voulez exercer une influence sur eux, vous devez *identifier empiriquement* puis contrôler leur monnaie favorite.

J'ai reçu un jour Teresa, une jeune maman licenciée en psychologie qui tentait d'apprendre la propreté à Javier, son fils de trois ans. Teresa faisait partie de ces parents qui connaissent juste assez de psychologie pour être dangereux. Elle savait que pour augmenter les chances qu'un comportement se reproduise, il fallait le renforcer par une récompense positive dès que ce comportement ou un comportement voisin se présentait. Et comme récompense, elle avait choisi une friandise au chocolat. Mais Teresa était perplexe. Elle avait beau s'empresser de récompenser son fils à chaque fois qu'il faisait ne serait-ce que s'approcher du pot, il ne faisait aucun progrès. En fait, il s'avérait que le pauvre Javier était allergique au chocolat ! Ces bonbons étaient pour lui un supplice ! Imaginez : à chaque fois qu'il s'approchait du pot, sa mère lui glissait dans la bouche une substance toxique qui lui bouchait le nez et lui piquait les yeux. Dans ces conditions, toute personne sensée aurait fui le pot !

Teresa faisait beaucoup de choses bien, mais elle se trompa en identifiant ce qu'était une véritable récompense pour son fils – comme beaucoup de parents qui s'efforcent d'identifier une monnaie d'échange positive pour leurs enfants. Parfois, les parents ont déjà donné à l'enfant tout ce qu'il pouvait vouloir et les enfants – en bons enfants – considèrent alors tout comme un dû. Parfois, il peut falloir rappeler aux enfants que la télévision, les consoles de jeux, les CD, les DVD et leur armée de peluches sont des privilèges qui se gagnent en échange d'un comportement convenable.

Les enfants doivent voir un rapport direct entre leur attitude et leur qualité de vie. Les monnaies d'échange varient selon l'âge de l'enfant. Pour les adultes, elle est monétaire :

Outil n° 4 : l'éducation par la monnaie d'échange

en théorie du moins, si un adulte fournit un excellent travail, il reçoit un excellent salaire. Pour les enfants, les résultats scolaires doivent servir de monnaie d'échange : si l'enfant a d'excellentes notes, il pourra jouir d'un *excellent style de vie* ; s'il a des notes moyennes, il aura un *style de vie moyen* ; et s'il a de mauvaises notes, il aura un *mauvais style de vie*. L'enfant apprend ainsi la vie et y puise également un sentiment de pouvoir, de maîtrise et de contrôle de son existence si indispensables au développement de son identité. Il apprend également une précieuse leçon : *Quand vous choisissez un comportement, vous en choisissez aussi les conséquences*. C'est indispensable à l'apprentissage du sens des responsabilités.

D'où l'importance de trouver la monnaie d'échange qui fonctionne pour votre enfant et pour vous-même. Connaissez-vous celle de votre enfant ? Avez-vous un plan d'action pour l'utiliser en vue de modeler son comportement ? Ou brandissez-vous des bonbons à tort et à travers parce qu'il y a droit ? Voici une définition de ce que j'entends exactement par monnaie d'échange : c'est tout ce qui, quand elle est présentée *pendant* ou *immédiatement après* un comportement cible, va augmenter la probabilité que ce comportement se reproduise. En d'autres termes, c'est quelque chose que l'enfant fera tout pour obtenir.

> **Info-sondage : 29 % des parents autorisent leurs enfants à venir dormir dans leur lit sans savoir ensuite comment les en empêcher.**

Notez l'importance des mots « pendant » et « immédiatement après ». Vous devez faire très attention au timing, au risque de renforcer par inadvertance le comportement que

Ma famille d'abord !

vous cherchez à éliminer. Voici un scénario courant : beaucoup de parents se plaignent que leur enfant ne veut pas dormir dans son lit et qu'ils se lèvent la nuit pour aller dans leur lit et les supplier de le laisser dormir avec eux. Certains parents me disent se lever et faire un câlin à leur enfant, voire les soudoyer avec des biscuits pour qu'ils retournent dans leur lit.

Ils ne font alors que renforcer les comportements indésirables (sortir du lit, pénétrer dans la chambre des parents, pleurer et crier) parce qu'ils récompensent immédiatement l'enfant par de l'attention (câlins et biscuits) en introduisant ces conséquences en réaction directe au comportement indésirable. Les parents s'assurent ainsi que l'enfant va répéter encore et encore ces exigences nocturnes. Pourquoi ? Parce que ça marche ! L'enfant obtient une immense récompense ! Si ces parents veulent que leur enfant reste dans son lit, la récompense doit être donnée pendant et immédiatement après qu'il y reste. Alors faites des câlins à vos chers bambins pendant qu'ils sont *dans* leur lit et pendant que vous les bordez. N'attendez pas qu'ils se lèvent à 4 heures du matin pour essayer de venir dans votre lit.

Une monnaie d'échange peut aussi motiver un enfant par la négative : ainsi, les enfants ont envie d'adopter le comportement A pour échapper à la conséquence B. Exemple : les enfants vont travailler (comportement A) pour échapper à une mauvaise note (conséquence B), ou parler à leurs parents avec respect (comportement A) pour éviter d'être privés de sortie (conséquence B). Personnellement, je préfère les conséquences positives en échange de comportements positifs, mais, dans la vie réelle, les enfants agissent pour échapper aux sanctions ou éviter de perdre des privilèges. Vous devez être prêt à prendre la motivation là où vous la trouvez.

Outil n° 4 : l'éducation par la monnaie d'échange

Types de devises positives potentielles

Renforçateurs tangibles/extrinsèques : objets, argent, aliments, bons points. Les récompenses externes viennent du monde et des personnes qui le composent – par opposition aux récompenses personnelles. Mais attention à ne pas exagérer les récompenses matérielles (jouets, privilèges et argent) au point qu'elles prennent le pas sur la motivation interne. Un parent qui veut encourager son enfant à avoir de bons résultats et lui donne vingt euros à chaque bonne note offre un renforcement extrinsèque qui a peu de chances d'inciter son enfant à être fier de ses notes et à avoir soif de connaissance. Une grande erreur des parents est de trop récompenser leurs enfants au point de les corrompre. Des récompenses démesurées peuvent mettre à mal la motivation interne que la plupart des parents cherchent pourtant à inculquer à leurs enfants.

Bons points : souvent, les parents donnent des bons points qui peuvent ensuite être échangés contre d'autres valeurs. Ces points sont une sorte de système de comptabilité comportementale et un bon moyen de créer un système de crédit. Ils peuvent être des jetons de poker, des tickets, des bouts de bois, des étoiles dorées ou même des fausses pièces ou des faux billets. Reste à fixer la valeur de chaque jeton, par exemple un jeton égal un biscuit ; deux jetons, une glace ; cinq jetons, un film à la maison, dix, un petit jeu ; quinze, une heure dans une salle de jeux ; vingt, une après-midi chez un ami.

- **Renforçateurs sociaux :** attention, affection, affirmations.
- **Renforçateurs implicites :** certificats, privilèges, titres.
- **Renforçateurs naturels/intrinsèques :** les bons sentiments que l'enfant a en lui pour progresser vers des objectifs, la satisfaction de la performance et les changements de concept de soi.

Ma famille d'abord !

Identifier les devises potentielles de l'enfant

Voici quelques questions que vous pouvez vous poser pour découvrir empiriquement les monnaies d'échange préférées de votre enfant. Pour chacune, vous devez être capable de proposer plusieurs possibilités.

- Qu'est-ce que votre enfant aime utiliser ? Acheter ? Manger ?
- Quel est son passe-temps favori ?
- Quelles sont ses émissions de télévision préférées ?
- Avec qui aime-t-il le plus passer du temps ?
- Quels objets (poupées, jouets, etc.) aime-t-il collectionner ?
- À quel point aime-t-il leur intimité ?
- Quel est son endroit préféré ?
- Comment aime-t-il que l'on reconnaisse ses réussites ?
- En quoi est-il doué ?
- À quelle heure aime-t-il se lever et à quelle heure aime-t-il se coucher ?
- Quelle importance accorde-t-il à ses vêtements ? A-t-il des tenues préférées ?
- A-t-il des habitudes qu'il suit tout au long de la journée ?

Pour vous aider dans votre réflexion, voici quelques idées d'activités très appréciées des enfants. Vous y trouverez des monnaies d'échange :

Sortir (à un concert ou à une soirée)	Faire la cuisine
Être seul	Danser
Être avec l'un ou les deux parents	Sortir
Recevoir des compliments ou des félicitations	Pratiquer des activités artistiques
Conduire	Faire du bénévolat

Outil n° 4 : l'éducation par la monnaie d'échange

Manger	Jouer
Grignoter	Lire
Envoyer des e-mails	Faire du vélo
Faire de l'exercice	Faire les magasins
Se déguiser	Faire la grasse matinée
Se faire masser	Se coucher tard
Partir en vacances	Surfer sur Internet
Faire les courses	Faire la sieste
Aider quelqu'un	Prendre une douche
Écouter la radio	Se promener
Jouer aux jeux vidéo	Parler au téléphone
Faire du sport	Raconter des histoires
Jouer de la musique	Regarder la télévision
Jouer avec un animal domestique	Regarder une vidéo

Étape n° 3 : la gestion des monnaies d'échange

Il est vrai que la monnaie d'échange d'un enfant est d'autant plus efficace qu'elle est cohérente et immédiate. La gestion des monnaies d'échange est tout un art. Il existe deux principes fondamentaux que vous devez comprendre : le *continu* et l'*intermittent*.

Les *renforçateurs continus* sont donnés à chaque manifestation du comportement cible.

Les *renforçateurs intermittents* sont donnés pendant et immédiatement après certaines manifestations mais pas toutes.

D'un point de vue stratégique, il est recommandé de proposer un renforcement continu pendant la phase d'apprentissage, puis de passer à un programme de renforcement intermittent une fois le comportement stabilisé. La raison est que l'apprentissage est plus rapide avec le renforcement continu puis mieux ancré avec un renforcement intermittent. Si vous poursuivez un programme de renforcement continu, un enfant aura tendance à résister aux efforts pour passer à la vitesse supérieure. Par exemple, un enfant apprendra rapidement ses tables de multiplication et travaillera pour obtenir sa monnaie d'échange intrinsèque et extrinsèque, mais évitera de s'aventurer plus loin si l'on maintient un renforcement continu. C'est facile à comprendre si l'on songe que « le mieux est l'ennemi du bien ». Pourquoi essayer quelque chose de nouveau si l'actuel comportement, en plus d'être confortable, est à chaque fois récompensé ? Combien de fois avez-vous félicité un enfant pour un dessin, avec pour résultat qu'il revient sans cesse avec le même dessin ? S'il sait que ce dessin lui vaut des éloges, pourquoi essayer autre chose ? Les enfants systématiquement félicités sont également des enfants très fragiles. Si, quand les défis deviennent plus complexes, ils commencent à faire des erreurs et donc n'obtiennent pas de renforcement, ils ont tendance à paniquer et à régresser. En revanche, les enfants qui ont appris sur le mode d'un renforcement intermittent ont un comportement et des émotions beaucoup plus stables et constants. Ils sont beaucoup plus téméraires et soucieux d'expérimenter des nouveautés dans l'espoir de trouver de nouveaux moyens d'être rétribués, et pourquoi pas plus fréquemment.

Le renforcement intermittent s'appuie sur deux stratégies. La première repose sur la *durée* : elle consiste à donner des monnaies d'échange dans un cadre temporel, par exemple à distribuer des biscuits à intervalles de cinq minutes passées à jouer sans interruption avec d'autres enfants. Cette technique est très efficace pour modeler des comportements cibles.

Outil n° 4 : l'éducation par la monnaie d'échange

La seconde repose sur le *nombre d'occurrences* d'un comportement cible donné. On peut par exemple donner de l'argent de poche à un enfant quand il a été prêt à temps pour aller à l'école cinq jours de suite.

Modeler pas à pas les comportements complexes

Les parents ont souvent besoin de *modeler* un comportement complexe chez un enfant. En d'autres termes, en début de processus d'apprentissage, vous devez renforcer les comportements proches du comportement cible. S'il consiste à prononcer un mot spécifique tel que « Grand-maman », vous pouvez utiliser des biscuits comme monnaie d'échange (du moins s'il les aime). Si vous répétez le mot en désignant leur grand-mère, l'enfant commencera peut-être par dire quelque chose qui ressemble à « Mama ». C'est assez proche pour que vous le récompensiez d'un biscuit. Mais une fois « Mama » maîtrisé, vous devez supprimer les biscuits tant que l'enfant ne dit pas quelque chose de plus approchant tel que « r-maman ». Passée cette étape, et si tant est que l'enfant est capable de prononcer le son *g*, vous devez attendre et renforcer l'approximation suivante. Ainsi, pas à pas, vous façonnez ses progrès jusqu'à ce qu'il atteigne le comportement cible désiré. Il est important que vous soyez patient, car pour que votre enfant puisse adopter les comportements complexes attendus, il doit se trouver à un stade de son développement qui le lui permet. Cette procédure de récompense des approximations successives d'un comportement cible est également utilisée avec les animaux. Comment pensez-vous que les dresseurs obtiennent d'un ours qu'il fasse du vélo ou d'un phoque qu'il tienne une balle en équilibre sur son museau ? Tout est une question de récompenses savamment minutées pour des comportements qui s'approchent de plus en plus de la cible.

Ma famille d'abord !

Étude de cas : l'apprentissage de la propreté

L'un des sujets qui revient le plus souvent dans la bouche des jeunes mamans est l'apprentissage de la propreté. Pourtant, cette étape difficile et pénible peut se passer en moins d'un jour si le développement de l'enfant le permet et si vous maîtrisez les concepts enseignés dans ce chapitre. Voici un rapide aperçu du protocole de changement comportemental que je préconise.

1. **Comportement cible :** uriner et déféquer dans le pot.
2. **Monnaie d'échange :** immenses récompenses : câlins et bisous, sortie, friandise que l'enfant apprécie, voire un coup de téléphone au personnage de fiction ou au super-héros préféré de l'enfant (alias Mamy ou toute autre bonne volonté). J'ai moi-même été tour à tour Superman, Batman, l'Homme qui valait trois milliards, Wonder Woman, les Tortues Ninja et, plus récemment, Nemo.
3. **Programme :** renforcement continu en vue de consolider la phase d'apprentissage.

Pour aider l'enfant à comprendre plus vite le comportement cible, j'utilise souvent une poupée qui « fait pipi » à la fois comme modèle et comme élève de l'enfant, car le meilleur moyen d'apprendre est d'enseigner. Je fais donc faire pipi dans le pot à la poupée et, tous deux, nous la félicitons et lui accordons une récompense, par exemple des biscuits. Puis nous clamons avec force que la poupée a grandi et nous lui octroyons le statut spécial de « Grande Fille », par exemple.

Pour mettre toutes les chances de son côté, mieux vaut attendre que l'enfant ait la vessie pleine. À ce sujet, sachez que le meilleur moment pour lui proposer le pot est d'attendre environ trente minutes après qu'il a bu. Je lui demande de s'asseoir (ou de se tenir debout) comme l'a fait la poupée, et de se concentrer sur le résultat. Si rien ne vient dans l'immédiat, au lieu de vous crisper tous les deux, détendez-vous et réessayez cinq minutes plus tard. En cas de tentative, mais hors du pot, pourquoi ne pas opter pour une monnaie d'échange partielle ?

En général, il suffit de quelques heures pour que l'enfant fasse l'apprentissage du pot. Toutes les récompenses lui sont alors immédiatement accordées (ballons, câlins, éloges et félicitations), l'enfant et la poupée célèbrent ensemble leur nouveau statut et lui-même peut appeler son super héros. Reste ensuite à perpétuer systématiquement toutes ces marques d'attention et de célébration pendant un jour ou deux, puis à abandonner le programme de renforcement à mesure que le comportement s'autoalimente. Je ne compte plus le nombre de parents qui se livraient en vain depuis des mois à un véritable bras de fer et qui, grâce à ces grands principes de modelage comportemental, ont résolu la question en moins d'un jour.

Seconde partie : identifier et éliminer le comportement négatif

Dans la première partie de ce chapitre, nous avons vu comment amener votre enfant à se comporter conformément à vos souhaits. Dans la seconde, nous verrons au contraire comment éliminer les comportements que vous ne voulez pas, notamment les crises de colère et le non-respect des règles à l'école. En psychologie, se débarrasser de comportements indésirables est appelé *extinction*, comme pour un incendie. De la même manière qu'un incendie ne peut se poursuivre sans carburant, que ce soit de l'essence ou du bois, un comportement ne se perpétuera pas sans le carburant que sont la monnaie d'échange et le renforcement.

Je suis ici pour vous donner les moyens de faire cesser un comportement non souhaité et vous aider ainsi à éviter les conflits avec votre enfant. Il est important d'éviter autant que possible la confrontation avec ses enfants. En règle générale, les conflits frontaux, les ultimatums et les affrontements alimentent l'animosité, les luttes de pouvoir et le ressentiment. Il me semble donc toujours préférable d'essayer de trouver une autre solution et de conclure un accord auquel vous adhérerez tous les deux avec enthousiasme. Vous devez éviter au maximum la confrontation. Mais si et quand vous ne le pouvez pas, en tant que parent, *vous ne devez pas perdre*.

Comprenez aussi que tout comportement, même le pire, a un objectif. Les enfants font comme tout le monde : ils ne font que ce qui marche. Si vous voyez un comportement se répéter, vous pouvez parier qu'il génère une rétribution pour l'enfant, qui cherche peut-être tout simplement votre attention. Ce n'est pas nécessairement un besoin pathologique, mais s'il attire votre attention en faisant des crises de colère, en pleurnichant, en criant et en manipulant, le problème est *là*.

Si vous adoptez mes méthodes pour faire cesser les comportements non souhaités, vous devez également savoir qu'au moment où vous cesserez de renforcer un comportement à problème, ce dernier va commencer par s'intensifier par frustration. L'enfant réagit ainsi parce que vous avez modifié les règles du jeu et qu'il sent que vous ne jouez plus franc jeu. Ne vous laissez pas pour autant emporter car ces réactions de colère ne durent pas longtemps et le comportement finit par disparaître complètement. Sachez toutefois qu'il risque fort de réapparaître spontanément dans les trois semaines, le temps que l'enfant vérifie que les nouvelles règles sont encore en vigueur.

Outil n° 4 : l'éducation par la monnaie d'échange

Les principes de monnaie d'échange et de renforcement sont les mêmes pour réduire les comportements indésirables que pour favoriser les attitudes souhaitables. Observons toutefois quelques étapes spécifiques à l'élimination des comportements à problème.

Étape n° 1 : identifier le comportement à problème

De la même manière que vous avez cerné les comportements cibles positifs, vous devez être aussi précis que possible pour identifier les comportements à problème. Et veillez à faire la distinction entre le comportement et l'enfant. Voici un rapide aperçu de la manière de définir convenablement un comportement à problème en des termes qui rendent son élimination possible.

1. Il doit être défini avec précision en termes d'actes observables destinés à être éliminés.
2. Il doit être ciblé. Par exemple, si un enfant jure, précisez les mots exacts à bannir.
3. Il doit être défini sans ambiguïté. L'enfant et toute la famille doivent savoir clairement ce qui doit être supprimé.
4. Il doit être mesurable. Quand cela est possible, le comportement à problème doit être quantifié. On peut par exemple comptabiliser le nombre des mots inacceptables prononcés.

Étape n° 2 : s'engager à supprimer la monnaie d'échange

Le processus de diminution des comportements indésirables peut être accompli de deux manières : par *extinction directe* ou par *substitution d'un comportement cible positif*. Souvenez-vous que quand vous supprimez la monnaie

Ma famille d'abord !

d'échange qui entretient un comportement à problème, vous devez vous attendre dans un premier temps à ce que ce comportement s'intensifie et s'aggrave. Pourquoi ? Parce qu'il a si bien fonctionné pendant si longtemps que votre enfant ne l'abandonnera pas facilement et redoublera d'efforts pour maintenir ce *statu quo*. C'est comme de mettre de l'argent dans un distributeur de boissons et d'attendre que la canette tombe. Si elle ne vient pas, vous contentez-vous de hausser les épaules et de vous en aller ? Non, vous tapez sur la machine, vous la secouez, vous la traitez de tous les noms et vous la vouez à la damnation éternelle avant d'abandonner. Votre enfant fera pareil, mais si vous êtes résolu à cesser de dispenser la monnaie d'échange qui a entretenu le comportement à problème, les choses vont s'apaiser. Vous devez être ferme et résolu, car votre détermination sera mise à l'épreuve.

Si vous tenez bon un moment mais que vous finissez par céder, vous ne ferez qu'aggraver la situation car vous n'aurez fait qu'enseigner à votre enfant qu'il doit se comporter encore plus mal pour avoir sa récompense. Quand vous décidez de changer le comportement de votre enfant, mettez au point un plan d'action et tenez-vous-y. Je vous promets que vous pouvez y arriver, et votre enfant aussi.

Isoler et définir le comportement à problème est chose facile. Le plus difficile est d'être honnête avec soi-même pour comprendre ce que vous avez fait pour entretenir ce comportement afin de réussir à le faire cesser. L'autoanalyse est un processus douloureux. Je ne compte plus le nombre de lettres que nous recevons de parents désespérés qui n'ont plus aucun contrôle sur leurs enfants. Ils demandent de l'aide et se disent prêts à tout. Leurs enfants volent, sont violents ou menaçants avec les autres enfants, ou font tout pour avoir le profil des criminels les plus recherchés par la police. Et quand je leur demande de se regarder et de s'interroger sincèrement sur leur

Outil n° 4 : l'éducation par la monnaie d'échange

héritage et leurs propres schémas de renforcement, ils pâlissent et se sauvent en courant. Comme je l'ai dit dans le chapitre 1, les parents veulent souvent que je répare leurs enfants mais refusent de regarder leurs propres comportements et de s'engager à les modifier. Souvenez-vous que la famille est un système et qu'un enfant à problème est un symptôme, un signe que la famille a perdu son rythme.

Vous devez donc être disposé à changer vous-même. C'est une étape critique vers le changement de votre enfant. Vous devez être assez courageux pour cesser de permettre le comportement que vous souhaitez éliminer. Commencez par vous demander si vous n'octroyez pas vous-même des récompenses susceptibles de provoquer, d'entretenir ou d'autoriser le comportement à problème de votre enfant. Je parie du moins en partie que vous donnez vous-même la monnaie d'échange qui entretient le comportement que vous voulez voir disparaître.

La seconde approche d'élimination du comportement à problème consiste à y substituer un comportement cible positif ou un autre comportement. Cette approche est plus complexe mais aussi plus efficace que l'extinction directe, car elle propose à l'enfant un comportement de substitution. Avec la méthode de l'extinction directe, le répertoire comportemental de l'enfant se retrouve vide, ce qui peut le conduire à le remplacer par un autre comportement indésirable. Un enfant qui emploie souvent un gros mot peut l'abandonner après quelques sanctions et se mettre à en utiliser un autre, et ainsi de suite jusqu'à ce qu'il ait décliné tous les gros mots.

La méthode de l'extinction peut également donner lieu à une autre complication, appelée « *surcorrection* », surtout quand l'angoisse de l'extinction a des répercussions, comme l'énurésie, l'autodestruction et la suralimentation. L'enfant doit alors trouver une méthode plus adaptée pour régler ces problèmes sous-jacents.

Ma famille d'abord !

Le processus de substitution répond à trois critères fondamentaux : le comportement de substitution doit 1) remplir la même fonction, 2) être mieux adapté et 3) être une réaction équivalente. Si vous souhaitez par exemple que votre enfant cesse de dire « bordel » (qui est généralement une expression de colère ou de frustration), il pourrait dire « zut » ou « flûte ». En plus d'exprimer la frustration ou la colère, ce substitut est mieux adapté puisqu'il n'est ni grossier ni générateur de problèmes supplémentaires, et il s'emploie dans les mêmes circonstances. Voici d'autres exemples :

Comportement à problème	Comportement de substitution
Travailler dans le bruit, notamment avec la télévision	Travailler à la bibliothèque
Se ronger les ongles	Garder les mains dans ses poches
Critiquer les autres	Féliciter les autres
Actes destructeurs (se moquer des autres)	Actes constructifs (aider les autres)

Le principe de Premack

Il y a plus de trente ans, David Premack, professeur en psychologie, décrivit avec précision un phénomène que les mères connaissaient depuis des générations. Il découvrit que les comportements hautement probables (agréables) peuvent servir de monnaie d'échange contre les comportements peu probables (désagréables). En d'autres termes, s'ils le veulent, les enfants peuvent faire des choses qu'ils n'ont pas particulièrement envie de faire, notamment des tâches domestiques, afin de pouvoir faire des choses qu'ils ont envie de faire, comme regarder la télévision ou jouer.

Outil n° 4 : l'éducation par la monnaie d'échange

Ce phénomène a été appelé « principe de Premack », ou « loi de grand-maman ». La vérité est que vos enfants adopteront des comportements imposés avec beaucoup de cohérence et d'efficacité si vous-même établissez et *appliquez une règle cohérente* qu'ils doivent respecter avant de pouvoir faire ce qu'ils veulent. Ce n'est rien d'autre qu'une version sophistiquée du célèbre « Mange ta soupe si tu veux avoir un dessert » ! Sachez que vous pouvez utiliser un comportement souhaité comme renforçateur au lieu de devoir trouver une autre récompense tangible telle que de l'argent ou un jouet. Bien sûr, pour être efficace, vous devez identifier avec précision pour quelles activités ou quels comportements votre enfant est prêt à faire des efforts. S'il se moque de l'activité que vous retenez en otage, vous perdez votre pouvoir. Il est également démontré que les enfants apprécient d'autant plus les plaisirs qu'ils doivent faire un effort pour les obtenir. Là encore, la cohérence est de mise. Si vous leur faites miroiter une récompense, vous devez la gérer avec une grande clairvoyance sous peine de lui faire perdre son pouvoir.

Toute réaction a un coût

À l'inverse, les enfants éviteront de mal se comporter s'ils savent que leur mauvaise conduite les privera de ce qu'ils aiment vraiment. Si un enfant, par exemple, sait qu'un avertissement ou une retenue pour bavardage à l'école lui coûtera le privilège de pouvoir regarder son émission préférée du soir, il risquera moins de commettre cette transgression. Là encore, il est essentiel que votre enfant soit capable de prévoir à cent pour cent les conséquences de ses actes. Vous devez donc être totalement cohérent dans l'application des règles. Les enfants doivent savoir que quand ils choisissent un comportement, ils en choisissent aussi les conséquences – pas occasionnellement, tout le temps. S'il leur arrive de pouvoir

Ma famille d'abord !

échapper aux sanctions – même si ce n'est que de temps en temps – vous perdez votre pouvoir. Vous devez donc être extrêmement attentif. Vous ne pouvez pas ne pas surveiller la situation. Je sais que j'insiste beaucoup sur la question de la cohérence. Mais si je le fais, c'est parce qu'elle a une importance critique.

J'ai reçu récemment une mère qui en avait assez des mensonges répétés de sa fille de dix ans. « Je ne sais pas pourquoi elle ment continuellement, parce qu'elle est punie à chaque fois », me dit-elle. J'en conçus immédiatement deux théories. La première était que la fillette n'était pas punie à chaque fois qu'elle mentait, mais seulement à chaque fois qu'elle était *prise* en flagrant délit de mensonge. Mon père disait toujours : « Pour chaque bêtise que tu vois, il y en a cinquante que tu ne vois pas. » Je soupçonnais cette fillette de se tirer d'affaire sans être punie la majeure partie du temps. De son point de vue, le mensonge était probablement un comportement assez efficace, car il lui permettait dans 80 % des cas d'échapper à ses responsabilités. Ma seconde théorie était que la soi-disant « punition » était tout, sauf une punition. La mère n'en avait pas de *définition empirique* et la punition n'était pas une véritable punition pour la fillette. En réalité, les rares occasions où elle l'avait surprise en train de mentir, elle l'avait envoyée dans sa chambre et l'avait privée de téléphone. Et comme vous pouvez vous en douter, sa chambre était une sorte de Disneyland et elle pouvait communiquer avec ses amis par Internet plutôt que par téléphone.

Pouvez-vous surprendre votre enfant à chaque fois qu'il se conduit mal ? Bien sûr que non ! Mais vous ne devez pas non plus être naïf. Et quand vous le prenez en flagrant délit, vous devez imposer une sanction qu'il trouvera vraiment détestable. Le tout doit être très cohérent. Si vous devez prendre des mesures extrêmes pour être sûr qu'il n'obtient

Outil n° 4 : l'éducation par la monnaie d'échange

pas de renforcement « pirate » en se reportant tout simplement sur autre chose – par exemple en se connectant à Internet au lieu de téléphoner – n'hésitez pas. Il faut être prêt à prendre des mesures draconiennes. J'ai recommandé à de nombreux parents de vider littéralement la chambre de leurs enfants incontrôlables de tout ce qui n'était pas le strict minimum et de tout stocker à part. Je dis bien tout, y compris les vêtements superflus, le téléviseur, les jeux, les décorations murales et autres distractions. C'est le coût de leur mauvaise conduite. Et tous ces luxes superflus, ils devront les regagner.

Faites-moi confiance, l'agence locale de protection de l'enfance ne vous poursuivra pas pour négligence. La mesure peut sembler dure, mais votre enfant s'en remettra et n'en appréciera que plus ses affaires. Il est nécessaire que les enfants apprennent qu'ils doivent gagner les choses plutôt que de croire qu'elles leur sont acquises. Il est parfois justifié et nécessaire de retirer les stimulations et les distractions d'un enfant pendant une semaine, voire un mois, mais il peut être tout aussi efficace d'extraire l'enfant de son environnement stimulant, ne serait-ce que quelques minutes. C'est le concept de mise à l'écart. Et peu importe ce que vous pensez ou ce que vous avez fait jusqu'ici, la procédure peut s'avérer très efficace si elle est convenablement appliquée.

La mise à l'écart

La mise à l'écart est probablement la technique de gestion du comportement que je préconise le plus souvent. En plus d'être généralement facile à mettre en place, elle est très efficace quand elle est bien menée. Pourtant, de nombreux parents m'ont déclaré qu'elle était loin d'être parfaite et qu'elle ne marchait tout simplement pas avec leurs enfants. En y regardant de plus près, je découvre généralement que quand ils utilisent cette procédure conçue pour extraire les enfants d'une stimulation positive, ils ne font que le contraire. De nos jours, envoyer un enfant dans sa chambre ne le met pas à l'écart des stimulations. C'est comme de l'envoyer à Disneyland. Si ma chambre avait été aussi outrageusement bien équipée que celle de la plupart des enfants d'aujourd'hui, je ne l'aurais probablement jamais quittée. J'aurais même supplié qu'on m'y envoie !

En tant que parent, vous devez donner une valeur empirique à ce que vous retirez, ainsi qu'à ce qui est en place. Quand j'étais enfant, ma chambre était nue, à l'exception de lits jumeaux et d'une grande boîte en carton où je rangeais mes affaires. À première vue, c'était logiquement l'endroit idéal pour une mise à l'écart. Et pourtant, cette chambre dépouillée était pour moi un havre de paix. J'aimais m'y retirer. Vous devez donc bien choisir votre monnaie d'échange en fonction des résultats attendus. Si l'enfant est disposé à travailler pour poursuivre une activité ou obtenir une chose en particulier, c'est par définition une monnaie d'échange positive. En revanche, s'il n'est pas disposé à faire des efforts pour cela, alors, par définition, ce n'est pas une récompense et vous devez trouver autre chose.

Voici quelques principes fondamentaux à respecter pour s'assurer de la cohérence et de l'efficacité de cette approche.

1. L'enfant doit être conscient de la raison de la mise à l'écart et de sa durée.
2. La durée doit être adaptée à l'âge de l'enfant. Un jeune enfant ne comprendrait pas le sens d'une privation de sortie, ne serait-ce que d'un jour. Pour lui, 5 minutes peuvent paraître une éternité.
3. Aucun renforcement positif ne doit être présenté ou introduit pendant la mise à l'écart. L'enfant ne doit

être en présence d'aucune stimulation, pas même une fenêtre pour se distraire, si possible.
4. La mise à l'écart doit se terminer à l'heure dite.
5. La mise à l'écart ne doit se terminer que quand l'enfant se comporte bien.
6. La mise à l'écart ne doit pas permettre à l'enfant d'échapper à une situation par rapport à laquelle elle peut être jugée préférable, comme faire la vaisselle ou faire ses devoirs.

Les contrats comportementaux

Il est toujours bon de coucher un accord sur papier, même entre parents et enfants. Vous pouvez aussi noter par écrit ce que vous attendez de votre enfant et quelles seront les conséquences en cas de respect ou de non-respect. On parle alors de *contrat comportemental*. Quel que soit le nom qu'on lui donne, c'est une excellente idée. En plus de rappeler ce qui a été convenu, ce contrat a un effet de cristallisation et de mémorisation sur les enfants. Une fois qu'ils l'ont vu par écrit, il leur est difficile de nier qu'ils l'ont compris. Ce contrat apprend très tôt aux enfants le concept d'accord contractuel et ce que signifie signer un document et en accepter les clauses.

Conclure un contrat offre également l'avantage d'être une communication positive de résolution de problème et une communication bilatérale active qui représente un enjeu pour les deux parties. En plus, le contrat appartient conjointement aux deux parties et peut être mis en œuvre avec tout enfant en âge de lire et de comprendre ce qui y est stipulé. (Si votre fille vient accompagnée d'un groupe de ténors du barreau, vous pourriez vouloir reconsidérer la question !)

Ma famille d'abord !

Si l'enfant est jeune, il peut s'avérer utile de préférer un tableau mural qui inclut une liste de ses obligations, de ses tâches et de ses responsabilités. J'aime bien décomposer la journée par tranches et affecter à chacune une liste des tâches et des responsabilités de l'enfant, à commencer par les tâches et les responsabilités matinales : se brosser les dents, se coiffer, s'habiller, ranger son pyjama, faire son lit, rassembler ses affaires d'école et être prêt à partir à l'heure dite.

Une fois que l'enfant a répondu à une ou à plusieurs obligations, les parents collent une étoile dorée dans la colonne d'en face. Avec les jeunes enfants, mieux vaut donner une étoile à chaque fois, car ils aiment beaucoup les récompenses. Pour les enfants un peu plus grands, mieux vaut opter pour une étoile pour un ensemble de tâches. Si l'enfant obtient 100 % de ses étoiles ou si, en phase de modelage comportemental, il en obtient 80 % les cinq jours de la semaine, il a droit à un privilège spécial le samedi.

La création de ce tableau peut être très amusante et susciter de nombreux échanges entre parents et enfants. Inutile de lui donner des allures de document officiel. Votre enfant peut le colorier, le peindre, y coller des paillettes ou faire des collages. Pour les plus jeunes, ce doit être un projet familial vraiment amusant. Mettez-y de la couleur et des autocollants. En un mot, faites en sorte que les enfants prennent plaisir à le regarder et à le compléter.

Les tableaux sur trente jours sont une bonne option, car ils renouvellent fréquemment le plaisir d'en créer de nouveaux. Là encore, la collaboration parent-enfant présente de nombreux avantages, notamment d'enseigner à l'enfant que quand il choisit un comportement, il en choisit aussi les conséquences. L'enfant peut aussi littéralement observer ses progrès au fil des jours, des semaines et des mois.

Voici maintenant un exemple de contrat comportemental.

Outil n° 4 : l'éducation par la monnaie d'échange

Contrat comportemental

Partie enfant

Nous soussignés _____ (l'enfant) et _____ (les parents) acceptons le contrat comportemental suivant dans le but d'instaurer l'ordre et l'harmonie dans notre foyer. Ce contrat sera révisé trente jours après la date de la signature et sera alors soit prorogé, soit renégocié.

En acceptant les termes et les conditions de ce contrat comportemental, toutes les parties s'engagent en connaissance de cause à le respecter et à ne pas être libres d'en modifier les termes et les conditions.

Je soussigné _____ (l'enfant) accepte d'adopter les comportements énumérés ci-dessous tels qu'ils sont exposés et décrits :

(Énumérer ici des comportements clairement définis, tels que faire ses devoirs dans les temps, rentrer à la maison à l'heure, parler à ses parents sur un ton respectueux, ne pas se connecter ou téléphoner pendant l'heure des devoirs, etc.)

Je soussigné _____ (l'enfant) reconnais que si j'enfreins le contrat en n'adoptant pas les comportements susmentionnés, je choisis de supporter les conséquences suivantes :

(Énumérer ici les sanctions et les pertes de privilèges dues au non-respect des comportements cibles convenus.)

Partie parents

Nous soussignés _____ (les parents) acceptons que si _____ (l'enfant) adopte les comportements susmentionnés, en plus d'échapper à toutes les sanctions susmentionnées, il aura droit aux privilèges suivants :

(Énumérer ici les privilèges en question, tels que le droit de regarder la télévision, d'utiliser la voiture familiale, d'organiser une soirée pyjama, d'aller voir un film, d'avoir un jouet, etc.)

Les deux parties reconnaissent accepter ce contrat de leur plein gré et s'engagent à en respecter les termes et les conditions. Si les résultats sont concluants, les parents s'engagent à ne pas refuser les privilèges et autres conséquences à l'enfant.

L'enfant reconnaît que s'il échoue, c'est lui et non ses parents qui a choisi d'en prendre le risque, et qu'il ne doit ni pleurnicher, ni se plaindre, ni se rebeller.

_____

_____ _____

Les parents   L'enfant

_____

Date

Outil n° 4 : l'éducation par la monnaie d'échange

Les contrats comportementaux doivent aborder de manière très claire et compréhensible les questions de comportement, de santé, de sécurité, de conduite et de résultats scolaires en recensant les attentes dans chacun de ces domaines et les conséquences positives et négatives des bons ou des mauvais résultats. Ils doivent également utiliser un langage clairement compréhensible pour l'âge de l'enfant.

Ces contrats ont pour avantage de sortir les conflits de personnalité de leur contexte. Si l'enfant enfreint une clause dont il était convenu dans le contrat, il n'a qu'à regarder l'accord pour comprendre qu'il ne l'a pas respecté. Il est important que les enfants assument les conséquences de leurs propres choix plutôt que d'être en colère contre leurs parents. Le contrat doit même stipuler qu'en cas de sanctions, l'enfant reconnaît que ce sont ses choix qui en sont la cause. Ainsi, l'enfant n'aura aucune raison d'en vouloir à ses parents. Il doit se dire : « C'est mon contrat et c'est ma responsabilité. Je l'accepte pleinement et je ne peux donc pas m'en plaindre. »

Sans accord écrit, les discussions s'oublient souvent, surtout quand il est dans notre intérêt de les oublier. Ces contrats présentent en outre d'autres avantages :

- Ils donnent à l'enfant un sentiment de justice et de contrôle et le rendent plus conciliant, et ils donnent aux parents une vision claire d'un plan d'action.
- Les composantes essentielles d'un contrat comportemental sont une affirmation claire et univoque de 1) les comportements cibles ou les comportements à problème, 2) les conséquences et les monnaies d'échange en cas de respect ou de non-respect, 3) le lien de causalité entre le comportement et les conséquences, et 4) la durée du contrat.

Ma famille d'abord !

- Cette trace écrite du contrat, de ses modalités, de ses monnaies d'échange et de ses comportements précis sera l'ultime recours, d'où l'importance d'en formuler les termes pour qu'il n'y ait ni confusion ni glissement possibles. La signature du contrat conforte l'engagement des parents et de l'enfant à remplir les rôles qui y sont stipulés.

La gestion comportementale n'est autre qu'un terme scientifique désignant les bonnes vieilles méthodes éducatives, mais son efficacité repose sur une science réelle. Je vous encourage à vous y essayer après avoir soigneusement étudié mes consignes et à veiller à bien l'appliquer si vous souhaitez obtenir les résultats que vous attendez pour votre enfant. Je suis persuadé que vous serez très heureux de l'avoir fait et je parie que votre enfant vous en sera reconnaissant – si ce n'est pas tout de suite, du moins quand il sera un adulte équilibré et authentique. Sachez que la plupart des mauvais comportements répondent au même principe de renforcement – que ce soit le mensonge, la violence, les caprices, les drames, la dépendance, le pouce, le non-respect des consignes, le désordre, la grossièreté, etc. Si je peux généraliser, c'est que tout comportement a un objectif, et que le simple fait de changer d'objectif sous-jacent modifie le comportement. Alors, si aucun des exemples de ce chapitre ne correspond à votre problème, sachez toutefois qu'ils répondent tous à la même loi comportementale.

Avant de poursuivre, permettez-moi d'évoquer le cas des enfants inhabituellement têtus ou rétifs au changement. Si vous avez été un bon élève qui a scrupuleusement respecté les principes et les consignes présentés dans ce chapitre et que votre enfant soit ne réagit pas, soit, malgré d'importants changements de comportement, continue de paraître mécontent, angoissé, confus ou en souffrance, vous devez être à l'écoute et l'observer de plus près. Vous connaissez votre enfant et son passé médical, mental et affectif mieux que personne. S'il a traversé des événements susceptibles d'avoir provoqué une douleur, une peur ou une solitude qui le handicapent, il se peut que sa mauvaise conduite soit devenue un mécanisme de défense et réponde ainsi à une nécessité. Si, par exemple, votre enfant a vécu la mort d'un membre de la famille, un divorce douloureux ou une maladie grave et prolongée (de lui-même ou d'un membre de la famille), les comportements que vous cherchez à éliminer peuvent très bien procurer un effet sécurisant qui vous échappe.

Si tel est le cas, lui proposer de nouveaux comportements pour faire face à cette souffrance intérieure sera essentiel pour susciter sa volonté d'abandonner les mauvais comportements. Vous devez être patient et éventuellement vous faire aider par un professionnel pour remédier à la fois à la douleur et aux conflits. Heureusement, le fait de mettre en application les cinq éléments d'une famille formidable, de surmonter votre héritage négatif et d'adopter un style éducatif plus à l'écoute aura des vertus à la fois curatives et salutaires et contribuera à créer un plus grand sentiment de sécurité, ce qui aidera là aussi votre enfant à dépasser ses problèmes personnels.

Veillez toutefois à ne pas vous cacher derrière quelque traumatisme exagéré ou imaginaire pour excuser votre enfant ou vous-même. Dans la plupart des cas, les enfants sont réceptifs à ces techniques de changement comportemental et se sentent beaucoup mieux.

Chapitre 11

Outil n° 5 : l'éducation par le changement
Le grand chambardement

> « Quand mes enfants se déchaînent, je m'isole.
> Et je reviens quand ils sont calmés. »
>
> Erma Bombeck

C'est l'heure du grand chambardement. Je sais qu'il peut sembler fou de vouloir créer un déséquilibre dans votre famille pour provoquer un changement positif. C'est pourtant exactement ce que je veux dire. Bousculer les relations familiales et les modèles comportementaux dysfonctionnels est une méthode formidable. C'est même une méthode très efficace, surtout dans une structure familiale malade dont les schémas et les alliances qui la définissent sont une source de problèmes profondément ancrée. C'est ce que j'entends par le grand chambardement. En remaniant profondément le fonctionnement de votre foyer, vous permettez à votre famille de repartir du bon pied. Quand soudain les vieilles habitudes et les vieux modèles ne fonctionnent plus, votre enfant devient sensible à vos efforts de redéfinition de vos relations.

Cette méthode s'inspire plus ou moins du concept de déséquilibre utilisé par les partisans de la thérapie familiale structurelle. Vous n'êtes pas un thérapeute, mais vous êtes bien placé pour utiliser les outils que je vais vous présenter si vous vous sentez vraiment empêtré dans votre système familial et si vous souhaitez provoquer un changement positif de l'intérieur. Par exemple, provoquer un déséquilibre est très utile si votre famille marche sur la tête, si les enfants semblent avoir pris le pouvoir ou si les filles se sont alliées contre les garçons, ou inversement. Vous avez peut-être un enfant qui pleurniche constamment et joue les victimes, et ça marche ! Un déséquilibre des pouvoirs et un jeu malsain de factions peuvent nourrir l'ego et la tyrannie d'un enfant ou d'un parent anxieux. Et détruire une famille en un rien de temps.

Depuis plus d'un an, Jasmine, seize ans, rentrait chaque soir de l'école comme une furie. Elle franchissait la porte en trombe en exigeant qu'on lui prépare un repas et semait la tourmente autour d'elle. Puis elle s'affalait devant la télévision, le volume à fond, et criait des ordres à sa mère : « Maman, je t'ai dit que j'avais faim. Si tu ne m'apportes rien, je vais chez MacDonald's. Je crève de faim. Donne-moi de l'argent et les clés de la voiture. »

Sa mère se laissait malmener, accédant à ses moindres caprices, ce qui ne faisait que rendre l'adolescente plus insultante et plus exigeante.

Chaque jour, le même scénario se répétait : Jasmine se déchaînait et sa mère tentait de la calmer. Mais rien ne pouvait rendre Jasmine heureuse, si bien que son entourage n'avait pas droit lui non plus à la paix et au bonheur.

Jusqu'au jour où, en rentrant chez elle dans son état de fureur habituelle, Jasmine découvrit que la télévision avait disparu, et sa mère aussi. Sur la porte du réfrigérateur, elle trouva seulement un mot où il était écrit : « Je serai de retour pour dîner. Je t'embrasse. Maman. » Elle composa immédiatement le numéro de portable de sa mère. Quand celle-ci décrocha, Jasmine lui hurla : « Maman, pourquoi tu n'es pas à la maison ? J'ai faim. Qu'est-ce que je dois faire ? »

Outil n° 5 : l'éducation par le changement

Sa mère lui répondit calmement : « Jasmine, j'ai décidé d'aller faire les magasins. Si tu as faim, il y a tout ce qu'il faut pour goûter. Nous dînerons ensemble. »

Le ton qu'employa sa mère la choqua. Elle avait l'air si sûre et si maîtresse d'elle-même. « Maman, où est la télévision ? Tu l'as rapportée au magasin ? »

« Non », répondit sa mère, « nous l'avons rangée en attendant que le calme revienne dans la famille. »

« Quoi ? On ne m'a rien demandé. Après tout, je fais partie de la famille moi aussi. »

« Non, ma chérie, nous ne t'avons pas demandé parce que ce n'est pas ta décision, mais la nôtre. »

La conversation n'apaisa en rien Jasmine. Elle avait l'impression de perdre le contrôle de la situation, et elle était plus que choquée que sa mère continue à utiliser le pronom « nous ». Après tout, elle avait presque toujours réussi à obtenir ce qu'elle voulait de son père, qu'elle appela pour plaider sa cause directement. « Papa, Maman m'a dit que vous aviez rangé la télévision. Pourquoi la laisses-tu être aussi méchante ? »

Son père semblait lui aussi différent. « Oui, ta mère et moi avons pris la décision ensemble. Nous devons revoir l'emploi du temps familial. Alors, à partir d'aujourd'hui, tu vas devoir décider de collaborer avec nous pour que nous soyons plus heureux au lieu de nous rendre la vie impossible. »

Et les choses changèrent. Privée à la fois de télévision et de voiture, Jasmine se mit à table ce soir-là et tous les autres soirs. Au début, elle était terrifiée, embarrassée, furieuse, et même totalement déstabilisée par le nouveau front uni que formaient ses parents et leur refus de réagir et même de prendre parti quand elle essayait de s'apitoyer et de se plaindre. Elle se sentait comme une étrangère. Mais elle finit progressivement par s'adapter et se calmer. Cette nouvelle structure familiale lui procura même en réalité un sentiment de sécurité qu'elle n'avait pas eu depuis longtemps. Elle se mit à respecter ses parents au lieu de les tyranniser et vit sa famille soudée pour la première fois. Ce front uni avait un pouvoir apaisant.

À problèmes drastiques, solutions drastiques. Quand une famille devient malade ou autodestructrice, les modèles doivent changer de manière spectaculaire. Armé du nouvel outil que je vais vous présenter, vous pourrez vraiment faire bouger les choses pour vous remobiliser et restaurer une structure saine et équilibrée. J'appelle cela créer un déséquilibre car le résultat est une redéfinition des rôles et un déplacement majeur du pouvoir qui peuvent s'avérer provisoirement très déstabilisants pour ceux qui, jusque-là, menaient la danse et parvenaient à leurs fins. Ils sont alors obligés de faire preuve d'une plus grande maturité pour retrouver les privilèges et les droits qu'ils ont perdus lors du grand chambardement.

D'un point de vue psychologique, cette méthode sert à redéfinir votre dynamique familiale et à se concentrer sur les priorités dont vous savez, au fond de votre cœur et de votre esprit, qu'elles sont nécessaires pour atteindre vos objectifs de réussite familiale. Je me rappelle l'époque où ma mère nettoyait la cuisinière après que mon père et moi avions fait de la friture de poisson. Il y avait de la graisse partout et un coup d'éponge n'aurait pas suffi. Il fallait d'abord tout retirer pour pouvoir tout nettoyer, puis tout remettre en place une fois tout briqué. (Je sais, elle aurait dû nous laisser nettoyer, mais je ne savais pas faire : je n'avais que vingt-huit ans !) Il n'y avait pas de méthode plus rapide et plus simple. Il en va de même pour une famille qui a perdu tout équilibre et tout contrôle. Pour réussir, il faut du courage et de la détermination, ainsi que le soutien de tous les adultes de la famille proche et élargie. Une famille bien gérée, heureuse et paisible est tout simplement la plus belle des récompenses que la vie peut offrir. Alors oui, l'effort en vaut la peine !

Les difficultés familiales

Les thérapeutes familiaux vous diront qu'assez souvent, quand une famille dysfonctionnelle traverse une difficulté majeure (l'expulsion de l'un, une adolescente enceinte ou un autre en fuite, voire en garde à vue), le problème est avant tout que le ou les adolescent(s) du foyer ont pris le pouvoir. Comme je l'ai déjà dit, la famille marche alors sur la tête. Je l'ai observé souvent et ce n'est pas beau à voir, car une famille peut ainsi se trouver précipitée dans la ruine affective et financière.

L'enfant en question sera peut-être présenté au thérapeute familial comme le membre malade de la famille, mais pour que cette situation en arrive là, il a fallu que d'autres membres aient eux aussi à un moment donné contaminé la situation. Que ce soit l'ado le plus jeune ou un autre membre de la famille qui exerce un pouvoir démesuré, le centre du pouvoir familial a, d'une manière ou d'une autre, basculé. Créer un déséquilibre peut changer la donne. Bousculer les habitudes et les vieux réflexes ne marche plus. Culpabilité, caprices, victimisation et autres manipulations doivent être désactivés pour ouvrir la voie à un changement salutaire.

Toute famille a une structure. Si la vôtre est contreproductive, il est temps de mettre au point une stratégie pour repartir du bon pied. Vous ne pouvez pas continuer comme avant et espérer d'autres résultats. Les choses doivent changer, et ce changement peut être à la fois efficace et spectaculaire si les adultes du foyer – je parle de vous et de moi – cessent de se laisser faire et se décident à jouer leur rôle de parent. L'idée est que vous, parents, commenciez par reprendre les choses en main et par fixer des objectifs clairs en formant un front unifié fort et soudé et en vous engageant à faire preuve de cohérence en lieu et place de vos éternelles valses-hésitations. Il faut ensuite dresser une liste des modèles

Ma famille d'abord !

de comportement autodestructeurs à éliminer, et adopter de nouveaux modèles. L'enfant tyran est renversé. Une nouvelle ère commence, accompagnée de nouvelles règles et d'une nouvelle distribution des rôles. La paix et la sérénité reviennent. Le rêve devient réalité !

L'enfant dominant sera naturellement mécontent et troublé d'être ainsi évincé du pouvoir. C'est bien, car cela peut jouer en votre faveur. Là encore, le trouble peut s'avérer constructif, car face à une telle situation, les enfants, quel que soit leur âge, afficheront tout d'abord leur colère, qui se manifestera par des pleurs extrêmes, des mouvements d'humeur, et ainsi de suite, mais finiront par rechercher la sécurité, la prévisibilité et l'équité. À vous, l'adulte, de leur donner exactement ce qu'ils veulent si vous vous autorisez à les élever avec un objectif et sans culpabilité.

Je ne sais pas comment nous en sommes arrivés là, mais, aujourd'hui, beaucoup de parents pensent comme leurs enfants que tout leur est dû. Certains partent du principe qu'ils sont de meilleurs parents s'ils épargnent *toute* difficulté à leurs enfants, tandis que d'autres se sentent coupables de ne pas pouvoir leur offrir des vêtements de marque hors de prix, des voitures neuves et les derniers gadgets high-tech qu'ils exigent. Les enfants ne demandent pas mieux. Mais nous pouvons leur offrir mieux !

Les jeunes sont submergés de messages marketing. Après des heures et des heures devant la télévision, qui pourrait leur en vouloir de penser qu'ils ont « besoin » de tous les jouets, les vêtements et les gadgets électroniques qui existent. En plus, ils savent bien jouer les victimes. « Si tu m'aimais, tu me donnerais ceci ou cela. » (C'est le monde à l'envers, je vous dis !) Trop souvent, les parents cèdent. Parfois par culpabilité, parfois par insécurité ou parfois par simple paresse, car il est plus facile de céder que de tenir tête.

C'est ainsi que les enfants mènent depuis toujours leurs parents par le bout du nez.

Plus d'amour, moins d'argent

Permettez-moi de vous donner un conseil : donnez à vos enfants trop d'amour et pas assez d'argent. Ils sauront s'en débrouiller. Ils s'adapteront. Souvenez-vous que c'est vous qui enseignez aux autres comment vous traiter. Si vous gâtiez vos enfants, c'est à vous de ne plus les gâter.

Il est essentiel de se souvenir que les choses les plus importantes que vous devez vous sentir obligés d'offrir à vos enfants sont la protection, des armes pour la vie et l'amour. Tout le reste est un luxe. Mais vous ne pouvez pas exiger des enfants qu'ils le sachent, car ils n'ont aucune idée de ce qui les attend, tout comme un poisson n'a aucune idée de ce que signifie être hors de l'eau. Aujourd'hui, la télévision est trop souvent la seule référence des jeunes. C'est la source de nombreux problèmes familiaux.

Créer un déséquilibre et remettre les idées d'aplomb à un enfant maussade et renfrogné peuvent signifier retirer tout ce qui n'est pas essentiel à son bien-être. Je ne parle pas de privation. Votre enfant aura encore le couvert, un toit et des vêtements, mais n'hésitez pas à supprimer tout le reste pour le bousculer et attirer son attention. Même les choses qu'il peut considérer aussi essentielles que l'air qu'il respire, à savoir la télévision, Internet et Nintendo. Je parle même de débarrasser la chambre de tout ce qui n'est pas les draps, la couette et l'oreiller s'il met en cause votre autorité. Et je ne parle pas de draps Snoopy ou de couettes Winnie, je parle de simples draps unis. Vos enfants n'ont pas besoin de posters, de jouets et autres luxes et distractions. Mais ils les considèrent comme acquis et ne les apprécieront que si vous créez un déséquilibre en les leur retirant. Les enfants qui se conduisent mal ne méritent pas de vivre dans le luxe. Si vous cautionnez cette distorsion, si vous continuez à récompenser leur mauvaise conduite, autant leur apprendre à passer au feu rouge et à s'arrêter au feu vert, puis leur donner les clés de la voiture. Ce n'est pas ainsi que va la vie, et vous devez vous souvenir que votre mission consiste à les socialiser et à les préparer à la vie. Les études sont très claires : les enfants trop gâtés sont typiquement insatisfaits. Ils sont insatisfaits parce qu'ils n'apprécient rien. Il faut avoir eu des moments difficiles, des moments de manque, pour apprécier les bons moments. Priver son enfant de l'expérience du contraste n'est pas un cadeau. Certes, ses cris résonneront à l'autre bout du pays quand vous débrancherez ses appareils. Mais pour avoir guidé de nombreuses familles dans ce processus de déséquilibre, je peux vous dire que le résultat s'est avéré merveilleux.

> **Info sondage :** le problème numéro un des parents d'adolescents est la pression générationnelle, à savoir ce qu'ils font une fois entre eux.

Le manque d'autorité parentale

Joan et Jerry semblaient être un couple parfait quand ils se marièrent. Lui était un avocat plein d'avenir embauché par son beau-père comme héritier potentiel d'un grand cabinet d'avocats. Elle se préparait à devenir une femme et une mère de famille. Elle voulait deux enfants, tout comme ses parents. Le couple avait de très bonnes intentions, mais il lui manquait plusieurs outils en matière d'éducation.

Douze ans après leur mariage, leur famille idéale avait cruellement besoin d'un bon chambardement. Sara, leur

Outil n° 5 : l'éducation par le changement

fille de onze ans, faisait régner la terreur. La famille était esclave de ses exigences quotidiennes et de l'accumulation de ses activités. Mais elle n'avait pas juste beaucoup d'ambition ; elle dépassait aussi les bornes. À deux occasions, Joan trouva de la marijuana dans son tiroir de sous-vêtements en rangeant le linge. Interrogée sur cette découverte, Sara nia tout et prétendit n'avoir aucune idée de sa provenance. Joan accepta l'idée que c'était probablement une blague de l'une de ses copines.

Son frère, Gerald, avait pour occupation première de déchirer tout ce qui lui tombait sous la main et, quand il n'essayait pas de mettre le feu au chat du voisin, il brutalisait les autres enfants. Il était en surpoids à force de se gaver de bonbons en regardant la télévision dans sa chambre. Et quand ses parents lui donnaient des consignes, il se mettait en colère. Joan avait baissé les bras.

Elle avait consacré sa vie à ses enfants, mais elle n'avait ni plan d'action, ni autorité pour le mettre en vigueur. Jerry réalisait ses ambitions en tant qu'associé du cabinet d'avocats, mais au prix de douze heures de travail par jour. Joan avait le titre de parent et tous les accessoires qui l'accompagnent, mais aucune véritable influence ni autorité sur ses enfants. Ses outils éducatifs se limitaient à des cris de colère et de frustration.

Cette famille instruite et aisée s'enfonçait rapidement dans l'abîme. Sara semblait aller tout droit vers la cure de désintoxication et Gerald vers la maison de correction. Quant à Joan, son stress la prédisposait à des problèmes de santé, et son mariage était voué au divorce. Le tableau n'était pas très reluisant. Quand les parents démissionnent de leur autorité et de leurs responsabilités, les enfants prennent le pouvoir. Joan et Jerry ne sont que l'un des nombreux exemples où les parents ont laissé faire.

Ma famille d'abord !

Les facteurs de changement

Le changement peut être très douloureux, mais il vaut la peine. Les enfants auront beau résister, ce bouleversement se fait à long terme dans leur intérêt. La clé de la réussite est la cohérence. Une autre technique de création d'un déséquilibre consiste à former de nouvelles alliances au sein de la famille. Par exemple, si un enfant est le souffre-douleur de la fratrie, on peut créer un déséquilibre en faisant l'effort de concentrer son attention sur lui. Prendre conscience du regard que la famille porte sur chacun de ses membres est une autre technique très efficace. Et faire des jeux de rôle répétés et répondre avec sincérité aux différents membres de la famille en s'épargnant le drame des cris et des hurlements peuvent être extrêmement utiles.

Je demande souvent aux parents d'endosser différents rôles et d'observer la réaction des enfants. Ces derniers peuvent très bien comprendre que le parent joue juste un rôle ; ils n'en réagiront pas moins comme si ce n'était pas qu'un jeu. Dans d'autres cas, je demande à l'enfant de mimer l'un de ses parents. Parfois, ce dernier est surpris du résultat : « J'agis vraiment comme ça ? » Et quand c'est au tour du parent de mimer l'enfant, la réaction est tout aussi étonnante : « Tu as l'air bête quand tu m'imites. »

Quand vous échangez votre rôle avec un autre membre de la famille, on parle d'inversion des rôles. Il est parfois très instructif de découvrir comment chacun est perçu par les autres membres de la famille. Les enfants ont le don d'imiter leurs parents, et inversement. Essayez donc d'inverser les rôles dans le cadre du scénario familial classique d'un jeune qui demande l'autorisation d'emprunter la voiture familiale ou d'un enfant qui veut aller dormir chez un ami. Cette fois-ci, c'est le parent qui demande la permission et l'enfant qui refuse de la donner. Ce jeu de rôle va permettre non seulement de montrer comment chacun perçoit l'autre, mais aussi de favoriser de nouvelles approches et de nouveaux compromis. C'est parfois amusant, et c'est toujours utile.

Souvenez-vous : si votre famille souffre de dysfonctionnements, vous êtes probablement confronté à des structures négatives très fortes et profondément ancrées qui doivent être déconstruites et reconstruites de manière plus saine. C'est tout l'enjeu du déséquilibre. Je sais que l'on y est arrivé quand j'entends un enfant dire : « Qu'est-ce qui se passe ? Pourquoi ne me laissez-vous plus faire tout ce que j'ai toujours fait ? » Vous pouvez alors commencer à reconstruire votre relation parce que vous avez rouvert le dialogue. Vous pouvez désormais parler et être entendu. Votre enfant va s'impliquer parce qu'il a intérêt à le faire : il veut quelque chose. Vous avez bousculé les habitudes et créé un déséquilibre en vue de remédier aux dysfonctionnements de votre famille.

À quoi bon ?

Pour créer un déséquilibre dans une famille où les enfants ont pris le dessus ou se comportent de manière immature et stérile, certaines techniques sont très efficaces. Les parents doivent tout d'abord déclarer la maison en zone de non-culpabilité pour tous les adultes ayant le titre de mère et de père. Vous devez vous libérer pour fixer des limites, redéfinir des règles, renouer des alliances mère-père et ébranler la maisonnée en général. Vous devez vous y autoriser car il est de votre devoir d'élever vos enfants de manière responsable. Votre rôle n'est pas de remporter auprès d'eux un concours de popularité. Qu'ils vous aiment ou vous détestent pour cela, c'est votre devoir. Ce n'est pas eux qui vous ont confié cette responsabilité et ce n'est pas à eux de vous en libérer. Le chaos risque de régner quelque temps, accompagné de grincements de dents de frustration, mais une fois sortis de ce chaos, vos

Ma famille d'abord !

enfants recommenceront à communiquer avec vous pour obtenir ce qu'ils veulent. Souvenez-vous que les enfants sont égoïstes quand ils ne sont pas bien socialisés parce qu'ils fonctionnent à l'instinct de survie. Ils veulent ce dont ils pensent avoir besoin, mais ils changent aussi d'avis. Au début, ce ne sera pas un dialogue chaleureux et affectueux, mais je vous promets que les choses vont s'arranger. Et là encore, souvenez-vous : votre rôle n'est pas que vos enfants vous aiment, mais qu'ils vous respectent et que vous les guidiez.

Si votre enfant est un manipulateur et qu'il a réussi à diviser pour mieux régner sur Maman et Papa, un front parental uni l'obligera à changer d'approche. Les enfants sont intelligents. Ce sont même peut-être les membres les plus intelligents de la famille. Ils savent diviser pour mieux régner et passer à la vitesse supérieure si c'est nécessaire, mais seulement si c'est nécessaire. C'est cette réalité – selon laquelle on n'obtient de ses enfants que ce qu'on leur demande –, qui me rend si critique envers les parents qui « parlent bébé » à leur progéniture. Je sais qu'il est mignon d'entendre un enfant dire « baba » au lieu de bateau, mais quand les parents relaient cette mauvaise prononciation à leur enfant, ils retardent le développement du langage. En revanche, si l'enfant est incité à prononcer le mot correctement, il relèvera le défi. Il en va de même quand l'enfant est amené à prendre conscience qu'il doit gagner certains droits et privilèges plutôt que les resquiller par une conduite insidieuse et sournoise : il se conduira mieux. Ce que les enfants doivent voir, c'est que tout d'un coup, Maman et Papa, qui avaient l'habitude de ne pas être d'accord, de se disputer, de s'opposer et de se faire des reproches, sont maintenant alliés, aussi étrange que cela puisse paraître. Je veux qu'ils se grattent la tête en se disant : « Qu'est-ce qui s'est passé ici ? D'habitude, je réussissais à les dresser l'un contre l'autre. J'arrivais à faire en sorte qu'ils me disent ce que je voulais entendre pour avoir une longueur d'avance sur l'autre. Et tout d'un coup, ils se serrent les coudes, ils comparent même leurs observations et ils semblent s'être mis d'accord sur des règles et des consignes. Je crois que j'ai un problème, un gros problème ! » Tels sont les propos que peut tenir un enfant qui a été habitué à faire la loi et qui ne cédera pas le trône facilement. Préparez-vous à affronter des tentatives majeures et inventives de manipulation. Les rapports vont être très houleux. Êtes-vous prêt et déterminé à faire face ? Avant de répondre, ayez conscience que j'ai déjà entendu toutes sortes de prétextes dans la bouche de parents n'ayant pas la force de faire leur métier. Certains sont irréfutables, mais aucun n'est convaincant.

Lisez attentivement les dix prétextes qui suivent afin de vous demander avec sincérité si vous vous cachez ou non derrière eux. Je veux que vous laissiez tomber toutes ces excuses. Vos enfants ont besoin de savoir que vous vous engagez pleinement dans cette bataille pour l'avenir de votre famille et qu'ils ne parviendront pas à vous faire perdre ce bras de fer au motif que vous êtes surmené ou tout simplement émotionnellement fatigué. Si vous vous dites l'une ou l'autre de ces phrases au moins une fois par semaine, il est probable que vous ayez baissé les bras avec vos enfants.

Les dix prétextes les plus fréquemment avancés pour ne pas opérer le grand chambardement

1. Je n'y arriverai pas seul et mon conjoint ne m'aidera pas, voire sabotera mes efforts.
2. Il n'y a rien à faire, mon enfant est réfractaire à toute éducation.
3. C'est juste un passage ; les enfants seront toujours des enfants et je ne veux pas qu'ils me détestent.
4. Je ne peux tout simplement pas m'en occuper maintenant ; j'ai déjà trop à faire avec ma propre vie.

5. Je suis fatigué de leurs griefs. Je n'aspire qu'à la paix.
6. Ils ne m'écoutent plus et ne pourraient pas s'intéresser moins à ce que je dis.
7. Ils ne m'aiment pas ou ne me respectent pas, alors maintenant, je m'en moque.
8. J'ai mes propres problèmes que je dois d'abord régler.
9. J'ai essayé et j'ai échoué. Il est trop tard maintenant.
10. Je me connais : je ne suis tout simplement pas assez solide pour y arriver.

Si vous répétez souvent l'une, l'autre ou toutes ces excuses, même pour vous-même, il est temps de déclarer l'avènement d'une nouvelle ère. Vous devez trouver un nouveau souffle et défendre la santé à long terme de votre famille. Le grand chambardement a un coût, mais poursuivre dans la voie que vous suivez n'est pas une solution. Soyez honnête envers vos enfants et ce qui les fait avancer.

La véritable nature des enfants

Nous aimons tous à penser que nos propres enfants sont des anges pleins d'amour et de bonnes intentions. Pourtant, leur insociabilité s'explique tout simplement à la fois par leur égoïsme et leur soif de pouvoir. À l'instar de nombreux adultes, ils recherchent le plaisir et fuient la difficulté. Ce constat peut sembler pessimiste, mais il ne l'est pas. Vos enfants ne sont ni mauvais ni méchants ; ils attendent juste que vous fassiez votre travail et que vous les socialisiez. Si vous ne le faites pas, ils risquent de se montrer tyranniques et exigeants, faute d'être assez matures pour gérer le pouvoir qui leur est confié au sein d'une famille où les rapports sont complexes. Vous devez également être conscient que votre enfant est capable de mentir, de tricher, de maltraiter et de voler. Il ne le fait et ne le fera pas forcément, mais il en est capable. Si vous n'établissez pas de lien direct entre son comportement et ses conséquences, il sera handicapé dans un monde qui, contrairement à un parent indulgent, ne récompensera pas sa mauvaise conduite.

Il vous appartient, en tant que parent, d'enseigner l'amour, l'empathie, la générosité, l'équité et bien d'autres qualités à vos enfants et de leur montrer l'exemple pour qu'ils les assimilent. Votre comportement est beaucoup plus parlant que vos discours. Sachez que vos enfants ne vous quittent pas des yeux et que le vieil adage « Fais ce que je dis, pas ce que je fais » ne marche pas. Si vous n'avez pas tenu vos enfants responsables de leurs actes et que vous ne leur avez pas montré l'exemple, vous avez fortement contribué à en faire ces petits monstres qui mènent toute la maisonnée par le bout du nez.

Le meilleur moyen d'apprendre les règles de socialisation est d'en faire l'expérience, d'en découvrir les conséquences, d'en suivre l'exemple et de se voir expliquer la logique des consignes. Vous devez garder à l'esprit que vos enfants vous ont étudié toute leur vie et qu'ils ne changeront pas l'opinion qu'ils ont de vous du jour au lendemain. Ils vous connaissent mieux que vous ne vous connaissez vous-même. Ils savent instantanément si vous êtes fatigué, en colère ou heureux, et ils sont experts dans l'art de savoir quel profit en tirer. Et ils vous connaissent mieux que vous ne les connaissez. Alors, puisqu'il faudra bien que quelqu'un mène la danse, si vous ne prenez pas le contrôle, je vous garantis qu'ils le feront. S'ils pensent pouvoir vous user, vous faire taire ou vous faire craquer, ils le feront.

Brouiller les limites

Le plus inquiétant, c'est qu'à chaque bataille que vos enfants remportent contre vous, ils perdent un peu plus de ce dont ils ont vraiment envie et besoin : la confiance en vous. Les enfants ne sont pas armés pour être des chefs de famille. Quand vous les laissez dominer, vous brouillez les frontières de l'autorité parentale, ce qui a pour effet de les désorienter. Aussi farouchement qu'ils luttent pour le pouvoir, ils n'en veulent vraiment pas car ils savent d'instinct qu'ils sont trop jeunes pour l'assumer. Le pouvoir les désoriente et les tiraille. Quand les parents abdiquent, leur culpabilité est partagée par les enfants qui ont remporté la partie. C'est un terrain psychologiquement miné.

Les enfants savent minuter leurs assauts. Songez à l'enfant en plein apprentissage de la propreté qui fait pipi dans son pantalon juste au moment où ses parents s'apprêtent à le confier à une baby-sitter pour se rendre à une soirée. Quatre-vingt-dix fois sur cent, ce n'est pas un problème d'énurésie ; c'est juste qu'il avance son pion. Il pense que vous ne pouvez rien y faire parce que vous êtes tout habillé et prêt à franchir la porte. Vous devez vous endurcir et être toujours prêt à relever le défi.

Faire front

Je ne soulignerai jamais assez l'importance du partenariat et du front uni que doivent afficher les mères et les pères à l'heure du grand chambardement familial – que le couple soit uni ou séparé. Il leur faut adopter la devise des mousquetaires : « *Un pour tous et tous pour un.* » Plus de chamailleries, plus de médisances et plus de dissensions. Si vous êtes seul et que vous faites appel à des nourrices, à des baby-sitters ou à des membres de la famille pour vous occuper de vos enfants, vous devez vous assurer que vous êtes sur la même longueur d'ondes.

Le grand chambardement familial exige une organisation réfléchie. Prenez le temps d'élaborer une approche qui enthousiasme et rallie tous les responsables éducatifs. Haut les cœurs ! Ce n'est pas une corvée que vous entreprenez là. C'est une mission passionnante pour fonder la famille dont vous avez toujours rêvé et pour avoir des enfants plus heureux, en meilleure santé et plus attentionnés, qui vous seront reconnaissants jusqu'à la fin de leur vie de les avoir assez aimés pour agir et prendre le dessus.

Cette démarche vous rapprochera, votre conjoint et vous, car elle demande de l'honnêteté affective et une grande confiance mutuelle. Chacun doit être *digne de confiance*. Chacun doit savoir que son partenaire peut et va appliquer les directives et adhérer aux valeurs et aux consignes sur lesquelles le couple s'est mis d'accord. Personne ne cède. Personne ne transige avec les enfants quand l'autre a le dos tourné. Personne n'essaie de jouer le gentil flic et de faire passer l'autre pour le méchant flic. Chacun doit s'engager envers ce chambardement et envers l'autre en lui consacrant tout son temps, ses efforts, son énergie et ses moyens.

Une fois l'équipe parentale soudée, vous devez vous consacrer à la cohérence de ce chambardement familial. Impossible d'hésiter. Le comportement de vos enfants est modelé par les conséquences qu'il produit sur eux. Ainsi, les conséquences que vous instaurez et que vous appliquez doivent toujours être cohérentes. Si vous n'êtes pas cohérent dans vos punitions, vous incitez votre enfant à se rebeller et à vous manipuler. L'incohérence est une sorte de programme de renforcement intermittent : la mauvaise conduite est parfois sanctionnée, parfois non. Ce type d'éducation génère les modèles comportementaux les plus résistants au changement. Les enfants savent d'instinct si leurs parents ne sont pas déterminés et sont capables de s'acharner à faire céder un parent velléitaire.

Vous devez affronter le comportement inacceptable de votre enfant et lui faire savoir qu'une nouvelle ère a sonné. Quand vous dites : « Tu es privé de sortie pendant une semaine », cela signifie que la punition ne sera pas levée avant 6 jours 23 heures 59 minutes et 59 secondes et que vous ferez tout ce qu'il faut pour l'appliquer, même si vous devez pour cela rester à la maison, suivre votre enfant à l'école, renoncer à des vacances et annuler une soirée importante.

Si votre enfant a pris l'habitude que vous ne soyez pas cohérent dans l'application des sanctions, quand vous serez déterminé, il fera tout pour s'opposer au changement. Mais si vous tenez bon, vous provoquerez l'immense déséquilibre dont vous avez besoin pour modifier votre fonctionnement familial. Ce sera terrible, mais jamais malsain. Si votre conjoint et vous restez unis, les changements positifs finiront par arriver.

Opération commando

Vous devez être prêt à adopter ce que j'appelle une éducation commando. Si vous n'êtes pas déterminé à vous immerger totalement dans le projet, vous saboterez les chances de réussite de votre enfant et, par là même, l'avenir de votre famille. C'est un risque que vous ne pouvez pas vous permettre de prendre. Si vous êtes deux parents au quotidien, vous devez tous deux être prêts à tout. C'est une véritable opération commando et Papa devra peut-être prendre deux semaines de vacances pour rester avec les enfants 24 heures sur 24, 7 jours sur 7, et créer un front uni avec Maman. L'un de vous devra peut-être arrêter de travailler ou prendre un temps partiel pour passer plus de temps à la maison. Il vous faudra peut-être acheter une voiture moins chère, habiter une maison plus petite, renoncer à aller au restaurant et partir moins loin en vacances, mais le grand chambardement est plus important que tout cela réuni. C'est votre avenir et celui de vos enfants qui sont en jeu.

Outil n° 5 : l'éducation par le changement

C'est probablement la mission la plus importante de votre vie. Votre enfant doit être sûr à cent pour cent que le comportement interdit produira les sanctions que vous avez fixées. Faute d'appliquer ces sanctions, vous saboterez le développement de votre enfant en créant de la confusion et de l'anxiété et en l'encourageant à mal se conduire. Vous creuserez votre propre tombe et vous enterrerez vos rêves d'avenir familial heureux et harmonieux. Imaginez le scénario : en rentrant du bureau, Jerry retire sa cravate et la met en bandeau sur le front. C'est l'heure de l'éducation commando !

Car Jerry et Joan s'engagèrent à fond dans le chambardement familial que je les aidai à planifier et à mettre en place. Je les préparai à croiser le fer avec leurs enfants, en particulier avec leur fille Sara, qui tenait profondément à garder le pouvoir. Elle résista à toutes les tentatives de ses parents. Elle lança ses peluches, piqua des colères, cria, hurla, se fit vomir, annonça qu'elle détestait ses parents et tous leurs ancêtres, proclama qu'elle les avait détestés à la minute où elle était née et menaça d'abandonner l'école, de fuguer et d'entrer dans la Légion étrangère si elle acceptait les femmes.

Ce fut une guerre totale, intense et longue. Mais Joan et Jerry tinrent bon et furent récompensés. Ils mirent de côté leur vie sociale et resserrèrent les rangs autour de leurs enfants. Je les aidai à leur donner la structure dont ils avaient cruellement besoin. Ce ne fut pas une partie de plaisir. Ce fut douloureux. Mais le sacrifice d'une paix temporaire permit à cette famille de se construire un avenir. Souvenez-vous : la paix à tout prix n'est pas la paix. Je suis fier de dire que Sara est une enfant beaucoup plus heureuse depuis qu'elle est enfin déchargée de la pression du pouvoir. Elle n'a plus à materner son frère et ses parents. Son frère, quant à lui, est devenu l'un des meilleurs élèves de son école car il peut désormais se concentrer sur son travail. Il a appris

Ma famille d'abord !

à faire confiance à ses parents pour qu'ils assument leurs responsabilités et le protègent et le guident à la fois.

Le plan d'action

Avant d'entamer ce plan d'action, vous devez savoir que la règle de base est d'avoir le sens des responsabilités. Voici maintenant un bref questionnaire pour évaluer votre situation actuelle. Dans chacun des scénarios suivants, cochez votre réaction la plus probable. SOYEZ SINCÈRE !

1. Vous avez prévu une semaine de vacances et votre adolescent enfreint la règle des autorisations de sortie, avec pour conséquence une privation de sortie d'une semaine.
   a. Vous suspendez la punition jusqu'à votre retour de vacances.
   b. Vous essayez de montrer à quel point vous êtes en colère et vous expliquez à votre adolescent les problèmes que provoque son comportement. Une fois que vous voyez qu'il se sent coupable, vous pardonnez et vous partez en vacances.
   c. Vous annulez vos vacances et surveillez votre enfant jusqu'à expiration de la punition.

2. Vous avez fait venir une baby-sitter pour garder vos deux enfants pendant que vous allez dîner avec des amis. Mais au moment où vous partez, l'un d'eux se met à faire une crise pour avoir un biscuit.
   a. Vous lui donnez un biscuit et vous partez.
   b. Vous lui faites un câlin et vous lui expliquez que vous ne pouvez pas vous occuper de lui maintenant, mais que vous le ferez à votre retour.
   c. Vous vous occupez de la situation sur-le-champ, même si cela signifie annuler la soirée.

Outil n° 5 : l'éducation par le changement

3. Dans un grand magasin où vous faites vos courses, votre enfant fait une crise parce qu'il veut une glace tout de suite.
   a. Vous allez lui acheter une glace.
   b. Vous êtes trop embarrassé de passer pour un parent méchant, alors vous le prenez dans vos bras et vous poursuivez vos courses.
   c. Vous quittez immédiatement le magasin et vous décrétez une mise à l'écart.

4. Vous êtes avec votre belle-famille et votre enfant enfreint délibérément une règle en sachant que sa grand-mère le laissera faire.
   a. Vous laissez faire car quand sa grand-mère est là, la situation est différente, d'autant que c'est devenu systématique et qu'elle trouve cela mignon.
   b. Vous le menacez de sanctions après le départ de sa grand-mère.
   c. Vous appliquez immédiatement les sanctions, comme vous le feriez si sa grand-mère n'était pas là.

5. Au terme d'une journée éprouvante, votre enfant enfreint une règle, sachant qu'il connaît les conséquences de son acte.
   a. Appliquer la sanction vous demanderait un effort, alors vous laissez faire. Et puis votre enfant sait que la prochaine fois, il n'y échappera pas.
   b. Vous criez après votre enfant et le menacez de sanctions. Et comme il semble comprendre son erreur, vous changez de sujet.
   c. Même si cela vous oblige à puiser dans le peu d'énergie qui vous reste, vous appliquez la sanction et la discipline.

Ma famille d'abord !

Résultat : si vous avez coché des réponses autres que des C, vous êtes coupable de ne pas exercer votre autorité sur votre famille et de ne pas être à la hauteur de vos responsabilités de parent. C'est le moment de vous armer de quelques outils.

Comment créer un déséquilibre constructif

Il ne suffit pas de décider à modifier un comportement destructeur. Il faut établir un plan de bataille. Voici quelques suggestions pour y parvenir.

1. Levez votre armée

Votre armée, ce sont vous, les parents. Votre mission est de reconnaître que vous avez perdu le contrôle de vos enfants, puis de prendre des mesures pour le reprendre. Engagez-vous l'un envers l'autre à vous entraider pour cette campagne et pour la suite. Vous pouvez ne pas être d'accord sur certaines méthodes ou certains comportements cibles, mais vous devez être d'accord sur le fait que votre priorité est de présenter un front uni. Si vous êtes divisés, vous serez tous deux voués à l'échec.

• **Élaborez un programme de mise en œuvre de votre plan d'action.** Vous devez vous organiser et répéter pour être tous les deux parfaitement au point. Élaborez un plan d'action, plus un plan B. Voici quelques techniques très utiles :

- Tenez une réunion de famille.
- Expliquez certains des problèmes et des sanctions à venir si vous continuez comme avant. Vous pouvez mentionner un article que vous venez de lire ou une discussion que vous venez d'avoir avec une personne dont vous respectez l'opinion.

Outil n° 5 : l'éducation par le changement

- Expliquez que vos projets vont rompre avec les habitudes et que certains d'entre vous vont grincer des dents, mais que c'est une décision que vous prenez dans l'intérêt de toutes les personnes concernées.
- Examinez les questions et les réponses.
- Fixez une date de mise en œuvre : immédiatement ou demain.
- La première chose à faire le premier jour est de ranger tous les téléviseurs et de débrancher tous les téléphones, sauf un. Le lendemain, rangez la chaîne hi-fi et jouez à un jeu de société. Et le troisième jour, démarrez le programme de changement comportemental.

• **Rédigez une déclaration d'engagement.** Vous y énoncerez vos ambitieuses idées de départ pour pouvoir vous y référer ultérieurement. Les enfants nous font trop souvent oublier nos résolutions en détournant notre attention. Si toutes les religions ont leur bible, c'est pour la bonne raison que tout le monde peut y retrouver leurs grandes valeurs et leurs grands principes. Au départ, cette démarche vous paraîtra peut-être fastidieuse, mais vous pouvez très bien l'entreprendre sans toutefois essayer d'envisager toutes les situations possibles. Vous obtiendrez ainsi un document de départ auquel vous pourrez ensuite apporter des amendements. Souvenez-vous : ne cherchez pas la perfection. Ce n'est qu'un point de départ que vous pourrez toujours modifier ultérieurement.

2. Anticipez une vive résistance

Une fois lancée votre opération commando de restructuration, vos enfants retrouveront souvent leurs comportements initiaux tels que traîner les pieds, faire pipi au lit, pleurnicher, piquer des colères et autres comportements turbulents.

Ma famille d'abord !

Anticipez et dressez la liste des réactions les plus probables de votre enfant et prévoyez une riposte pour chacune. Si votre conjoint est à la maison ou si votre enfant peut le joindre au téléphone, il est crucial que vous soyez tous deux sur la même longueur d'ondes et que vous vous souteniez totalement.

3. Élaborez un système de communication

Il est important que les parents mettent au point un système de communication entre eux pour que les enfants comprennent vite qu'ils ne peuvent pas les diviser. Il peut arriver que surgissent des problèmes inattendus nécessitant une discussion immédiate. Par exemple, imaginez que votre enfant rentre furieux après avoir été harcelé à l'école par une brute et qu'il mette sa chambre sens dessus dessous. Un pincement à l'oreille droite de l'un peut signaler à son conjoint qu'il est temps de passer à une action commune. Ou un clin d'œil de l'autre peut signifier qu'il préfère gérer seul la situation. Ou encore un signe de la main peut annoncer la convocation immédiate d'une réunion. Prévoyez des signaux discrets au moins pour les cas suivants :

- « J'ai besoin d'aide » :
- « Je veux être seul avec lui » :
- « Je ne suis pas d'accord avec toi » :
- « Je veux dire quelque chose » :
- « J'ai besoin de ton soutien » :
- « Ayons une discussion rapide avant que la situation ne nous échappe » :
- « Ne cède pas » :

4. Organisez une séance de consultation et de soutien

Il est vivement recommandé que les parents se retrouvent si possible chaque soir pour une séance de consultation, au moins pendant le premier mois du changement. Ces séances doivent respecter un ordre du jour cohérent du type de celui que nous recommandons ici :

- Échangez vos sentiments sur les difficultés du jour, sans faire ni reproches ni insinuations sur les responsabilités de l'autre parent. Limitez-vous à dix minutes pour éviter les épanchements.
- Citez à tour de rôle un comportement positif observé chez l'autre en expliquant ce que vous lui trouvez de bien.
- Prévoyez environ dix minutes.
- Évaluez l'efficacité du changement de responsabilité. Devez-vous opérer des ajustements ?
- Discutez des derniers événements et des approches possibles.
- Mettez-vous d'accord pour vous engager à changer et pour vous entraider, en particulier quand l'autre le demande.

Restez positif et regardez vers l'avenir

Quand vous vous engagez à restructurer votre famille malade, la tâche semble parfois décourageante et fastidieuse. Vous devez donc garder à l'esprit que vous menez là une opération importante, honorable et enthousiasmante. Elle vous offre la possibilité de créer l'environnement familial que vous avez toujours souhaité. C'est de loin la mission la plus importante de votre vie. Elle aura des conséquences à long terme, puisque vos enfants grandiront pour devenir eux-mêmes de meilleurs parents. Dites-vous qu'en bousculant vos propres enfants et en créant une famille plus unie, vous enrichissez la vie de vos petits-enfants et arrière-petits-enfants. Vous brisez un cercle vicieux qui risquait de leur rendre la vie très difficile. Par ricochet, votre décision va avoir des répercussions sur les générations suivantes. Réjouissez-vous et consacrez-y toute votre énergie. Vos enfants vous seront éternellement reconnaissants de vous intéresser suffisamment à eux pour vous mobiliser et faire ce qui doit être fait pour leur bien et l'avenir de votre famille.

CHAPITRE 12

OUTIL N° 6 : L'ÉDUCATION DANS L'HARMONIE
METTEZ DE L'ORDRE DANS VOTRE FOYER

> « Le meilleur moyen de retenir ses enfants à la maison est de créer une ambiance agréable – et de les laisser souffler. »
>
> DOROTHY PARKER

Deux des outils que je vous ai donnés précédemment servaient à fixer des objectifs et à restructurer le pouvoir familial. En voici maintenant un qui vous aidera à assainir votre environnement familial pour qu'il soit plus facile de se concentrer sur cette restructuration et de construire un avenir meilleur. En tant que psychologue et père de famille, je sais à quel point il est difficile d'aborder les sujets importants dans le tumulte de la vie de famille. Je sais ce que c'est que d'essayer d'avoir une conversation sérieuse avec un adolescent quand son téléphone mobile sonne toutes les deux minutes, que les grondements de sa chaîne atteignent dix sur l'échelle de Richter et que Britney Spears simule un strip-tease à la télévision. Aujourd'hui, de nombreux foyers sont plongés dans un chaos inimaginable. La faute en revient non seulement à tous les gadgets multimédias, mais aussi aux chiens qui aboient, aux chats qui miaulent, aux éviers qui débordent, aux enfants du quartier qui sonnent à la porte, aux télévendeurs qui téléphonent, aux commerciaux qui démarchent, aux micro-ondes qui bipent et à l'agitation générale qui rend la vie moderne si exaspérante.

La voix des parents se perd dans la cacophonie d'un monstre multimédia qui inonde les sens des ados et des préados sans que l'on puisse les en blâmer, car la plupart de ces gadgets, ce sont nous qui les achetons. Nos maisons ne sont plus des havres de paix et, hélas, la plupart des parents ne cherchent même pas à lutter. Ils baissent les bras. Pourtant, c'est bien ce chaos et cette source permanente de distractions qui ont largement contribué à la crise familiale actuelle. Il est temps de faire le grand ménage.

Souvent, au lieu de se parler et de montrer l'exemple à nos enfants, nous lançons des bribes d'information tout en zappant. Nous tenons la télécommande, mais avec Internet, nous n'avons absolument aucun contrôle sur les informations auxquelles nos enfants ont accès, ni même sur les personnes à qui ils parlent. Quant aux téléphones mobiles, ils ont leurs avantages et leurs inconvénients. Ils nous permettent de rester plus que jamais en contact avec nos enfants, mais ils sont également une source incessante d'interférences et une manne pour les trafiquants de drogue et les inlassables organisateurs de soirées pour adolescents.

Sans oublier la course quotidienne entre les cours de danse et de gymnastique, le foot, la chorale, le volley-ball et le basket. Chaque activité a beau partir d'une bonne intention et vouloir aider nos enfants à développer leurs talents, je me demande quel impact toute cette éducation prémâchée a sur leur attitude face à la vie et sur leur capacité à s'occuper seuls. Vous trouvez cette idée radicale ? Pourtant, quand enfants et parents passent leur temps à courir à droite et à gauche 7 jours sur 7, je n'hésite pas à parler d'état de démence avancée.

Outil n° 6 : l'éducation dans l'harmonie

Écoutons notre pragmatisme pour nous demander ce que nos vies de famille ont à gagner de l'usure des tournois, des récitals, des leçons et autres activités. À cette question, la réponse des statistiques est parfaitement claire. Nous nous débattons dans nos vies de famille. Les chiffres de la dépression des adolescents n'ont jamais été aussi forts. Le suicide des jeunes, toutes catégories confondues, a augmenté, sauf par arme à feu. Dans les écoles, la toxicomanie est en hausse. Nous sommes sur tous les fronts, et toutes les statistiques sans exception nous montrent que nous en payons le prix fort.

Des milliers de parents m'écrivent pour me parler de leurs tentatives de garder le lien, à l'image de Mary, dont l'histoire résume toutes les autres :

> *Dr Phil,*
> *je fais de mon mieux pour élever ma famille, mais j'échoue chaque jour. Mes deux filles, âgées de treize et quinze ans, ne sont jamais à la maison, et quand elles sont là, elles prononcent à peine plus de deux phrases. Je sais que c'est typique chez les adolescents, mais c'est ainsi depuis le début. Elles ont toujours quelque chose de plus important ou de plus intéressant à faire que de m'écouter. Il est inutile d'essayer de les convaincre car je n'ai aucun moyen de les y inciter. Elles font toutes les deux du sport et consacrent un peu de temps à un organisme d'aide aux personnes âgées. Ce sont vraiment de gentilles filles, mais je connais probablement mieux mon voisin de palier que mes propres enfants. Si elles avaient des problèmes, je serais la dernière informée. Je culpabilise tellement de ne pas être la mère que je devrais être. Aidez-moi à renouer le dialogue avec mes filles.*

L'avenir ne s'annonce pas radieux pour la future génération si cette folie continue. Il est du devoir des parents de reprendre le contrôle de leur propre famille. Où allons-nous ? Qu'est-ce qui nous attend ? Rien de bon si nous continuons à céder à des influences extérieures et laissons Internet se substituer aux parents, voire aux baby-sitters. Il est vrai que quand un enfant est scotché à l'écran d'ordinateur, il ne vient pas vous déranger avec ses questions et ses commentaires pendant que vous regardez un quelconque feuilleton à la télévision. C'est bien pratique, mais, croyez-moi, dans ce contexte, ce n'est pas une bonne chose. Pas plus qu'il est bon que votre enfant ait coupé les liens et soit devenu incontrôlable.

Pourtant, cette folie n'est pas une fatalité et les familles peuvent retomber une à une sur leurs pieds si les parents fixent des objectifs de réussite familiale et s'engagent à les tenir en réorganisant la vie de famille et en instaurant un climat plus sain. Je suis enthousiasmé par les possibilités qui s'ouvrent à nous, car je crois que de plus en plus de parents comprennent l'urgence de la situation. Voici trois domaines dans lesquels les parents peuvent contrôler l'environnement familial :

- Temps consacré aux priorités
- Contrôle des stimulations externes
- Fixation des horaires de la maisonnée

La gestion du temps

Dressez la liste des distractions qui perturbent la communication parent-enfant et la communication familiale. Je vous en propose quelques exemples, mais n'hésitez pas à y ajouter vos propres suggestions, y compris si elles sont positives. L'idée n'est pas de critiquer ces distractions, mais d'observer l'ampleur des perturbations qu'elles provoquent dans la famille.

Outil n° 6 : l'éducation dans l'harmonie

Complétez cette liste des activités qui empiètent sur le temps familial, même si elles présentent certains aspects positifs.

1. Regarder la télévision
2. « Chatter » sur Internet
3. Surfer sur Internet
4. Télécharger de la musique
5. Jouer à des jeux vidéo
6. Communiquer par messagerie
7. Téléphoner
8. Regarder des DVD
9. Suivre des cours
10. Faire partie d'une équipe
11. Être membre d'un club sportif
12. Participer à des tournois
13. Faire du tutorat
14. Aller au cinéma
15. Faire les courses
16. Faire des sorties éducatives
17. Faire la fête
18. Rester enfermé dans sa chambre
19. Aller à la messe ou à des rencontres spirituelles
20. Faire les magasins
21. Faire un tour en voiture
22. _____
23. _____
24. _____

Ajoutez-y vos propres activités et notez le nombre d'heures ou de minutes consacrées aux relations familiales ou simplement passées en famille – par opposition au temps passé à regarder la télévision ou à faire autre chose. Quand je dis « consacrées », j'entends par là que la famille est alors votre seule et unique priorité et qu'elle est réunie dans la perspective d'un échange, même modeste. Où en êtes-vous ?

Ma famille d'abord !

Le contrôle des stimulations, un véritable style de vie

Sachez une chose : vous n'êtes pas obligé d'être en concurrence avec toutes ces distractions. Le meilleur moyen d'accomplir votre mission éducative est d'assainir l'environnement. Il vous appartient de protéger votre environnement familial pour qu'il incarne vos valeurs familiales. Quoi que les publicitaires veuillent vous faire croire, vivre sans la télévision allumée toute la journée et ne pas être connecté jour et nuit à Internet présente certains avantages. Si vous, parents, voulez regagner le cœur et l'esprit de vos enfants, vous devez vous débarrasser des distractions externes qui dominent leur vie. Plus vite vous entamerez ce processus et plus jeunes seront vos enfants quand vous changerez de rythme de vie, plus ce sera facile et plus l'impact sera profond.

Nous sommes devenus beaucoup trop réactifs, laissant le monde prendre le contrôle de notre vie plutôt que le contraire. Résultat, nos enfants sont souvent excités. Nous avons cédé au mythe selon lequel ils doivent être constamment distraits ou occupés à des activités structurées. Dans les maisons, plusieurs télévisions sont souvent allumées en même temps, sans parler des radios, des chaînes hi-fi, des ordinateurs et autres distractions. Je ne dis pas que vos enfants doivent vivre sous privation sensorielle ou dans des pièces insonorisées, privés de toute distraction. Il faut un juste équilibre. Les enfants n'ont pas besoin d'être bombardés de messages électroniques chaque minute du temps qu'ils passent éveillés, pas plus qu'ils n'ont besoin d'être sans arrêt impliqués dans des activités structurées. Ils ne vont pas se liquéfier s'ils ne suivent pas des cours privés, s'ils ne pratiquent pas de sport ou s'ils ne cultivent pas un talent. N'ayez pas peur que votre enfant fasse moins bien que les autres. Cessez de vouloir le

Outil n° 6 : l'éducation dans l'harmonie

faire participer à toutes les activités extrascolaires et à tous les cours privés qui existent. Peu importe que la fille des voisins réussisse mieux un pas de danse que la vôtre. Peut-être que s'ils restent à la maison en étant obligés de se distraire eux-mêmes, vos enfants parviendront mieux à s'entendre ou à s'occuper seuls. Nous devons lever le pied et nous recentrer. Nous devons simplifier nos vies de famille. Les enfants doivent avoir du temps calme pour réfléchir et créer, et ils doivent apprendre à se distraire seuls. Nous avons tous notre rythme de vie. Notre esprit a besoin de tranquillité pour favoriser la créativité et se concentrer sur des objectifs de réussite tels que la bonne santé de votre famille. Si vos enfants n'ont aucun moment de calme pendant la journée, jamais ils ne s'écouteront, ce qui risque de poser un problème car ils peuvent avoir des choses importantes à se dire à eux-mêmes.

D'où l'importance d'alléger son environnement familial. La mesure suivante va vous permettre de comprendre ce que vous pouvez faire pour vous simplifier la vie, puis pour décharger vos enfants afin qu'ils ne se sentent plus surmenés. Si, par exemple, les débuts de journée sont mouvementés parce que chacun court dans une direction à un horaire différent, décidez de réveiller tout le monde une demi-heure plus tôt – en se couchant éventuellement une demi-heure plus tôt le soir. Convoquez une réunion et demandez plus de coopération et de calme. Vos enfants résisteront ? Bien entendu. Lèveront-ils les yeux au ciel en se plaignant ? Il faut vous y attendre. Mais les responsables doivent prendre leurs responsabilités et, en tant que parent, vous devez prendre position. Ce n'est pas toujours démocratique, mais ce n'est pas l'anarchie. C'est votre famille et c'est à vous de décider quand et comment elle doit démarrer sa journée. Il est très facile de dire : « Si le réveil est mouvementé lundi, tout le monde se lèvera une demi-heure plus tôt mardi. » Il est très facile de mettre tout le monde d'accord pour préparer ses affaires du lendemain avant d'aller se coucher. Oui, aussi étonnant que cela paraisse, il existe encore des enfants qui préparent leurs vêtements et leur cartable et retrouvent des accessoires aussi essentiels que leurs chaussures *avant* d'aller se coucher.

Expliquez à chacun que le but est de resserrer les liens familiaux et d'instaurer des rapports plus sains et plus harmonieux. Les parents peuvent et doivent contrôler l'environnement familial. Cela fait partie de leurs responsabilités dans le bien-être de la famille. Si vous souhaitez apaiser votre famille afin que tous ceux qui y vivent soient moins irritables, moins en colère et moins surmenés, vous avez le pouvoir de le faire. Il est également important de vous assurer que vous n'êtes pas vous-même une source de stress par manque d'organisation ou parce que *vous* essayez d'en faire trop. Il est prouvé que les enfants sont le reflet de l'humeur et de la personnalité de leurs parents. Si le chaos règne dans votre foyer et que vos enfants sont stressés, regardez-vous dans une glace. Vous en êtes peut-être la cause, ou du moins vous contribuez au chaos qui entrave leurs performances affectives et intellectuelles. Un enfant issu du chaos en pâtira dans sa vie.

Pour cesser tout dysfonctionnement, vous devez abandonner le comportement qui l'encourage. Que votre famille souffre d'un problème de division, de stress, de surpoids ou de manque de communication, vous devez changer de style de vie pour changer cet état de fait, ce qui signifie ici assainir l'environnement familial. Votre tissu familial est usé et rien ne pourra le raccommoder tant que vous ne vous serez pas débarrassé du chaos, du stress et des échanges contre-productifs tels que les chicaneries, les disputes, les reproches et les trahisons. Pour commencer le processus de guérison, les parents doivent fixer des règles et des limites, récompenser la bonne conduite et punir la mauvaise.

Prenez quelques minutes pour remplir le petit questionnaire qui suit afin d'évaluer le style de vie que vous avez créé et de déterminer ce que vous pouvez modifier.

Priorités familiales et emploi du temps familial

Les familles qui luttent pour trouver ou retrouver leur équilibre n'avaient jamais prévu de laisser leurs relations et leurs environnements se dégrader au point d'atteindre de tels niveaux de dysfonctionnement. Les rapports se délitent progressivement, jour après jour. Au départ, les parents peuvent très bien avoir la ferme intention de se retrouver autour d'un dîner familial quotidien, voire de réunions de famille régulières, puis céder petit à petit sans s'en rendre compte à des conflits d'horaires et de priorités. Personne ne prend volontairement la décision d'interrompre ces rituels, qui se perdent tout simplement lentement dans la masse. Vous n'avez peut-être pas sciemment décidé d'abandonner certaines prérogatives familiales. En revanche, vous pouvez sciemment décider de les réinvestir.

Commençons par jeter un coup d'œil à vos dix priorités familiales : dressez ci-dessous en toute franchise et en toute honnêteté la liste par ordre décroissant des priorités ou valeurs familiales que vous poursuivriez dans un monde idéal. Par exemple, si vivre en accord avec Dieu est votre première priorité, citez-la en première position, puis réfléchissez à la deuxième, et poursuivez ainsi votre liste. Attention, je ne parle pas des priorités qui dictent votre vie, juste de celles qui sont philosophiquement importantes pour vous. Les premières vous viendront facilement, mais les suivantes risquent d'être un peu plus difficiles à trouver.

Ma famille d'abord !

Vos dix priorités
1.
2.
3.
4.
5.
6.
7.
8.
9.
10.

Et maintenant, demandez-vous à quoi les membres de votre famille consacrent leurs journées et énumérez ci-dessous les dix activités qui absorbent le plus de leur temps. Par exemple, si le travail ou l'école est l'activité qui absorbe le plus de temps, notez-le en première position. Si le sommeil vient après, notez-le en numéro deux, et ainsi de suite.

Vos dix activités les plus chronophages
1.
2.
3.
4.
5.
6.
7.
8.
9.
10.

Et maintenant, comparez ces deux listes afin de savoir si oui ou non la manière de vivre et d'investir son temps de votre famille dans la vie de tous les jours est cohérente avec ce que vous, au fond de votre cœur, savez être important. Je sais pertinemment que dans la vraie vie, nul ne peut vivre à cent pour cent en accord avec ce que sont ses priorités dans l'absolu. Mais la vie est une quête d'excellence – voire de perfection. Alors, si vous découvrez que les valeurs en tête de votre liste des priorités se trouvent au bas de la liste de vos occupations, vous devez prendre l'engagement de revoir la répartition de votre temps et de votre énergie et de vous recentrer sur ce que vous savez être important. Comment faire ? C'est tout le sujet de ce livre en général, et de ce chapitre en particulier.

Planifier son environnement

La gestion du temps est un sujet critique dans toutes les familles. La plupart d'entre elles vivent aujourd'hui à mille à l'heure. 70 % des familles ont désormais un double emploi, ce qui signifie un double revenu, mais aussi un double stress, et des enfants submergés d'activités. Même les familles à un seul revenu se lancent dans la compétition de peur que leurs enfants ne soient pas à la hauteur de ceux que les familles à double revenu poussent jusqu'à l'obsession. Les parents veulent absolument que leur fille fasse de la danse avant de commencer à marcher. Les garçons, quant à eux, sont poussés très tôt à faire du sport. Le plaisir n'est plus un critère, et les athlètes complets sont une espèce en voie de disparition.

Un ami m'a raconté avoir été abordé un jour par le père d'un ami de son fils qui venait de disputer un excellent match de basket.

« Votre fils est l'avenir de cette équipe », lui dit ce père à l'allure athlétique. « Je ne sais pas si vous avez les moyens financiers ou non, mais votre fils a besoin de suivre un entraînement particulier. »

Ma famille d'abord !

Mon ami le remercia pour l'intérêt qu'il portait à son fils, puis ignora son conseil. Il voulait que son fils joue au basket pour l'amour du jeu et s'essaie également à d'autres sports. Et il avait vu jouer l'autre garçon, qui était très mûr pour son âge, mais n'était pas très grand. Il avait dit à ses camarades qu'il en avait assez du basket et qu'il détestait être forcé à y jouer. À deux reprises au moins, il s'était évanoui, soit d'épuisement ou de stress, soit pour ne pas participer à un entraînement ou à un match. Cet enfant allait au-devant de sérieux problèmes.

Le bon sens n'est plus de mise. Bien sûr, l'excellence exige du dévouement, que ce soit dans le sport, l'art ou la vie professionnelle. Mais nos vies ont surtout besoin d'équilibre. Les parents doivent comprendre que les enfants, et les adolescents en particulier, sont rivés à leur horloge biologique, et non à celle du mur du gymnase ou de la salle de danse. Nul ne peut ignorer les biorythmes qui dictent l'énergie naturelle de chacun. Chez la plupart d'entre nous – à l'exception des adolescents, dont le cerveau est encore en pleine croissance et qui obéissent à un cycle qui les empêche de dormir le soir et de se lever le matin – les matinées sont les moments de plus intense activité intellectuelle. Le corps et l'esprit sont reposés et ne sont plus pollués par les activités de la veille. Puis l'après-midi est l'heure des activités physiques, et quand vient le soir, le rythme naturel est à la détente. Tout cela n'empêche pas les adultes de programmer les activités en fonction de leurs propres horloges biologiques et de leurs propres contraintes horaires, imposant aux enfants des rythmes contre nature susceptibles de les dérégler.

> **Info sondage : les trois plus grandes inquiétudes des parents sont les suivantes : expliquer la sexualité, inculquer des valeurs et coéduquer.**

Outil n° 6 : l'éducation dans l'harmonie

En plus d'assainir l'environnement familial, les parents doivent être à l'écoute des rythmes naturels de leurs enfants. Vous ne pouvez pas jouer à chat perché, à la balle aux prisonniers ou à la bagarre avec vos enfants, et espérer qu'ils s'endorment tout de suite après. Ralentissez progressivement le rythme et proposes des activités calmes qui les préparent au coucher. Utilisez ce moment de calme pour renforcer les liens familiaux en leur faisant la lecture, en leur parlant de la journée ou en faisant des projets pour le lendemain.

Et maintenant, faites le point en gardant bien à l'esprit ces rythmes naturels. Notez ci-dessous les activités les plus appropriées aux différents moments de la journée en songeant aux activités familiales les plus productives et les plus cohérentes avec l'énergie de chacun. Vous trouverez quelques suggestions entre parenthèses.

Biorythmes et organisation quotidienne

Matin (activités intellectuelles) :
_____
_____

Début d'après-midi (activités intellectuelles et physiques) :
_____
_____

Fin d'après-midi (activités physiques) :
_____
_____

Soirée (activités de détente : méditation, lecture, discussion) :
_____
_____

Ma famille d'abord !

Faisons le point

Vous vous souvenez de la lettre de Mary que nous avons lue plus haut dans ce chapitre et dans laquelle elle livrait son inquiétude de perdre le contact avec ses adolescentes surbookées ? Elle fit elle-même le test que vous venez de faire et un soir, son mari et elle décidèrent de reprendre le contrôle de leur environnement familial. Ils firent le point sur ce qu'ils avaient fait et les piètres résultats qu'ils avaient obtenus et réalisèrent qu'ils ne passaient qu'une demi-heure par semaine environ à tisser des liens familiaux. Leurs filles et eux se mirent d'accord pour prévoir de passer plus de temps ensemble. Ils instaurèrent un conseil de famille hebdomadaire où chacun discutait de ses projets et de ses frustrations (sans tourner au règlement de compte), et se mirent d'accord pour dîner ensemble au moins quatre fois par semaine sans téléphone ni télévision. Ils décidèrent également de sortir ensemble ou d'inviter à dîner des amis – des filles ou des parents – une fois par semaine pour pouvoir faire la connaissance des meilleurs amis de chacun. Au début, les filles furent déçues que beaucoup de leurs activités favorites n'entrent pas dans la liste des priorités familiales. Elles jugèrent cela injuste, mais acceptèrent le projet. C'est ainsi que parents et enfants se réunirent une fois par semaine pour planifier le programme et limiter les conflits et le chaos. Tous furent heureux de se soulager de leur stress et les filles réussirent même à obtenir le maximum de ce qu'elles voulaient par des moyens réguliers, mais dans un contexte familial. Cette organisation s'imposa ensuite d'elle-même suite à la nouvelle organisation quotidienne.

Une fois votre environnement familial assaini, vous vous sentirez moins stressé. Si certaines suggestions vous semblent éculées ou démodées, c'est très bien. Plus elles paraissent étranges, plus elles sont nécessaires. S'il vous semble

Outil n° 6 : l'éducation dans l'harmonie

bizarre ou contre nature de faire ce que vous savez être salutaire et constructif, c'est un indice du chemin qui sépare votre actuel style de vie de votre objectif. Pour l'avenir de votre famille, je vous encourage à surmonter ces sentiments et à vous engager à supprimer les nuisances sonores, à baisser le son, à ralentir le rythme et à resserrer les rangs pour le bien de votre famille. Vous en tirerez des bienfaits substantiels, je vous le promets.

Chapitre 13

Outil n° 7 : l'éducation par l'exemple
Faites ce que vous dites

> « Ne vous souciez pas de ce que vos enfants
> ne vous écoutent jamais ; souciez-vous
> de ce qu'ils ne vous quittent pas des yeux. »
>
> Robert Fulghum

Dans la vie d'un enfant, le modèle de rôle le plus puissant est le parent du même sexe. (Si vous êtes le parent du sexe opposé, ne désespérez pas ; vous arrivez en deuxième position.) Les filles regardent avant tout leur mère et les fils leur père. Et croyez-moi, ils ne les quittent pas des yeux une minute. Vous pouvez fuir, mais vous ne pouvez pas vous cacher. Les enfants perçoivent tout. Et inutile de vous cacher derrière un : « Fais ce que je dis, pas ce que je fais. » Vous n'avez pas avalé ces idioties quand vous étiez enfant. Pourquoi vos enfants les avaleraient-ils ? Ils vous regardent et s'imprègnent de vous à la minute où ils viennent au monde. Que vous le vouliez ou non, ils observent, apprennent et imitent vos comportements, vos actes, vos valeurs, vos croyances et même vos expressions. Ils font indirectement leur apprentissage en observant le comportement des autres et en enregistrant les conséquences de leurs actes. Ils observent ce qui arrive aux membres de leur famille quand ils réussissent et quand ils échouent, et ces expériences entrent dans la base de référence qu'ils utiliseront dans leur propre vie.

En psychologie, on parle tout simplement de modelage. Les enfants sont le fruit de leur vécu, qui repose en grande partie sur ce qu'ils observent chez vous.

La bonne nouvelle est que vous avez une influence considérable sur le développement de votre enfant. La mauvaise nouvelle est que vous avez une influence considérable sur le développement de votre enfant. Si vos enfants vous choisissent comme modèle adulte, c'est parce que c'est vous qui les protégez, les élevez et qui passez le plus de temps avec eux. Reste à savoir comment vous utilisez ce potentiel. Je parie que vous n'avez pas conscience ne serait-ce que d'une fraction du pouvoir que vous détenez et de la manière dont votre conduite dicte le devenir de votre enfant. Pourtant, vous êtes le premier enseignant de votre enfant. Votre école ne ferme jamais et ce rôle vous incombe tout au long de leur vie. Dans les premières années de leur existence, vos enfants vous voient comme un géant. Ils vous suivent pour voir ce qu'ils sont censés être et faire car ils ont besoin de quelqu'un à observer, pour les guider et pour les aider à comprendre le monde.

Les études montrent que les enfants qui ne disposent pas de modèles de rôle ont beaucoup plus de problèmes comportementaux que les autres. Le modelage est d'autant plus important qu'il est le premier moyen de transmission des valeurs que les enfants porteront toute leur vie. Sachez que les actes sont plus parlants que les mots. Vos actes leur apprennent à assumer la responsabilité de leur propre comportement, de leurs choix, de leurs actes, de leurs pensées et de leurs sentiments. Vous voir vivre avec passion leur donne la passion de vivre. Vous ne pouvez ignorer ou négliger un tel pouvoir, surtout si vous rêvez d'une vie extraordinaire pour votre enfant et si vous voulez que la réussite de votre famille atteigne des sommets.

Élever des enfants parfaits serait assez simple si nous, en tant que modèles de rôle, étions nous-mêmes parfaits. Hélas, nous sommes loin de l'être. Nous devons donc faire de notre mieux en ayant toujours à l'esprit que nos moindres faits et gestes sont observés. Si vous voulez que vos enfants soient ordonnés et aient une chambre parfaitement bien rangée chaque jour, vous devez vous-même être ordonné. Si vous voulez qu'ils lisent, ils doivent vous voir prendre plaisir à lire de bons livres. Si vous voulez qu'ils apprennent à s'exprimer, vous devez discuter en famille. Si vous voulez qu'ils soient en bonne santé et en bonne condition physique, ils doivent vous voir manger une nourriture saine et instaurer un style de vie comprenant une pratique sportive régulière et des loisirs en famille. Si vous voulez qu'ils apprennent à gérer leur colère, vous ne pouvez pas vous permettre d'injurier celui qui a pris « votre » place de stationnement. Si vous voulez qu'ils soient honnêtes, vous devez faire preuve d'honnêteté au quotidien. Si vous voulez les voir d'humeur joyeuse et équilibrée, ils doivent vous voir agir et vivre selon ces mêmes dispositions.

Une éducation modèle

Vos actes, vos paroles, votre comportement et votre amour peuvent orienter vos enfants là où vous voulez qu'ils aillent, car ils leur montrent comment être des adultes heureux, équilibrés et épanouis. Mais comme nul n'est parfait, vos enfants vont également prendre vos imperfections et vous renvoyer vos défauts, vos failles et vos faiblesses. Albert Bandura, le célèbre psychologue qui fut l'architecte de ce que l'on appelle « la théorie de l'apprentissage social », observa que les enfants se développent au contact des personnes qui

Ma famille d'abord !

les entourent. L'une de ses célèbres expériences montrait un adulte qui rouait de coups de poing et de pied une poupée culbuto gonflable de la taille d'un enfant sous les yeux d'un jeune enfant. Bandura laissait ensuite l'enfant seul dans la pièce avec la poupée. Je parie que vous devinez ce qui se passait ensuite. Naturellement, l'enfant se mettait à donner des coups de poing et de pied à la poupée, comme l'avait fait l'adulte. Dans cette expérience, Bandura cherchait à prouver que même la violence s'apprend au contact de ceux qui nous entourent.

Pas besoin d'être titulaire d'un doctorat en sciences du comportement pour savoir que de nos jours où la vie va si vite et où le père et la mère travaillent tous les deux, trop de parents ne sont pas de bons modèles de rôle. L'une des conséquences est l'émergence de comportements autodestructeurs. Je suis sérieux : les enfants ont trois fois plus de chances de fumer si leurs parents fument. Les adolescents en surpoids ont 70 % de chances de devenir des adultes en surpoids ou obèses – un chiffre qui passe à 80 % si l'un des parents est lui-même en surpoids ou obèse. Le nombre des enfants exposés à l'alcoolisme (ou à la toxicomanie) dans leur propre famille est important, sachant que les enfants d'alcooliques ont quatre fois plus de risques de sombrer dans l'alcool que les enfants de parents non alcooliques. Je tiens à souligner ici que l'alcoolisme a beau être une maladie impliquant certaines prédispositions génétiques, sa guérison passe par une décision personnelle.

La dépression touche également les familles, sans toutefois que la maladie ne soit forcément héréditaire. Les parents dépressifs ne sont pas de bons modèles de rôle, car ils ont de piètres capacités d'adaptation et de résolution des problèmes et ont tendance à exprimer des opinions négatives sur eux-mêmes et la vie en général. Les enfants exposés à un tel comportement l'intériorisent et voient leur propre risque dépressif augmenter. D'ailleurs, les enfants de parents dépressifs ont trois fois plus de risques de souffrir de dépression à un moment ou à un autre de leur développement. Sans parler des suicides, sachant que leur nombre est en augmentation et que les personnes ayant un passé familial suicidaire ont deux fois et demie plus de risques d'attenter à leur vie que les autres.

Quant à l'effet ricochet de la violence familiale dont est témoin un enfant, il est stupéfiant, car les enfants qui grandissent dans la maltraitance en viennent un jour à penser qu'il est finalement normal que Papa frappe Maman. La maltraitance est un comportement acquis et la violence se transmet de parent à enfant.

S'il est vrai que le plus puissant modèle de rôle des jeunes enfants est le parent du même sexe, les enfants n'en observent pas moins comment le parent du sexe opposé traite le parent du même sexe. Les filles, par exemple, regardent de très près comment leur père traite leur mère. Si le père regarde la mère de haut, la fille en attendra autant des hommes dans sa vie. Si son père considère les femmes en général et sa mère en particulier comme des objets sexuels, elle risque de se conformer à ce rôle dans sa propre vie. Si elle est témoin de maltraitance morale, physique ou affective, elle n'en attendra pas plus de la vie. Les pères peuvent donc eux aussi montrer à leurs filles l'attitude qu'elles doivent attendre des garçons. Messieurs, si vous traitez votre fille avec dignité et respect, si vous la traitez comme une dame, en plus de favoriser votre relation avec elle, de l'aider à se sentir importante et de la valoriser, vous la préparez à en attendre beaucoup des hommes de sa vie. Si vous lui montrez un modèle de froideur et d'indisponibilité affective et que, globalement, vous l'ignorez, non seulement ses attentes seront minimes, mais en plus elle sera en demande d'attention et de validation masculines – une demande qui risque de la rendre vulnérable aux prédateurs.

Les pères doivent aider leurs filles à comprendre que les hommes bien les soutiennent, les respectent et ne les maltraitent pas, mais aussi, pourquoi pas, leur ouvrir les yeux sur la nature obscure de certains hommes. Si un père voit sa fille se mettre en position de proie facile, il doit l'aider à comprendre ce que cela peut signifier pour l'image d'elle-même et sa capacité à attirer des hommes responsables et attentifs. Les paroles s'entendent, les actes se reproduisent.

Quel modèle de rôle êtes-vous ? Apprenez-vous à vos enfants à gérer leur comportement et leurs émotions ? Soyez absolument honnête avec vous-même. J'entends tant de parents me dire : « Mon enfant est tout simplement méchant. » Si vous vous dites la même chose, c'est que vous avez baissé les bras avant même d'avoir commencé et que vous ignorez votre propre capacité à influer profondément sur sa vie, l'une des difficultés étant ici d'admettre qu'il y a des choses que vous avez faites et pas faites pour y contribuer et les modeler à être ce qu'ils sont.

Je n'essaie pas de vous enfoncer ; j'essaie juste de vous faire regarder la réalité en face car vous ne pourrez changer que ce que vous admettez.

La causalité circulaire

Pour commencer, il convient d'expliquer que les face-à-face parent-enfant sont l'occasion de montrer l'exemple sur la manière de gérer notamment le stress, l'affectif et la pression. Dans ces échanges à deux, la puissance de l'exemple est telle que votre enfant va vous renvoyer exactement votre propre attitude et vos propres actes. Les comportementalistes parlent souvent de causalité circulaire. Il s'agit d'un enchaînement d'événements en boucle. Exemple : vous dites

Outil n° 7 : l'éducation par l'exemple

à votre enfant qu'il est l'heure d'aller se coucher. Il ne veut pas y aller, résiste et n'obéit pas à vos consignes. Vous vous braquez, prêt à une confrontation. Lui, sentant la tension et la pression monter, crie « Non ! ». Vous êtes en colère, la journée a déjà été difficile, alors vous haussez le ton. Voyant ce qui se passe, il comprend qu'il ne parviendra pas à ses fins, alors, comme vous, il se met en colère et pique une crise, allant même jusqu'à donner des coups de pied et casser ses jouets. De colère, vous vous mettez vous aussi à crier et à hurler et vous lui donnez une fessée. Sa colère ne fait que s'aggraver, la crise empire et il s'oppose de plus en plus à vous. À ce stade, vous devenez hystérique. Vos cris et vos hurlements s'intensifient – avec pour désastreux effet de faire empirer le comportement de votre enfant. Il a pris exemple sur vous, votre ton et votre conduite, et non seulement la situation immédiate s'est dégradée, mais en plus il a parfaitement enregistré dans son esprit comment gérer ces situations.

> **Info sondage : les trois premiers problèmes de comportement des enfants auxquels sont confrontés les parents sont le manque d'attention, les caprices et l'insolence.**

Ce type de scénario de causalité circulaire est un véritable cercle vicieux. Tous ceux qui y participent ne font qu'aggraver la situation. Si vous n'êtes pas capable de vous maîtriser face à un enfant incontrôlable, vous ne faites que modeler, aggraver et conforter un comportement inacceptable. En affichant vous-même le comportement que vous voulez stopper, vous ne faites qu'exacerber votre colère et la sienne. Vous ne saviez peut-être pas que vous suscitiez, entreteniez et aggraviez sa mauvaise conduite. Pourtant, c'est bel et bien le cas.

J'ai une bonne nouvelle à vous annoncer : si vous cessez de montrer l'exemple d'un comportement inacceptable – et que vous y substituez un comportement acceptable – vous désamorcerez les crises plutôt que de les exacerber. Souvenez-vous : vous êtes l'une des deux personnes les plus influentes dans la vie de votre enfant. Si vous avez montré le mauvais exemple, il est profondément ancré. Mais si vous commencez à montrer le bon exemple, il pourra à son tour s'ancrer profondément. À votre avis, que se passerait-il, par exemple, si vous réagissiez à la mauvaise conduite de votre enfant avec calme et sang-froid sans vous emporter ? À vous de poser les armes.

Faites-moi confiance : vos enfants saisiront l'occasion de s'approprier votre nouveau type de réaction. Vous devez être celui qui montre l'exemple, que ce soit pour le calme ou toute autre attitude ou émotion nécessaires pour faire évoluer vos relations. Votre comportement plus positif et mieux maîtrisé va littéralement changer la nature de vos rapports avec vos enfants.

L'atmosphère de calme que vous aurez instaurée va vous permettre de rouvrir les négociations et d'encourager la coopération. Je vous promets que ce changement d'attitude va fondamentalement modifier le cadre et l'esprit de vos relations avec vos enfants. Il vous permettra également de mieux gérer les problèmes de discipline, car vous vous focaliserez enfin sur la bonne cible. Je ne dis pas que ce sera facile. Mais vous devez vous demander si cela vaut la peine. (La réponse est oui !)

À vous de jouer !

Après avoir lu tout ce qui vient d'être dit, quelle note vous donnez-vous en tant que modèle de rôle pour votre famille ? Quel exemple donnez-vous à vos enfants au travers

Outil n° 7 : l'éducation par l'exemple

de votre propre comportement ? Voici une liste de questions qui vous aideront à évaluer votre niveau en tant que modèle de rôle. Soyez totalement honnête avec vous-même, même si certaines choses sont terriblement difficiles à admettre.

1. Montrez-vous l'exemple en poursuivant avec enthousiasme la passion et le dessein de votre vie, ou passez-vous votre temps à vous plaindre et à jurer détester certains aspects de votre vie, notamment votre travail ?
2. Prenez-vous soin de vous-même, ou préférez-vous manger n'importe quoi, rester en surpoids, fumer ou ne pas faire de sport ?
3. Résolvez-vous efficacement les conflits avec les autres, ou préférez-vous vous effacer, taper du pied, claquer les portes, exploser ou faire tout votre possible pour éviter les confrontations ?
4. Votre famille vous voit-elle gérer les déceptions de la vie de manière rationnelle et positive, ou noyez-vous vos problèmes dans la nourriture, l'alcool, la drogue, le jeu et autres comportements addictifs ?
5. Faites-vous preuve de gestion financière responsable, ou faites-vous des excès et vivez-vous au-dessus de vos moyens ?
6. Montrez-vous l'exemple d'une grande moralité en évitant des comportements tels que la médisance, le mensonge, la grossièreté et l'iniquité ?
7. Occupez-vous certaines responsabilités sociales en faisant du bénévolat dans votre paroisse, votre école, des organisations humanitaires ou des hôpitaux ?
8. Affichez-vous une estime de soi bâtie sur vos traits de caractère, ou allez-vous la chercher dans des biens matériels tels que des vêtements de marque, des voitures de luxe et autres signes de prestige ?

9. Votre famille vous voit-elle vouloir plus, ou vous contentez-vous du confort de votre vie telle qu'elle est ?
10. Faites-vous preuve de maîtrise et de compétence en toutes circonstances, ou la peur imprègne-t-elle vos relations et vous empêche-t-elle d'agir ?
11. Voyez-vous les problèmes et les échecs comme des opportunités, ou qualifiez-vous tout problème de crise ?
12. Entretenez-vous avec les autres des rapports d'attention, de respect et d'entraide, ou préférez-vous les critiquer, les démolir ou parler dans leur dos ?
13. Survolez-vous vos journées avec énergie et la sensation d'être bien vivant, ou êtes-vous constamment fatigué, stressé et vidé, voire déprimé, inquiet et insatisfait ?
14. Passez-vous réellement du temps avec votre famille, notamment en vous impliquant et en soutenant ses membres dans leurs activités, ou avez-vous l'habitude de vous décommander parce que vous avez « déjà trop à faire » ?

Si vous n'êtes pas très satisfait de vous, il n'est pas trop tard pour bien faire. Pour devenir un bon modèle de rôle, il faut prévoir une montée en puissance. Vous devez simplement exiger plus de vous-même dans tous les domaines, même les banals tels que l'hygiène, la santé, le sang-froid, l'émotivité, les relations sociales, la vie professionnelle, la gestion des peurs et tous les autres aspects de la vie quotidienne. Croyez-moi : si vous vous décidez à faire les choses avec plus d'énergie, de sollicitude et d'amour, vos nouvelles performances inciteront toute votre famille à vivre avec plus de passion et d'enthousiasme.

Je ne prône pas une existence d'artifices et de faux-semblants. Je vous mets simplement au défi de faire face à vos responsabilités et de balayer devant votre porte pour être vraiment l'adulte que vous voulez que vos enfants deviennent. Commencez par vous. Vous ne pouvez pas vous attendre à ce que vos enfants soient meilleurs que ce que vous leur apprenez à être. Si vous êtes clair là-dessus, tant mieux. Sinon, vous devez mettre de l'ordre dans votre vie avant d'exiger d'eux qu'ils mettent de l'ordre dans leur chambre, et plus encore dans leur vie. Bannissez toutes les attitudes négatives, supprimez tous les comportements autodestructeurs, affichez une attitude positive, sortez et montrez-leur la voie pour qu'ils puissent vous suivre.

Si vous n'êtes pas assez motivé pour agir pour votre propre bien-être, peut-être le serez-vous pour le leur ? Faites-le pour eux, pour qu'ils aient un exemple positif à suivre à l'âge adulte. Bien sûr, il va vous falloir du travail et des efforts pour mettre votre vie sur la bonne voie. Vous allez devoir observer à fond, peut-être pour la première fois de votre vie, les influences auxquelles est soumise votre vie et les raisons qui ont fait de vous ce que vous êtes aujourd'hui. Ne vous demandez pas simplement ce que cela peut signifier pour vous ; demandez-vous ce que cela va signifier pour ces adultes en puissance qui cherchent en vous un guide et une inspiration. Vous pouvez et vous devez le faire. Les enfants ont besoin que leurs parents leur éclairent la voie. Vous avez ce qu'il faut pour devenir un excellent modèle de rôle pour votre famille et vous n'avez besoin de rien d'autre que ce que vous avez déjà en vous.

Exemple et maîtrise

Nous avons vu que montrer l'exemple donne certains résultats, mais il ne faut pas oublier un second aspect très important qui aidera vos enfants à construire des relations plus positives et plus constructives non seulement avec vous mais aussi avec eux-mêmes. Si votre enfant choisit d'adopter un comportement qu'il a observé chez vous, il se l'approprie davantage parce qu'il l'a choisi. Dans le chapitre sur la négociation, j'ai dit à quel point il était important que les enfants aient un sentiment d'autodétermination et de maîtrise de leur vie et de leur environnement. Si vous leur dictez constamment ce qu'ils doivent faire en leur assignant systématiquement un comportement, ils ont moins de chance de se l'approprier que s'ils ont choisi de prendre exemple sur ce qu'ils vous ont vu faire. Il est extrêmement important que votre enfant perçoive sa personnalité comme étant la sienne, une personnalité qu'il s'est forgée naturellement par ses propres expériences. Je ne dis pas que vous ne devez pas le guider, le conseiller et l'instruire. Vous devez le faire. Mais il est important que vous reconnaissiez que votre comportement a lui aussi beaucoup de poids sans avoir certains des effets secondaires qu'ont les leçons que vous lui donnez. Ainsi, si vous montrez l'exemple à votre enfant, inutile de raviver aussi souvent la flamme, car votre exemple fait briller une flamme *en* lui.

Les valeurs par l'exemple

Je suis sûr qu'à l'instar de la plupart des parents, vous souhaitez que vos enfants aient du caractère et des valeurs telles que l'honnêteté, l'empathie, la gentillesse, la compassion, le respect et le sens des responsabilités. Mais on ne peut pas, et de loin, inculquer à ses enfants des valeurs comme on lui enseigne à faire du vélo, à jouer au tennis ou à lacer ses chaussures. Tout repose là encore sur *vous*. J'espère que vous savez maintenant que vous devez incarner l'exemple de ce que vous voulez voir chez vos enfants. *Le secret de la réussite de l'éducation d'un enfant bien est d'être soi-même une personne bien.* Ce n'est pas une mince affaire, loin de là. Vous êtes obligé de vivre comme si vous portiez votre enfant sur vos épaules.

Mon père disait toujours : « Si tu ne te bats pas pour quelque chose, tu baisseras les bras pour tout. » C'est particulièrement vrai dans l'éducation des enfants. Au début de leur vie, pendant les années critiques de croissance et d'apprentissage, vous faites des choix pour eux sur des questions telles que l'alimentation, l'habillement, le cadre de vie et le choix des écoles, sans qu'ils ne s'en mêlent beaucoup. Vous vous occupez de votre famille dans le meilleur intérêt de tous.

Mais vient un moment dans la vie de vos enfants où ils sont personnellement confrontés à des choix critiques – et où ils doivent prendre leurs propres décisions. Votre comportement d'aujourd'hui prépare vos enfants à faire ces choix de demain. Vous leur apprenez à vivre en leur montrant comment faire des choix. Au contact de sa mère, votre fille va-t-elle apprendre qu'elle ne doit pas monter dans la voiture d'un inconnu ? En regardant son père, votre fils va-t-il apprendre à refuser alcool et drogue ? En observant sa mère, votre fille va-t-elle se dire qu'elle peut attendre d'être en âge d'en assumer les émois affectifs pour avoir des rapports sexuels protégés ?

Si vous avez bien fait votre travail, votre enfant aura le courage et la présence d'esprit de faire les bons choix, même en votre absence. L'importance de l'exemple que vous lui montrez est telle que si la lecture de ce livre ne suffit pas à vous convaincre de l'urgence, je vous demande d'aller voir tout de suite votre enfant et de le regarder dans les yeux. Vous y verrez le reflet de l'adulte qu'il va devenir.

J'ai moi-même appris très jeune la puissance des modèles de rôle parentaux, mais à quel prix ! Quand j'avais seize ans, tous mes amis avaient une moto, sauf moi. J'en voulais une, mais nous avions déjà à peine de quoi manger la moitié du temps, alors impossible d'espérer avoir une mobylette. Tout ce que je pouvais espérer, c'était de gagner assez d'argent en livrant les journaux pour acheter une mobylette, qui n'était rien de plus qu'un vélo avec un moteur en plus des pédales. Quand j'abordai la question avec mon père, à ma grande surprise, il me proposa un accord : « Si tu veux une moto, je veux que tu aies un engin plus sûr qu'une mobylette. Je suis d'accord pour cosigner avec toi un emprunt à la banque. Si tu peux verser vingt-cinq dollars par mois, je trouverai un moyen de donner moi aussi vingt-cinq dollars par mois. »

Je n'en revenais pas. J'allais donc pouvoir me balader avec mes copains. Mon père posa toutefois deux conditions : « Ne dépasse pas les limites du quartier et ne prête ta moto à personne, car toi seul sera couvert, sinon c'est trop cher. »

À peine trois semaines après avoir eu ma moto, je traînais dans la cour chez ma petite amie, loin de notre quartier. Un copain vint me demander de lui prêter ma moto pour faire un tour. Je lui donnai les clés en lui faisant promettre de rester dans la rue devant la maison. Mais il partit plus loin, jusqu'à cinq rues de là. Il heurta une voiture à plus de 100 kilomètres à l'heure, vola en l'air et atterrit sur le ventre, la tête sur le trottoir. De là où j'étais, j'entendis le choc. Je savais que c'était lui et j'eus une horrible sensation dans l'estomac. Il était miraculeusement vivant mais à peine conscient quand nous arrivâmes. Une ambulance l'emmena à l'hôpital où mes amis et moi passâmes la nuit à son chevet, remerciant Dieu qu'il soit encore en vie. C'est là que mon père vint nous rejoindre. J'étais pétrifié. Après s'être assuré que mon ami s'en sortirait, ses pensées et son regard se tournèrent vers moi. Je m'attendais vraiment à

Outil n° 7 : l'éducation par l'exemple

ce qu'il se mette en colère, mais il me dit calmement : « Mon fils, j'espère et je prie pour qu'il ait emprunté ta moto sans te demander, ou tu vas avoir de gros ennuis, et ta famille aussi. »

Mon père avait puisé dans les finances familiales au-delà du raisonnable pour essayer d'illuminer ma vie et moi, j'avais tout détruit par mon irresponsabilité, nous mettant ainsi tous en péril. J'aurais tellement aimé pouvoir dire : « Oui, c'est ce qui s'est passé, Papa. » Mais je savais que ce n'était pas la solution, parce qu'il m'avait toujours dit que deux mensonges ne font pas une vérité. Mentir pour sauver ma peau n'arrangerait en rien la situation. Je dis : « Papa, j'aimerais qu'il en soit ainsi, mais, en réalité, je l'ai laissé prendre ma moto. Je sais que cela n'aide en rien, mais je suis désolé. »

Mon père regarda par la fenêtre pendant ce qui me sembla être une éternité. Je me souviens m'être dit que je ne l'avais jamais vu aussi vieux et fatigué. J'étais assis là, sur ce que je pensais être le banc des accusés, attendant quelque terrible sentence. Je n'oublierai jamais ses paroles. Il prit une profonde inspiration, mit sa main sur mon épaule et me dit : « Eh bien, mon fils, nous allons devoir trouver une solution. » S'il lui était souvent arrivé d'être distant, en ce moment de crise dans la vie d'un jeune homme, il fut vraiment présent.

Je sais que mon père a toujours gardé cet événement en mémoire, car quelques semaines avant sa mort en 1995, il raconta avec quelle fierté il m'avait entendu lui dire la vérité à un moment où il aurait été si facile de mentir. Il ne mentionna ni sa propre force de caractère ni son propre sacrifice, seulement le mien.

J'ai découvert depuis que, pour la plupart d'entre nous, les événements qui façonnent notre caractère sont typiquement des événements qui présentent peu d'intérêt et

Ma famille d'abord !

d'intensité dramatique, sauf pour nous-mêmes. Mais si vous y ajoutez une touche d'implication et d'impact personnels et de pertinence, des événements qui passent quasiment inaperçus sur les écrans radars du reste du monde prennent une importance considérable. Cet événement singulier, cette leçon apprise pour avoir désobéi à mon père et choisi de ne pas écouter ma boussole interne, m'a façonné et m'a transformé. Je n'exagère pas en disant que ce fut un excellent signal d'alarme – de ceux que je ne souhaite à aucun jeune de recevoir –, mais je sais que j'en ai tiré une leçon personnelle. Aussi banale qu'elle puisse paraître, cette expérience m'a forgé le caractère et a modifié mon approche de la vie jusqu'à ce jour. Je suis conscient des risques que j'encours en n'écoutant pas ma boussole interne et je sais que, si je ne m'y fie pas, je cours aveuglément à la catastrophe et je m'expose à des conséquences susceptibles d'avoir des répercussions sur ma vie entière. J'ai eu la chance que mon père ait apprécié l'honnêteté. Je l'avais apprise à son contact. Il m'a également montré qu'un père soutient toujours ses fils et que son amour ne s'exerce pas seulement quand ça l'arrange. Il était l'exemple d'un engagement profond envers sa famille. La vie va simplement mieux si vous êtes honnête avec vous-même et loyal dans votre engagement.

Attention : ne sous-estimez pas l'importance des valeurs et des croyances que vous affichez dans votre vie quotidienne. Un événement mineur et en apparence banal peut très bien être un moment charnière dans le développement du caractère de votre enfant.

À ce sujet, la moto est partie à la casse, mais il n'en fallait pas moins la payer. Papa cessa ses versements, estimant qu'ils étaient censés financer une moto que nul autre que moi ne devait conduire.

Conclusion : par votre exemple, vous pouvez inculquer à vos enfants des valeurs qui leur serviront de cadre pour affronter la vie, même quand elle se transformera en tempête ravageuse.

Faites ce que vous dites et enseignez

Je souscris au vieil adage qui dit : « Mieux vaut voir un sermon que de l'entendre. » Veillez à ne pas dire une chose et en faire une autre. Vous aurez beau dire à votre famille qu'il est important de se mobiliser pour de bonnes causes, si vous-même ne vous engagez que rarement, vous ne faites pas ce que vous dites. Il faut savoir que vos enfants choisiront généralement le moins-disant. Alors soyez à la hauteur de vos propres exhortations.

Je repense affectueusement à nos anciens voisins, les Conway, qui étaient si charmants. John Conway, le père, était un pasteur doté d'un formidable sens de l'humour. Il aurait fait rire un oiseau empaillé. John avait un don pour donner à ses leçons de morale des allures de conte humoristique. Voici ce qu'il me raconta un jour :

> *Je rentre généralement à la maison pour déjeuner avec ma femme et mon fils, âgé de six ans. C'est une heure de la journée que je consacre à ma famille en laissant de côté mes soucis et les tensions propres à la fonction de pasteur. Ce jour-là, j'avais eu des problèmes budgétaires, une mutinerie des enfants de chœur et une menace de démission d'un professeur de l'École du dimanche. Cinq minutes après mon arrivée à la maison, le téléphone sonna. C'était l'église. Ma femme répondit, posa sa main sur le téléphone et chuchota : « Tu es à la maison ? » « Non », articulai-je en silence. « Il n'est pas là », répondit-elle à son interlocuteur. À table, mon fils se proposa rapidement pour le bénédicité. « Seigneur »,*

> *commença-t-il, « pardonne Papa d'avoir menti, et pardonne Maman de l'avoir aidé. » Ma femme et moi nous sommes regardés, sous le choc. Il y a des moments où l'on se sent bête ! Je n'aurais pas été plus embarrassé si ma braguette avait été ouverte devant la congrégation. Nous ne sommes pas prêts d'oublier la leçon.*

Quand vos actes et vos valeurs se contredisent ainsi, votre enfant est perturbé. Résultat : il n'accepte et ne croit pas vraiment aux valeurs que vous essayez de lui enseigner parce qu'aucune n'a de sens. L'aventure du pasteur Conway nous montre que vous ne pouvez pas vous contenter de faire des sermons, vous devez aussi les appliquer.

Exercice : des valeurs pour votre famille

Si vous ne vous fixez pas comme objectif de lui enseigner des valeurs en lui montrant l'exemple, votre enfant va être obligé de les découvrir par tâtonnement. Vous devez être le maître des valeurs. Notez par écrit les valeurs clés de votre famille – à savoir les valeurs dont vous devrez montrer l'exemple – afin de préparer vos enfants à prendre les bonnes décisions et à faire les bons choix. Toutes les familles ne privilégient pas les mêmes qualités et les mêmes attributs. Voici donc une bonne occasion de définir clairement et distinctement les valeurs de la vôtre.

Pour préparer l'exercice qui suit, voici quelques questions auxquelles vous pourrez répondre dans votre journal :

- En quoi croyez-vous ?
- Quels principes guident votre vie ?
- Quel message voulez-vous faire passer ?
- Qu'est-ce qui donne un sens à votre vie ?
- De quoi avez-vous besoin pour réussir votre vie ?

Outil n° 7 : l'éducation par l'exemple

1. Dans la liste ci-dessous, entourez les dix mots ou expressions qui décrivent le mieux ce que vous souhaitez que votre famille soit :

> fraternel loquace affectueux respectueux discipliné sérieux attentionné résigné maître de soi sage libre plein d'humour créatif doux énergique décontracté charmeur productif aimant délicat religieux spirituel charitable amusant ludique brillant gagnant florissant lucratif invaincu prospère dominateur coopératif utile serviable accommodant partageur juste équitable passable moyen raisonnable poli discret civilisé honnête bien élevé convenable correct moral équilibré téméraire sain naturel important fort pieux poli courtois gracieux autonome indépendant autosuffisant autonome responsable compatissant dévoué chaleureux aimable tolérant patient résigné conciliant endurant indistinct réservé méprisé empathique généreux gentil prodigue conservateur économe courageux

2. Parmi les dix mots que vous venez d'entourer, relevez les trois plus importants à vos yeux et imaginez pour chacun une phrase déclarative illustrant la valeur qui lui correspond. Par exemple, si vous avez choisi le mot *respectueux*, vous pouvez écrire : *Dans notre famille, nous nous traitons les uns les autres et nous traitons les autres avec dignité et respect.*

Valeur n° 1 : ——————————————————
Valeur n° 2 : ——————————————————
Valeur n° 3 : ——————————————————

Ma famille d'abord !

Pour chacune de ces trois valeurs, imaginez et notez trois comportements qui montrent l'exemple. Mieux vous comprendrez et formulerez comment incarner ces valeurs, plus il sera facile de les intégrer au cœur de votre système de valeurs familial.

Comment montrer l'exemple :

Valeur n° 1 : —————————————————————
—————————————————————————————
—————————————————————————————

Valeur n° 2 : —————————————————————
—————————————————————————————
—————————————————————————————

Valeur n° 3 : —————————————————————
—————————————————————————————
—————————————————————————————

Pour conclure, permettez-moi de souligner que vous êtes responsable de l'exemple que vous montrez à votre famille. Vous en avez toujours été responsable et vous le serez toujours. Ce n'est peut-être pas ce que vous voulez, mais c'est ainsi. Je vous encourage donc à placer la barre un peu plus haut et à prendre conscience de l'impact aussi bien interne qu'externe de vos actes, de vos émotions et de votre comportement sur votre enfant.

Je tiens également à vous rappeler que vous avez beau être le plus important modèle de rôle de votre enfant, vous n'êtes pas le seul. Dans la vie, d'autres prendront votre place et deviendront eux aussi des modèles (bons ou mauvais) : votre famille et vos amis ; les personnes qui gardent votre enfant, les enseignants et les entraîneurs sportifs ; et les individus qu'il voit à la télévision.

Outil n° 7 : l'éducation par l'exemple

Ne perdez jamais de vue les intérêts en jeu. Vos enfants sont profondément modelés par vous, et vos actes vont résonner, pour le meilleur ou le pire, pour le restant de leur vie. À vous d'afficher les qualités et les valeurs que vous souhaitez voir votre famille imiter. Que votre vie soit l'illustration vivante de ce que vous voulez voir chez vos enfants.

ÉPILOGUE

Dans toute vie et dans toute famille, il se trouve quelques rares et précieux moments où tout ce qui va mal peut être réparé et où tout devient possible. Des moments où les opportunités sont soit saisies, soit négligées, et qui initient une série d'événements et de conséquences qui deviennent l'essence même de notre passage sur Terre. Au crépuscule de votre vie, lorsque vous regarderez en arrière, il en ressortira clairement des décisions et des choix charnières qui auront déterminé ce que vous êtes devenu et ce que sont devenus vos enfants. Ces événements se déroulent alors même que vous lisez cette page. Certains se produisent en un clin d'œil, tandis que d'autres s'accumulent petit à petit au fil des jours, des semaines, des mois et des années. L'idéal serait d'avoir la capacité de reconnaître ces moments, ces opportunités, ces décisions et ces choix importants pour ce qu'ils sont au moment où ils arrivent. *L'idéal serait de savoir quoi choisir, quoi faire et comment le faire à cet instant critique.*

Mon ambition était d'écrire ici un livre ayant le potentiel de devenir, ou du moins de contribuer à l'un de ces moments, de donner l'opportunité de savoir ce que vous avez besoin de savoir au moment où vous avez besoin de le savoir. J'espère faire germer en vous cette capacité à reconnaître ces moments décisifs en vous rendant plus sensible à certains éléments indispensables au bon développement de votre famille et de vos enfants afin que vous puissiez avoir une réaction positive et influer ainsi durablement sur les êtres qui vous sont si chers. Je pense qu'avec une meilleure connaissance de ces questions importantes, vous ne pouvez que devenir un meilleur parent.

J'ai un autre espoir : que ce livre sonne comme un appel aux armes lancé par ce que je considère personnellement et professionnellement être des notions clés – des notions résolument formulées en termes concrets pour vous permettre de les traduire en comportements et donc en résultats positifs pour votre famille. Ces consignes comportementales ne sont pas des solutions universelles. Mais si vous y ajoutez votre propre connaissance de votre famille et de la personnalité, des points forts et des points faibles de vos enfants, vous pourrez personnaliser votre plan d'action pour assurer un maximum d'impact.

Vous qui essayez de devenir un parent plus mature, vous devez répondre à cette question : quelle information est judicieuse et quelle information ne l'est pas ? De nos jours, nous sommes bombardés par un flot continu de théories et de conseils en éducation et en dynamique familiale. Jusqu'à quel point devons-nous guider nos enfants ? Qui doit diriger la famille et comment ? Fessée ou pas fessée ? Cosleeping ou mauvais karma ? Apprentissage de la propreté : quand et comment ? Chacun a son mot à dire et ces opinions sont souvent contradictoires.

Et qu'en est-il de moi ? L'information que je vous donne est-elle exacte, et donc digne d'être entendue ? La réponse à cette question dépend de vous. Je ne demande à personne de substituer mon jugement au sien. Je vous demande seulement de peser soigneusement les propositions que je vous soumets ici. Si elles ne résistent pas à la contradiction, vous devez les rejeter. Cependant, je pense que ce livre va résister à la contradiction, et je crois en vous et en votre capacité à

Épilogue

agir en appliquant ces concepts et ces plans d'action à votre propre famille. Mais si vous n'êtes vraiment pas d'accord, je vous prie de chercher des réponses ailleurs. Si vous rejetez en bloc tout ce que j'ai dit dans ce livre, mais que cela éveille en vous une sensibilité et une conscience accrues et vous pousse à trouver des réponses plus adaptées ailleurs, des réponses qui amélioreront votre vie de famille, je considère que c'est un succès. Tout est une question de résultats.

Si vous pensez que ce livre peut vous aider, la difficulté sera de réorganiser et de réaffirmer constamment vos priorités et d'avoir envie de prendre les mesures qu'il faut pour vous assurer que l'appartenance à votre famille est une expérience formidable pour chacun. Vous ne pouvez pas vous permettre de jouer la facilité et de vous cantonner à ce que vous connaissez. La différence entre les gagnants et les perdants est que les premiers font des choses que les seconds ne veulent pas faire. Ils agissent et prennent des risques pour avoir plus. Si vous n'agissez pas, les meilleures intentions du monde ne changeront rien au fonctionnement de votre famille. Les gagnants ont à cœur d'affronter la vérité sur eux-mêmes, sur leur famille et sur leur situation. Vous ne pouvez changer que ce que vous admettez. Les outils que nous avons découverts ici vont vous permettre de transformer votre famille. Vous le pouvez et vous le devez.

J'ai intentionnellement parlé très ouvertement de ma propre histoire familiale, car le fait d'avoir eu un passé difficile n'est pas une chose dont on doit avoir honte, mais que l'on doit surmonter. Nous avons vu ensemble les ingrédients nécessaires à une famille formidable composée de personnes formidables, ainsi que des consignes comportementales indispensables à cette réalité. Nous avons examiné votre héritage familial en prenant acte des bonnes choses et en travaillant activement à l'élimination des mauvaises. Vous avez porté un regard attentif sur la manière dont vos enfants vous voient probablement et vous avez appris à tout faire pour améliorer au mieux vos rapports avec eux.

Armé de votre trousse à outils éducatifs, vous allez pouvoir agir, que vous soyez une famille traditionnelle, monoparentale ou recomposée. Après avoir découvert comment poursuivre votre définition du succès, vous avez appris à faire de la communication non plus un terme éculé, mais un ensemble de compétences significatives. Vous avez également aiguisé vos compétences en négociation vous permettant, votre enfant et vous, de mettre au point d'importants projets de vie qui suscitent votre enthousiasme à tous les deux. Vous avez également découvert une excellente technique de changement comportemental qui vous prépare à éliminer les comportements à problème et à instaurer les comportements que vous jugez souhaitables. Une fois en possession de votre plan d'action, vous avez été mis au défi d'avoir le courage de provoquer un déséquilibre constructif dans votre foyer si l'équilibre des pouvoirs a basculé.

Vous disposez désormais d'un plan d'action en vue de modeler pour votre famille un environnement propice au succès, à la paix et à l'harmonie. Vous avez même pris connaissance de plans d'action précis pour donner libre cours à l'authenticité de leur moi et leur offrir ainsi la chance de devenir précisément l'individu unique qu'ils sont censés devenir. Vous avez reconnu que vous étiez un puissant modèle de rôle dans la vie de vos enfants et que vos actes étaient plus parlants que vos paroles, mais aussi que vous n'avez qu'à regarder vos enfants pour y voir le reflet de ce que vous êtes et de votre manière de vivre.

Tout ce travail, tout cet apprentissage et toute cette préparation doivent être au cœur de votre mission éducative. L'heure de l'action et de la reprise en main a sonné. Traitez votre famille avec respect et placez-la au-dessus de tout le reste. La famille – en particulier la relation entre le parent et

Épilogue

l'enfant – a la particularité de générer un sentiment d'identification d'une rare pureté, une capacité à se réjouir sans l'envier de la réussite de son enfant. Oscar Wilde, fin observateur des travers humains, fit observer que nous mourons tous un peu de l'intérieur à chaque succès ou coup de chance d'un ami. Mais ce n'est pas vrai des parents et de leurs enfants. Dans une famille vraiment formidable, chaque membre voit les intérêts des autres imbriqués dans les siens. C'est particulièrement vrai de la réussite de notre enfant, qui est aussi la *nôtre*. La famille est la forme d'amour la plus pure. Il faut la protéger et l'enrichir plus que toute autre.

Quelqu'un m'a dit un jour : « Quand vous regarderez l'album photo de votre vie, vous n'y verrez pas les personnes avec lesquelles vous avez travaillé. Vous n'y verrez que des photos de *famille*. » Elle avait raison. La famille prend le dessus sur tout. Prenons deux exemples : d'un côté un artiste, un P.-D.G. ou un athlète fabuleusement connu, mais distant avec ses enfants, pour qui il reste un étranger ; et de l'autre un citoyen lambda, plombier ou chauffeur de bus, qui n'a jamais inscrit son nom dans les livres d'histoire mais qui s'est plié en quatre pour ses enfants, qui a toujours été présent et qui a reçu d'eux des témoignages d'amour et de respect. Quelle personne aimeriez-vous être ? Pour moi, la réponse est évidente et ce n'est pas juste une posture philosophique. C'est un choix de tous les jours.

Vos enfants sont confrontés chaque jour au monde qui les entoure. Que ce soit leur première journée au jardin d'enfants ou dans leur nouvelle école après un déménagement ou lors de leur premier concours d'orthographe ou de leur première compétition de danse, ils portent en eux leurs expériences vécues à la maison. Que se disent-ils à eux-mêmes quand la vie se complique, que ce soit lors d'une compétition sportive ou face à une brute dans la cour de récréation ? Leur éducation les poussera-t-elle à aborder la vie avec confiance et assurance ? Iront-ils de l'avant avec une calme assurance et une confiance dans le succès parce qu'ils ont été valorisés, aimés et enrichis chaque jour de leur vie ? Ou avanceront-ils dans la vie en doutant d'eux et en nourrissant des sentiments d'infériorité, de culpabilité et de honte parce que leur réalité intime dans leur foyer est terrible. Craindront-ils de vous décevoir et d'être jugés quand ils rencontreront les inévitables échecs de la vie, ou puiseront-ils en eux les forces et les facultés que vous y avez implantées pour qu'ils puissent s'y abreuver quand vous n'êtes pas là pour les aider ? Vous avez en vous la capacité de vous assurer que chacune de ces questions trouve une réponse positive. Comme je l'ai dit au moment où nous avons débuté cette aventure, l'amour que vous avez au fond de votre cœur vous a donné l'énergie. Vous disposez maintenant d'un plan d'action.

N'oubliez jamais que cette énergie et ce plan d'action vous sont indispensables parce que la lutte est sans merci et qu'en tant que parent, vous ne devez jamais céder. Vous devez être prêt à toujours être sur la brèche et à devenir le pilier et la force de votre famille. Vous serez sa boussole tout au long de cette formidable aventure qu'est la vie. Aujourd'hui encore, mon père a beau avoir disparu depuis longtemps, j'entends encore sa voix dans les moments difficiles : « Mon fils, sois l'homme que Dieu attend de toi. À qui beaucoup est donné, dont on attend beaucoup, et qui est immensément béni. » Vous pouvez être cette boussole ; je sais que vous le pouvez et qu'il n'est pas trop tard. Mon père eut sur moi une influence positive incommensurablement plus grande à la fin de sa vie, dans ses années de sobriété, même si j'étais déjà adulte et que j'avais fait ma propre vie. Preuve qu'il n'est jamais trop tard. À partir d'aujourd'hui, vous devez agir et, sans peur ni culpabilité, avoir le courage de dire non quand vous le devez et de dire

Épilogue

oui quand le rapport risque-récompense le justifie. Agissez, établissez des plans et menez la danse. Les choses que l'on regrette le plus dans la vie sont celles que l'on n'a pas faites. Cette démarche éducative ne doit pas devenir l'une de ces choses que vous n'avez pas faites. Vous pouvez faire la fierté de votre famille, j'en suis convaincu – j'en suis absolument convaincu.

Quelqu'un a dit que nos enfants étaient les messages que nous adressons à un avenir que nous ne verrons jamais. C'est peut-être vrai, mais nos enfants, eux, le verront ; nos enfants le vivront. Donnez-leur leur chance en élevant votre famille avec passion et engagement. Dieu vous en sera reconnaissant.

ANNEXE

BREF APERÇU DES MÉTHODES D'ENQUÊTE

À l'automne 2003, nous avons soumis un même questionnaire conjointement au public de l'émission *Dr Phil* et sur le site Internet du Dr Phil. Au total, plus de 17 000 personnes acceptèrent de répondre à cette enquête. Les réponses, qui ne présentaient pas de différences significatives d'un mode de collecte à l'autre, furent classées selon le sexe, l'âge, le lieu géographique, le nombre d'enfants, la disponibilité et le type de structure familiale des personnes interrogées, et vinrent nourrir la réflexion de ce livre. Pour plus d'information sur cette étude, rendez-vous sur www.drphil.com.

TABLE DES MATIÈRES

REMERCIEMENTS 9

SOMMAIRE 13

PREMIÈRE PARTIE
COMMENT DEVENIR UNE FAMILLE FORMIDABLE

CHAPITRE 1.
UNE AFFAIRE DE FAMILLE 23

L'art d'être parent 30

CHAPITRE 2.
STRATÉGIES POUR FAMILLES DIVORCÉES
ET RECOMPOSÉES 41

CHAPITRE 3.
LES CINQ INGRÉDIENTS
D'UNE FAMILLE FORMIDABLE 61

Ingrédient n° 1 : créer une structure familiale
enrichissante et reconnaissante 63
   Donnez un projet à votre famille 65

Ma famille d'abord !

   *Engagez-vous dans un projet
pour découvrir et révéler l'authenticité
de chaque membre de la famille* 67

   *Créez un sentiment de sécurité et de paix
au sein de votre foyer* 72

   *Respectez et reconnaissez ouvertement les rôles
et les contributions de chaque membre de la famille* 77

Ingrédient n° 2 : donner du rythme
à sa vie de famille 80

   Créez un rythme prévisible dans votre vie de famille 81

   Renforcez vos valeurs familiales 82

   Créez un sentiment d'identité familiale 82

   Établissez des règles de conduite 83

   Soyez responsable de vos choix 84

   Défendez votre famille et chacun de ses membres 85

Ingrédient n° 3 : instaurer des rituels
et des traditions éloquents 87

   Programmez des célébrations précises 90

   Instaurez des rituels de baptême 91

   Racontez des histoires de famille 91

   Instaurez des rituels au dîner 91

   Pratiquez votre foi ensemble 92

Ingrédient n° 4 : établir
une communication active 93

   Parlez de tout et de rien 94

   Changez de décor ou de contexte de communication 95

   Soyez à l'écoute de l'univers de votre enfant 96

Table des matières

*Discutez de sujets sensibles
tels que la politique ou la religion* 96
Faites un « patchwork » 97

Ingrédient n° 5 : apprendre à gérer les crises 97

**CHAPITRE 4.
VOTRE HÉRITAGE FAMILIAL** 109

Le profil de votre héritage familial 120

Assembler le puzzle 126

Relier le tout 127
*Étape n° 1 : cerner et identifier les éléments
de votre héritage qui doivent changer* 128
Étape n° 2 : identifier les pensées défaitistes 129
Étape n° 3 : tester la réalité de vos pensées 130

**CHAPITRE 5.
VOTRE STYLE ÉDUCATIF** 133

Étape n° 1 : identifiez votre style éducatif 139
Le style autoritaire 145
Le style égalitaire 145
Le style permissif 146

Les scénarios éducatifs 148
Scénario n° 1 : le style autoritaire 148
Scénario n° 2 : le style égalitaire 149
Scénario n° 3 : le style permissif 150

Ma famille d'abord !

Étape n° 2 : identifiez le style de vos enfants 153

Étape n° 3 : gérez le choc
ou la convergence des styles 159

   Autoritaire/Rebelle 161
   Autoritaire/Coopératif 163
   Autoritaire/Passif 164
   Égalitaire/Rebelle 164
   Égalitaire/Coopératif 165
   Égalitaire/Passif 166
   Permissif/Rebelle 166
   Permissif/Coopératif 167
   Permissif/Passif 167

CHAPITRE 6.
COUP DE POUCE 171

Intelligence et savoir-faire cognitif 172

   Créer un dialogue intérieur dynamisant 175
   Effectuer des exercices de respiration
   contrôlée avec son enfant 178
   Pratiquer une gymnastique intellectuelle 179
   Multiplier les occasions d'échanges verbaux en famille 179
   Encourager la lecture régulière 181
   Créer un environnement stimulant 182
   Introduire la musique
   et le rythme dans la vie de l'enfant 185
   Alimenter les jeunes esprits 186
   Un esprit actif dans un corps actif 188

Table des matières

Autres aspects de l'essence de votre enfant 189
   Estime de soi et valeur personnelle 190
   La confiance sociale 194
   L'équilibre mental et affectif 196
   La maturité d'esprit 198

Le lien familial sous-jacent 199

SECONDE PARTIE
LES 7 OUTILS D'UNE ÉDUCATION RÉFLÉCHIE

CHAPITRE 7.
OUTIL N° 1 : L'ÉDUCATION PAR L'OBJECTIF
DÉFINIR LA RÉUSSITE.. 203

Prenez le temps 205
   Aidez votre enfant à atteindre ses objectifs personnels 206
   Mettez vos projets en pratique 208
   Gare aux mythes 209
   L'éducation par le projet 212
   Prenez des mesures 214
   Trouvez des objectifs appropriés 216
   Les objectifs revisités 223
   Check-list 224

CHAPITRE 8.
OUTIL N° 2 : L'ÉDUCATION PAR LA CLARTÉ
PARLER, ÉCOUTER ET APPRENDRE 225

Les règles du jeu 233

Ma famille d'abord !

Tout est une question de timing 237

Vous recevez ce que vous donnez 238
   Démystifier la communication 243
   Soyez attentif et fort à l'intérieur comme à l'extérieur 247
   Communiquer pour préparer et anticiper l'avenir 250
   Tirer les leçons des succès autant que des échecs 251
   L'humour à la rescousse 252
   Audit 254

CHAPITRE 9.
OUTIL N° 3 : L'ÉDUCATION PAR LA NÉGOCIATION
DEVENEZ PARTENAIRE DE VOTRE ENFANT 257

Des stratégies de négociation 259

N'hésitez pas à négocier 261

Le pouvoir des enfants 263

La clarté de l'objectif 265

La répétition 267

Les conséquences et les choix 268

Qui dit cohérence dit appropriation 270

Impliquez-les et ils adhéreront 270

Les compétences de négociateur 272

L'autocorrection 276

Table des matières

CHAPITRE 10.
OUTIL N° 4 : L'ÉDUCATION PAR LA MONNAIE D'ÉCHANGE
PERFORMANCE ET RÉCOMPENSE 281

Première partie : les étapes d'identification
et de création des comportements souhaitables 288
   Étape n° 1 : identifier des comportements cibles précis ... 289
   Étape n° 2 : trouver une monnaie d'échange 292
   Étape n° 3 : la gestion des monnaies d'échange 299
   Modeler pas à pas les comportements complexes 301
   Étude de cas : l'apprentissage de la propreté 302

Seconde partie : identifier et éliminer
le comportement négatif 303
   Étape n° 1 : identifier le comportement à problème 305
   Étape n° 2 : s'engager à supprimer
   la monnaie d'échange 305
   Le principe de Premack 308
   Toute réaction a un coût 309
   La mise à l'écart 311
   Les contrats comportementaux 313

CHAPITRE 11.
OUTIL N° 5 : L'ÉDUCATION PAR LE CHANGEMENT
LE GRAND CHAMBARDEMENT 321

Les difficultés familiales 325

Plus d'amour, moins d'argent 327

Le manque d'autorité parentale 328

Ma famille d'abord !

Les facteurs de changement 330

À quoi bon ? 331

La véritable nature des enfants 334

Brouiller les limites 335

Faire front 336

Opération commando 338

Le plan d'action 340

Comment créer un déséquilibre constructif 342
   1. Levez votre armée 342
   2. Anticipez une vive résistance 343
   3. Élaborez un système de communication 344
   4. Organisez une séance de consultation et de soutien ... 344

Restez positif et regardez vers l'avenir 345

CHAPITRE 12.
OUTIL N° 6 : L'ÉDUCATION DANS L'HARMONIE
METTEZ DE L'ORDRE DANS VOTRE FOYER 347

La gestion du temps 350

Le contrôle des stimulations,
un véritable style de vie 352

Priorités familiales et emploi du temps familial 355

Planifier son environnement 357

Table des matières

Faisons le point 360

CHAPITRE 13.
OUTIL N° 7 : L'ÉDUCATION PAR L'EXEMPLE
FAITES CE QUE VOUS DITES 363

Une éducation modèle 365

La causalité circulaire 368

À vous de jouer ! 370

Exemple et maîtrise 373

Les valeurs par l'exemple 374

Faites ce que vous dites et enseignez 379

Exercice : des valeurs pour votre famille 380

ÉPILOGUE 385

ANNEXE 393

Photocomposition Nord Compo
Imprimé en Allemagne par GGP Media GmbH

Pour le compte des Éditions Marabout.
Dépôt légal : juillet 2009
ISBN : 978-2-501-05955-8
40.7908.3
Édition 01